汽车机械基础

主　编　杨香莲　郑军武
副主编　李晓华　胡北京
参　编　王盈盈　张绚玮　王　惠
　　　　吴传全　李志军

机械工业出版社

本书结合汽车上的典型实例，紧跟汽车行业前沿技术发展，突出适用性，体现了职业教育课程的特色，以满足汽车类专业应用型人才培养需求。

本书内容主要包括汽车常用材料、汽车机械设计基础、汽车常用机构、汽车常用传动机构、汽车支撑类零部件、汽车连接类零部件，共计6个模块18个单元。

本书言简意赅、思路清晰、通俗易懂、针对性强，可作为职业院校汽车类专业学生的教材，也可作为汽车维修技术人员或汽车设计制造技术人员的参考书及培训教材。

本书配有电子课件等资源，凡选用本书作为教材的教师，均可登录机械工业出版社教育服务网（www.cmpedu.com），以教师身份注册后免费下载，或联系编辑索取（010-88379756）。

图书在版编目（CIP）数据

汽车机械基础 / 杨香莲，郑军武主编. -- 北京：机械工业出版社，2025.4. -- ISBN 978-7-111-78143-1

I. U463

中国国家版本馆CIP数据核字第2025MD7576号

机械工业出版社（北京市百万庄大街22号　邮政编码100037）
策划编辑：谢熠萌　　　　　　责任编辑：谢熠萌
责任校对：李　杉　张　征　　封面设计：王　旭
责任印制：张　博
固安县铭成印刷有限公司印刷
2025年7月第1版第1次印刷
184mm×260mm・12.75印张・355千字
标准书号：ISBN 978-7-111-78143-1
定价：56.00元

电话服务　　　　　　　　　网络服务
客服电话：010-88361066　　机 工 官 网：www.cmpbook.com
　　　　　010-88379833　　机 工 官 博：weibo.com/cmp1952
　　　　　010-68326294　　金 书 网：www.golden-book.com
封底无防伪标均为盗版　机工教育服务网：www.cmpedu.com

前　言

党的二十大报告指出："坚持把发展经济的着力点放在实体经济上，推进新型工业化，加快建设制造强国、质量强国、航天强国、交通强国、网络强国、数字中国。"汽车行业作为国民经济的战略性、支柱性产业，大大推动了我国经济发展，汽车产业的发展急需大量汽车技术应用型人才。

"汽车机械基础"是汽车类各专业的必修专业基础课之一，对学生专业技能的发展非常重要。本书针对职业教育的特点和规律，紧紧围绕高技能人才的培养目标，以能力为本位，以企业需求为基本依据，以职业能力为导向，结构合理、层次清晰，紧跟当今汽车技术的发展，内容丰富，满足汽车类专业人才的培养需求，及时反映新技术、新工艺、新标准的应用。

全书共分为6大模块18个单元，主要内容包括汽车常用材料、汽车机械设计基础、汽车常用机构、汽车常用传动机构、汽车支撑类零部件、汽车连接类零部件。本书在内容编写上具有以下特点。

1）本书采用了模块化设计，强化汽车工程实例应用，力求从内容到形式上更好地体现"理实结合、工学结合"，注重理论与实践技能的有机结合，体现以应用能力培养为主的职业教育课程特色。

2）通过对传统学科型教材进行整合及教学内容选取，遵循"必需""够用"原则，言简意赅，但仍保证知识体系相对完整，符合高技能人才培养要求。

3）本书落实立德树人根本任务，在素养目标、知识点、知识拓展等环节有机融入思政元素，厚植学生的爱国主义情怀，培养学生精益求精的工匠精神，激发科技报国的家国情怀和使命担当。教育引导学生深刻理解并自觉实践汽车行业的职业规范，增强职业责任感，培养爱岗敬业、开拓创新、诚实守信的职业品格和行为习惯。

4）本书匹配大量的视频教学资源，书中内容与线上教学资源（教案、教学课件、视频）一体化，选用本书作为教材的教师，均可登录机械工业出版社教育服务网（www.cmpedu.com），以教师身份注册后免费下载。通过线上线下资源一体化的学习，达到优化教学效果、打造高效课堂的目的。

本书由杨香莲、郑军武任主编，李晓华、胡北京任副主编，参与编写的还有王盈盈、张绚玮、王惠、吴传全、李志军。具体编写分工：杨香莲、郑军武编写模块1和模块2，李晓华编写模块3，胡北京、王盈盈编写模块4，张绚玮编写模块5，王惠编写模块6，吴传全和无锡市正原大昌修车有限公司的行业企业专家李志军提供企业案例，设计了全书的实践训练。

在本书的编写过程中，编者参阅了大量国内外公开发表或出版的资料、文献及汽车维修手册，谨在此向相关作者表示感谢。限于编者水平，书中难免存在错误和疏漏之处，恳请广大读者批评指正。

编　者

二维码索引

名称	二维码	页码	名称	二维码	页码
凸轮机构		89	曲轴		146
棘轮机构		96	轴的周向定位		147
槽轮机构		98	轴承类型		157
不完全齿轮机构		98	普通平键		167
带传动		103	螺纹连接防松法		175
链传动		111	螺纹连接特点		175
齿轮机构		118	联轴器		181
轮系		134	弹簧结构		192

目 录

前言

二维码索引

模块 1　汽车常用材料 ··· 1
    单元 1　金属材料的性能 ·· 2
    单元 2　汽车常用金属材料 ·· 15
    单元 3　汽车常用非金属材料 ··· 29

模块 2　汽车机械设计基础 ·· 38
    单元 1　静力学分析 ·· 39
    单元 2　承载能力分析 ··· 52

模块 3　汽车常用机构 ·· 67
    单元 1　常用机构基本概念 ··· 68
    单元 2　平面连杆机构 ··· 77
    单元 3　凸轮机构 ··· 88
    单元 4　间歇运动机构 ··· 95

模块 4　汽车常用传动机构 ··· 102
    单元 1　带传动 ·· 103
    单元 2　链传动 ·· 110
    单元 3　齿轮传动 ··· 117
    单元 4　轮系 ··· 132

模块 5　汽车支撑类零部件 ··· 142
    单元 1　轴 ·· 143
    单元 2　轴承 ··· 152

模块 6　汽车连接类零部件 ………………………………………………………… 165
单元 1　键、销及螺纹连接 ……………………………………………… 166
单元 2　联轴器、离合器和制动器 ……………………………………… 180
单元 3　弹性连接 ………………………………………………………… 190
参考文献 ……………………………………………………………………………… 197

模块 1

汽车常用材料

单元1　金属材料的性能

> 🟢 **单元描述：**

　　由于汽车零件在汽车上的作用和功能各不相同，因此对其材料的性能要求也不尽相同。通过本单元的学习，应能掌握金属材料的力学性能和工艺性能，了解金属材料的物理性能和化学性能，能利用金属材料的性能指标，合理评估和选用零件。

> 🚩 **素养目标：**

1) 培养学生合理规划的能力和严谨踏实的工作作风。
2) 培养学生锲而不舍、精益求精的工匠精神。

> 🔖 **知识目标：**

1) 掌握金属材料的力学性能和工艺性能。
2) 了解金属材料的物理性能和化学性能。
3) 了解金属材料弹性变形和塑性变形的特点。
4) 了解金属材料疲劳极限、冲击韧度的意义及材料疲劳破坏的机理。

> 🔧 **技能目标：**

1) 能利用金属材料的性能指标，合理评估和选用零件。
2) 能够完成低碳钢拉伸试验，并绘制低碳钢拉伸应力-应变曲线。

【知识准备】

　　汽车工程材料是指用于制造汽车零部件的材料。参照工程材料的分类，汽车工程材料可分为金属材料、非金属材料两大类，金属材料在汽车上的应用如图1-1所示。据统计，汽车上的零部件采用了数千种不同的材料加工制造。以现代轿车材料为例，汽车上选用材料的质量占汽车总质量的比例如图1-2所示。按照质量来换算，钢材占汽车质量的55%~60%，铸铁占5%~12%，有色金属占6%~10%，塑料占8%~12%，橡胶占4%，玻璃占3%，其他材料（油漆、各种液体等）占6%~12%，所以汽车上所用的材料主要以钢、铸铁等金属材料为主，其次是非金属材料。

　　金属材料是最重要的工程材料，包括纯金属和各种合金。金属材料在汽车制造中应用最为广泛，为了正确、合理地使用金属材料，必须了解金属材料的性能。如图1-3所示，金属材料的性能包括使用性能和工艺性能。金属材料的使用性能指在使用条件下所表现出来的性能，包括物理性能、化学性能和力学性能。金属材料的工艺性能是指材料加工成形获得合格产品的难易程度。

　　汽车是一个复杂的机械系统，它通常由上万个零部件组装而成，如图1-4所示，这些零部件是由种类繁多的材料加工而成的，所以了解汽车常用的材料对合理选材、降低汽车成本具有重要意义。材料的选择依据主要是材料的力学性能，同时要综合考虑材料的工艺性能、物理性能和化学性能。

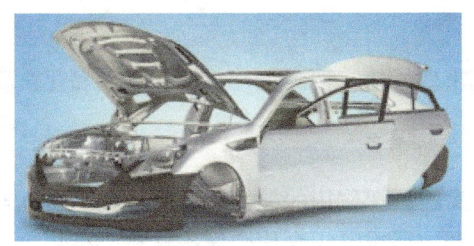

图 1-1 金属材料在汽车上的应用

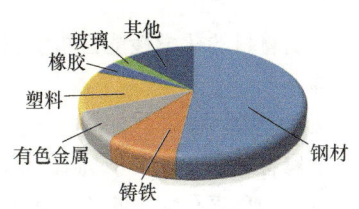

图 1-2 汽车上选用材料的质量占汽车总质量的比例

一、金属材料的物理性能

金属材料的物理性能是指金属固有的属性,包括密度、熔点、沸点、导热性、导电性、热膨胀性和磁性等。由于机器零件的用途不同,对金属材料的物理性能要求也有所不同。例如,飞机上很多零件是用密度小、强度高的铝合金制造,这样可以增加有效载荷;汽车发动机活塞,要求材料具有较小的热膨胀系数;变压器用的硅钢片,要求具有良好的磁性。

金属材料的一些物理性能,对热加工工艺也有一定的影响,例如导热性对热加工具有十分重要的意义。在进行焊接、铸造、锻造或热处理时,由于导热性的缘故,金属材料在加热或冷却过程中会产生内外温度差,导致各部位有不同的膨胀或收缩,产生内应力,从而引起金属材料的变形和开裂。因此,对于导热性差的金属材料(如合金钢,尤其是高合金钢),应采取适当的措施,避免急剧的加热或冷却,防止材料产生破裂;在铸造中,对于熔点不同的材料,所选择的浇注温度也应有所不同等。

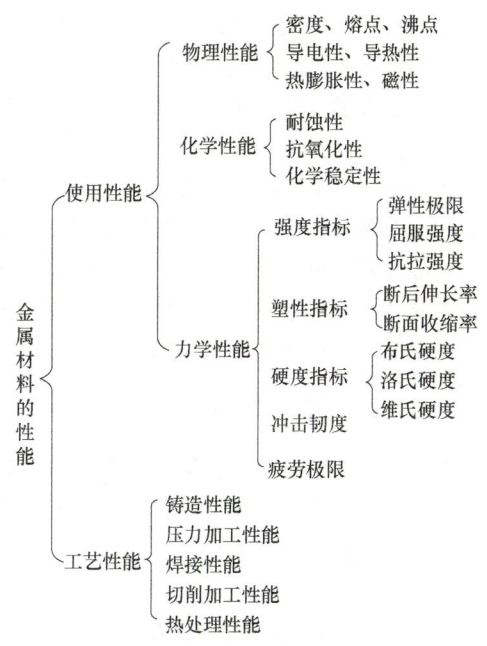

图 1-3 金属材料的性能

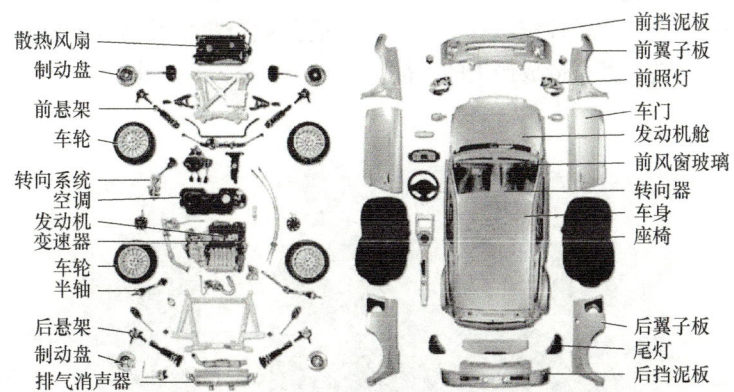

图 1-4 汽车的零部件组成

二、金属材料的化学性能

金属材料的化学性能是指金属在化学作用下所表现出的性能,如耐蚀性、抗氧化性和化学稳定性等。

1. 耐蚀性

金属材料在常温下抵抗氧、水蒸气及其他化学介质腐蚀破坏作用的能力称为耐蚀性。腐蚀对金属材料的危害很大,它不仅能使金属材料本身受到损伤,严重时还会使金属构件遭到破坏,引起重大的伤亡事故。因此,提高金属材料的耐蚀性能,对于节约金属材料,延长金属材料的使用寿命,具有现实的经济意义。

2. 抗氧化性

金属材料在加热时抵抗氧化作用的能力称为抗氧化性。金属材料的氧化随温度的升高而加速。例如,钢材在铸造、锻造、热处理、焊接等热加工过程中,氧化比较严重,这不仅造成材料过量的损耗,也可形成各种缺陷。因此,应对工件采取必要的保护措施,以避免金属材料的氧化。

3. 化学稳定性

化学稳定性是金属材料的耐蚀性和抗氧化性的总称。金属材料在高温下的化学稳定性称为热稳定性。在高温条件下工作的零部件,需要选择热稳定性好的材料来制造。

一般金属材料的耐蚀性和抗氧化性都是很差的,为了满足化学性能的要求,必须使用特殊的合金钢及某些非铁金属,或者使之与介质隔离。例如,化工设备、医疗器械、食品机械选用不锈钢,工业用的锅炉、喷气发动机、汽轮机叶片选用耐热钢等。

三、金属材料的力学性能

金属材料的力学性能是指金属在力的作用下所表现出的性能,包括强度、硬度、塑性、冲击韧度和疲劳极限等。金属材料的力学性能是评定金属材料质量的主要依据,也是金属构件设计时选材和强度计算的主要依据。

1. 强度

(1) 强度的概念　金属在力的作用下,抵抗永久变形和断裂的能力,称为强度。强度与变形有着直接的关系。变形是指在外力作用下,材料由于内部原子之间的位置发生改变而导致的宏观形状和尺寸的变化。根据撤去外力后能否恢复,变形分为弹性变形和塑性变形。材料发生弹性变形时,撤去外力后,能恢复到原来的形状和尺寸;发生塑性变形时,撤去外力后,不能恢复到原来的形状和尺寸,故塑性变形又称为永久变形,如汽车碰撞后保险杠的变形。

强度是材料的一项重要力学性能指标,当材料承受的载荷超出其强度范围时,其结构将发生破坏,导致机器无法运转,甚至造成严重的事故,如汽车大梁、连杆由于强度不足而断裂的现象,如图1-5所示。

a) 汽车大梁断裂　　　　b) 连杆断裂

图1-5　零件断裂现象

（2）拉伸试验　金属材料的强度由专门的试验来测定，其中应用最普遍的是拉伸试验。拉伸试验是指用静拉伸力对标准拉伸试样进行缓慢的轴向拉伸，直至试样被拉断，通过测量拉伸力和相应的伸长量测量其力学性能的试验方法。材料进行拉伸时，需要使用拉伸试验机（图1-6）和特制的标准拉伸试样。

常用试样的结构如图1-7所示，依据GB/T 228.1—2021《金属材料 拉伸试验 第1部分：室温试验方法》，其中，d_o表示圆形横截面试样平行长度的原始直径，L_o表示原始标距，L_c表示平行长度，L_t表示试样总长度，L_u表示断后标距，S_o表示原始横截面积，S_u表示断后最小横截面积。

图1-6　拉伸试验机

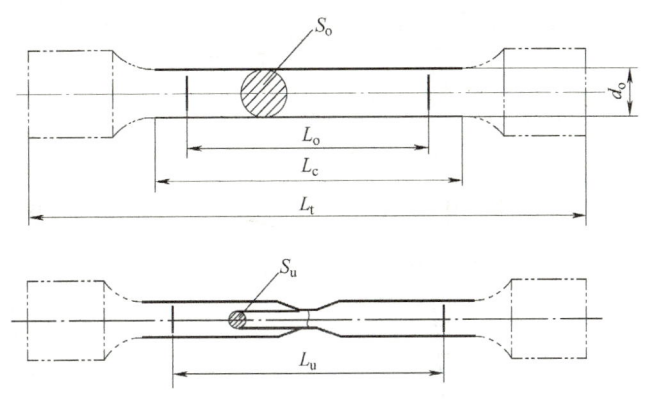

图1-7　常用试样的结构

（3）强度指标　常用的强度指标主要有屈服强度和抗拉强度等。

1）屈服强度。屈服强度是指当金属材料呈现屈服现象时，在试验期间金属材料产生塑性变形而力不增加时的应力点。屈服强度区分上屈服强度和下屈服强度。图1-8所示为不同类型曲线的上屈服强度和下屈服强度。

① 上屈服强度R_{eH}（单位：N/mm² 或 MPa）。上屈服强度是指试样发生屈服而力首次下降前的最大应力。

② 下屈服强度R_{eL}（单位：N/mm² 或 MPa）。下屈服强度是指在屈服期间，不计初始瞬时效应时的最小应力。

2）抗拉强度R_m（单位：N/mm² 或 MPa）。抗拉强度是指相应最大力F_m对应的应力。对于连续屈服（力学性能没有明显的屈服点）的金属材料，F_m是指试验期间试样所承受的最大的力；对于不连续屈服（力学性能有明显的屈服点）的金属材料，F_m是指加工硬化（加工硬化是指材料在塑性变形过程中，变形抗力增加的现象）开始之后，试验所承受的最大的力。抗拉强度R_m等于最大力F_m与试样原始横截面积（S_o）之商：

$$R_m = \frac{F_m}{S_o}$$

2. 塑性

（1）塑性的概念　金属材料在外力作用下，产生不可逆永久变形而不断裂的能力称为塑性，其大小用材料在断裂前的最大变形量来衡量。

（2）塑性指标　常用的塑性指标是指材料断裂时最大相对塑性变形，如拉伸时的断后伸长率和断面收缩率，它们可通过拉伸试验来测量。

1）断后伸长率A。断后伸长率是指试样被拉断后，断后标距的残余伸长与原始标距之比，以百分数表示，即

$$A = \frac{L_u - L_o}{L_o} \times 100\%$$

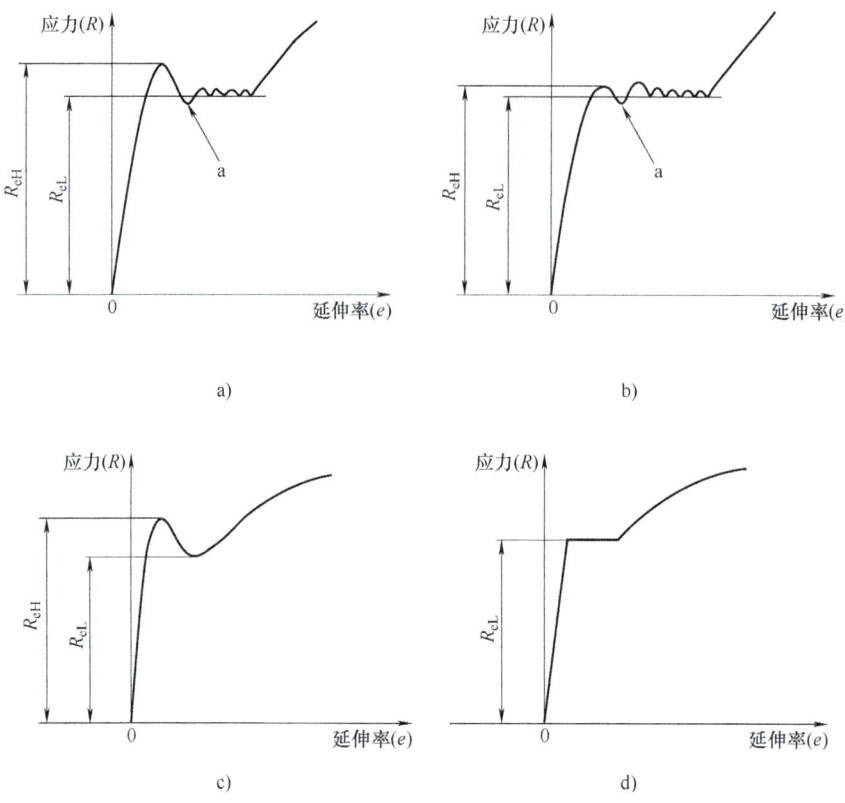

图 1-8 不同类型曲线的上屈服强度和下屈服强度

R_{eH}—上屈服强度　R_{eL}—下屈服强度　a—初始瞬时效应

式中，L_u 是试样的断后标距，单位为 mm；L_o 是试样的原始标距，单位为 mm。

2）断面收缩率 Z。断面收缩率是指断裂后试样横截面积的最大缩减量与原始横截面积之比，用百分数表示，即

$$Z = \frac{S_o - S_u}{S_o} \times 100\%$$

式中，S_o 是试样的原始横截面积，单位为 mm^2；S_u 是试样断裂后断面（缩颈处）的最小横截面积，单位为 mm^2。

塑性是材料的一个重要指标，断后伸长率 A 或断面收缩率 Z 数值越大，材料的塑性越好。

3. 硬度

硬度是衡量金属材料软硬程度的一种性能指标，是指金属材料抵抗外部硬物压入其表面的能力，也就是金属表面局部抵抗弹性变形、塑性变形或抵抗破裂的一种抗力。因此，硬度越高，材料表面越不容易产生压痕或划痕。

硬度能够反映出金属材料在化学成分、金相组织和热处理状态上的差异，是检验产品质量、研制新材料和确定合理的加工工艺所不可缺少的检测性能指标之一。同时硬度试验是金属力学性能试验中最简便、最迅速的一种试验。

硬度不是一个单纯确定的物理量，不是基本的力学性能指标，而是一个由材料的弹性、强度、塑性、韧性等一系列不同力学性能组成的综合性能指标。一般来说，硬度越高，耐磨性越好，强度也越高。硬度所表示的量不仅决定于材料本身，而且还取决于试验方法和试验条件。

硬度试验方法很多,一般可分为三类,即压入法(如布氏硬度、洛氏硬度、维氏硬度、显微硬度等)、划痕法(如莫氏硬度)和回跳法(如肖氏硬度)。目前,机械制造生产中应用最广泛的硬度试验方法是布氏硬度试验法、洛氏硬度试验法和维氏硬度试验法。

(1) 布氏硬度 布氏硬度用符号 HBW 表示。根据 GB/T 231.1—2018《金属材料 布氏硬度试验 第 1 部分:试验方法》,对一定直径 D 的碳化钨合金球施加试验力 F 压入试样表面,经规定保持时间后,卸除试验力,测量试样表面压痕的直径 d(直径 d 等于 d_1 和 d_2 的平均值),如图 1-9 所示。布氏硬度与试验力除以压痕表面积的商成正比,压痕被看作是卸载后具有一定半径的球形,压痕的表面积通过压痕的平均直径和压头直径按照以下公式计算得到。

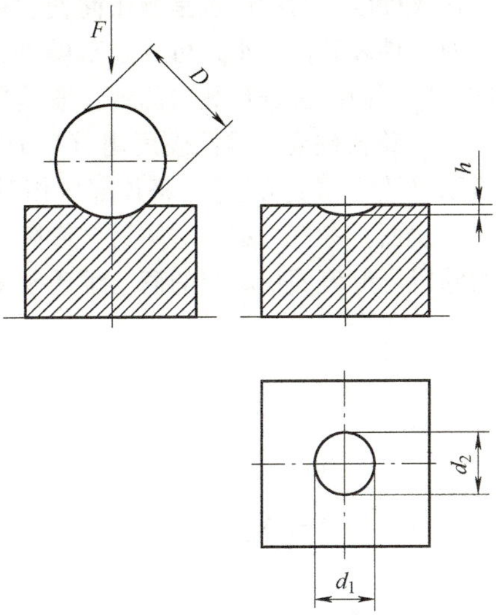

$$HBW = 0.102 \frac{2F}{\pi D(D - \sqrt{D^2 - d^2})}$$

图 1-9 布氏硬度试验

(2) 洛氏硬度 洛氏硬度试验如图 1-10 所示,其压头类型主要是压头圆锥角为 120°的金刚石圆锥压头,或直径为 1.5875mm(或 3.175mm)的碳化钨合金球压头。

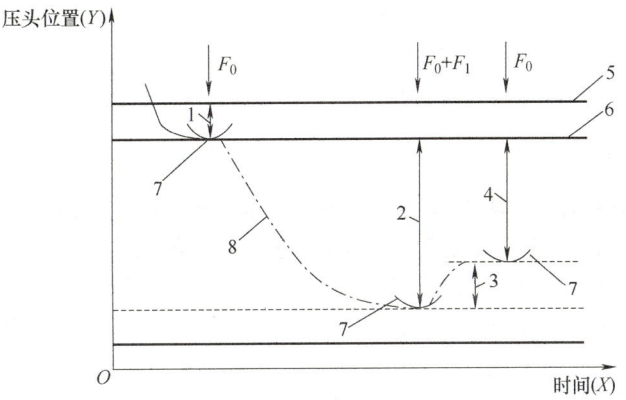

图 1-10 洛氏硬度试验

1—在初试验力 F_0 下的压入深度 2—由主试验力 F_1 引起的压入深度 3—卸除主试验力 F_1 后的弹性回复深度 4—残余压痕深度 h 5—试验表面 6—测量基准面 7—压头位置 8—压头深度相对时间的曲线

洛氏硬度计算方法见表 1-1。

表 1-1 洛氏硬度计算方法

硬度符号单位	计算方法
HRA、HRC、HRD	洛氏硬度 = $100 - \dfrac{h}{0.002}$
HRBW、HREW、HRFW、HRGW、HRHW、HRKW	洛氏硬度 = $130 - \dfrac{h}{0.002}$
HRN、HRTW	表面洛氏硬度 = $100 - \dfrac{h}{0.001}$

注:h 为卸除主试验力,在初试验力下压痕残留的深度(残余压痕深度)。

洛氏硬度的表示方法如图 1-11 所示。

洛氏硬度试验的优点是操作简便,可从表盘上直接读出硬度值,不用计算或查表,而且压痕小,对工件表面损伤小,可测定薄壁件,测定范围广。缺点是精度稍差、硬度值重复性差。通常要在材料不同部位进行数次测定,取其平均值作为材料的硬度值。

(3) 维氏硬度　维氏硬度用符号 HV 表示。根据 GB/T 4340.1—2024《金属材料 维氏硬度试验 第 1 部分:试验方法》,将顶部两相对面具有规定角度的四棱锥体金刚石压头用一定的试验力压入试样表面,保持一定的时间后,卸除试验力,测量试样表面压痕对角线长度,维氏硬度值是试验力除以压痕表面积所得的商。维氏硬度试验原理如图 1-12 所示。

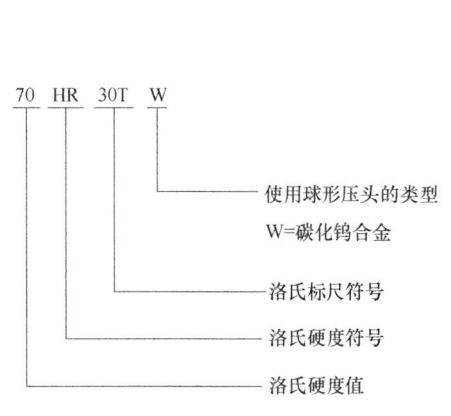

图 1-11　洛氏硬度的表示方法

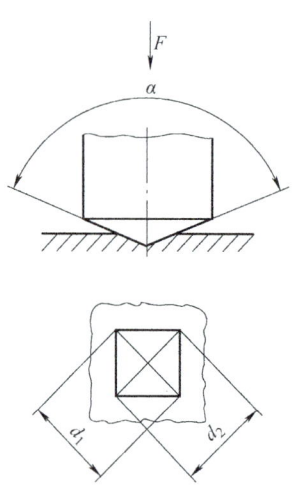

图 1-12　维氏硬度试验原理

4. 韧性

金属材料抵抗冲击载荷作用而不被破坏的能力称为韧性。材料的韧性越好,发生断裂的可能性越小,图 1-13 所示的汽车发动机的连杆,不仅要求具有高的强度和一定的塑性,还要求具备足够的韧性。韧性的大小通常用吸收能量来衡量,吸收能量的单位是 J。工程上常采用夏比摆锤冲击试验来测定金属材料的吸收能量 K。夏比摆锤冲击试验原理及冲击试验机如图 1-14 所示。

图 1-13　汽车发动机的连杆

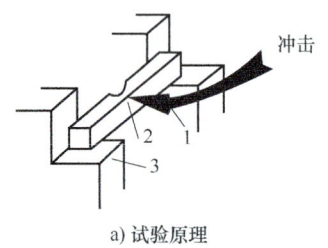

图 1-14　夏比摆锤冲击试验原理及冲击试验机

夏比摆锤冲击试验要求及试样尺寸参照 GB/T 229—2020《金属材料 夏比摆锤冲击试验方法》。试验前,按照 GB/T 229—2020 要求,在试样上加工出 U 型或者 V 型缺口,并将缺口背对摆锤冲击方向。试验时,首先将带有缺口的标准试样放在试验机的支座上;然后将质量为 m 的摆锤举升至一定高度 h_1,使其具有一定的势能 mgh_1;再使摆锤由此高度自由落下,将试样冲断;冲断试样后摆锤继续向前升高到 h_2 的高度,此时摆锤剩余能量为 mgh_2。摆锤冲断试样时所失去的能量(即冲

击载荷使试样冲断所做的功）称为吸收能量，用符号 K 表示，则

$$K = mg(h_1 - h_2)$$

其值可以从试验机的刻度盘上直接读出，单位是 J。V 型缺口试样和 U 型缺口试样的吸收能量分别表示为 KV 和 KU。吸收能量 K 越大，表明材料的韧性越好，受到冲击时越不易断裂。

5. 疲劳极限

疲劳极限是表示材料经受无限次周期性交变载荷作用而不致引起断裂的最大应力。汽车中的许多零件，如图 1-15 所示中的变速器的齿轮、曲轴飞轮组的曲轴等，在工作时通常会受到一种大小、方向随时间发生周期性变化的载荷作用，这种载荷称为交变载荷。这种交变载荷虽然小于材料的屈服强度，但经多次循环后，在没有明显的外观变形时也会发生断裂，发生断裂时的应力远低于该材料的屈服强度，这种现象称为金属的疲劳破坏或疲劳断裂。通常，这种破坏都是突然发生的，易造成严重的事故，具有很大的危险性。

a) 齿轮断裂　　b) 曲轴断裂

图 1-15　疲劳破坏的图例

通过试验得到图 1-16 所示的疲劳曲线，零件所受的交变应力越大，断裂前载荷的循环次数 N 就越少，反之则越多。当交变应力低于某一值 S 时，应力的循环次数 N 可达无限多次而不断裂。材料在无数次重复的交变载荷作用下不破坏的最大应力称为疲劳极限。

疲劳极限是在疲劳试验机上测得的。试验时由于不可能进行无数次的交变载荷作用，因此，一般规定钢材在经受 10^7 次、有色金属经受 10^8 次的交变载荷作用时，不产生断裂的最大应力值作为疲劳极限。

影响金属疲劳极限的主要因素有材料的化学成分、显微组织、使用温度、表面质量、残余应力等。提高疲劳极限的措施有：降低零件表面粗糙度值；采取各种强化处理措施，尽量避免形成各种表面缺陷，如进行表面热处理等。疲劳极限与抗拉强度有一定联系，抗拉强度高，疲劳极限也高。

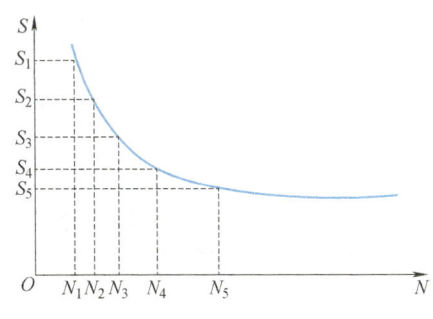

图 1-16　疲劳曲线

四、金属材料的工艺性能

金属材料的工艺性能是指机械零件在加工制造过程中，金属材料在冷、热加工条件下表现出来的性能，也就是材料加工成形获得合格产品的难易程度。按照加工工艺的不同，工艺性能可分为铸造性能、压力加工性能、焊接性能、切削加工性能和热处理性能。

1. 铸造性能

铸造是将熔融金属浇注、压射或吸入铸型腔中，待其冷却凝固后而得到一定形状和性能的零件加工方法。由铸造得到的毛坯或零件称为铸件。

铸造性能是指金属在铸造成形的过程中获得准确结构和形状的铸件的能力，具体包括浇注时

液态金属的流动性、凝固时的收缩性和偏析倾向等。流动性好的金属材料有充满铸型的能力，能够铸出大而薄的铸件。在常用的金属材料中，灰铸铁和青铜有良好的铸造性能。

汽车用铸件的主要特点是壁薄、形状复杂、尺寸精度高、质量小、可靠性好、生产批量大等。很多典型的汽车零件都采用铸造的加工方法，如柴油机气缸体、汽油机气缸体、汽油机气缸盖、曲轴、变速器与离合器壳体、各类连接板、支架及车门框架等，汽车铸造零件外观如图1-17所示。

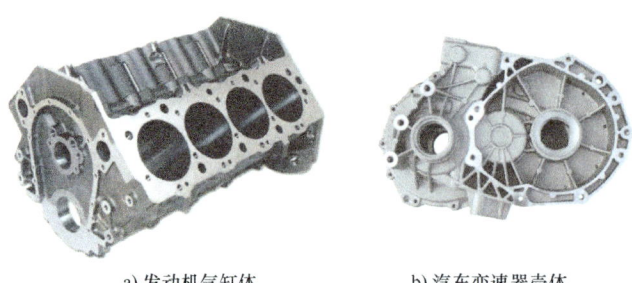

a) 发动机气缸体　　　　b) 汽车变速器壳体

图1-17　汽车铸造零件外观

2. 压力加工性能

压力加工是利用金属在外力作用下所产生的塑性变形，来获得具有一定形状、尺寸和力学性能的原材料、毛坯或零件的生产方法，又称金属塑性加工。压力加工性能与金属材料的成分及加工条件有关。常用的压力加工方法有轧制、挤压、冷拔、锻造和冲压等，如图1-18所示。

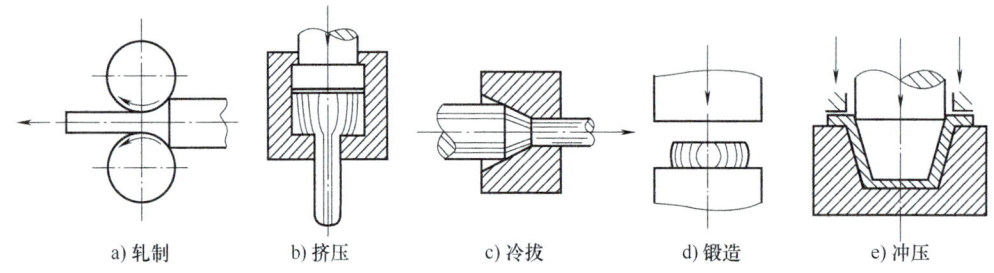

a) 轧制　　　b) 挤压　　　c) 冷拔　　　d) 锻造　　　e) 冲压

图1-18　常见的压力加工方法

锻造一般用于制造强度高、可靠性好的汽车零件毛坯，如发动机的曲轴、凸轮轴、连杆，底盘的驱动轴、十字轴、前车轴、后车轴，转向系统的转向节、转向节臂等，汽车锻造零件如图1-19所示。

冲压是靠压力机和模具对板材、带材、管材和型材等施加外力，使之产生塑性变形或分离，从而获得所需形状和尺寸的工件（冲压件）的成形加工方法。冲压和锻造同属塑性加工（或称压力加工），合称锻压。据统

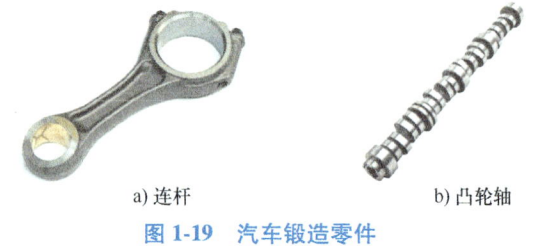

a) 连杆　　　b) 凸轮轴

图1-19　汽车锻造零件

计，汽车中有60%~70%的零件是用冲压工艺生产出来的。因此，冲压工艺对汽车的质量、生产效率和生产成本都有重要的影响。汽车冲压零件如图1-20所示，车身覆盖件基本上都是板料采用冲压的加工方法制成的。

3. 焊接性能

焊接是指通过加热或加压，或者两者并用，使两工件产生原子间结合的加工方法。焊接是一

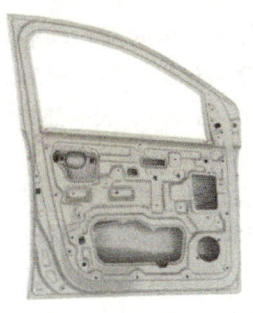 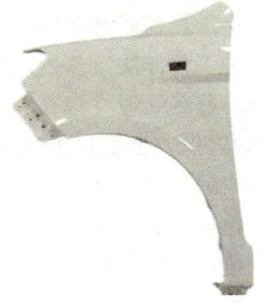

a) 车门　　　　　　　　　　b) 翼子板

图 1-20　汽车冲压零件

种永久性连接金属材料的工艺方法。常用的焊接方法有焊条电弧焊、气焊和自动焊等。焊接性能差的材料要用特殊的方法和工艺进行焊接。焊接性能与化学成分有关，常用材料中，低碳钢有良好的焊接性能，而高碳钢和铸铁焊接性能较差。汽车在装配过程中，会利用焊接机器人实现车身的焊接，如图 1-21 所示。

图 1-21　机器人自动焊接车身

4. 切削加工性能

切削加工性能是指对金属材料进行切削加工的难易程度，常见的切削加工方法有车削、铣削、磨削和钻削等，如图 1-22 所示。

a) 车削加工　　　　b) 铣削加工　　　　c) 磨削加工　　　　d) 钻削加工

图 1-22　常用的切削加工方法

切削加工完成的工件表面比较光滑，因此，需要配合的部位和零件的精加工通常都是通过切削加工完成的，如汽车变速器、主减速器和差速器上的齿轮、发动机连杆等形状复杂且精度高的零件一般由切削加工完成。

5. 热处理性能

热处理是将金属材料加热到固态下的不同温度，保温一段时间，以不同速度冷却获得所需晶体结构及相应性能的一种工艺方法。热处理性能是指金属材料经热处理后所能获得不同性能的可能性。热处理的方法有普通热处理（淬火、回火、退火、正火）、表面热处理（只改变金属表层的性能）、表面化学热处理（既改变表层化学成分，也改变表层性能）等。

汽车零件中的材料大部分属于钢铁材料，钢材的热处理是提升钢铁材料性能的主要途径。例如，汽车后桥的主动齿轮未经热处理的使用寿命仅为 1500h，而经过热处理后能达到 6000h。汽车上的很多零件常采用锻造或铸造的毛坯，如图 1-23 所示的齿轮毛坯、凸轮轴毛坯和连杆毛坯。为了调整毛坯切削加工性能，消除毛坯内应力，通常采用正火或退火作为预先热处理工序。

a) 齿轮毛坯　　　　b) 凸轮轴毛坯　　　　c) 连杆毛坯

图 1-23　汽车零件毛坯的预先热处理

【知识拓展】

16000t 超大型压铸单元发布——中国铸造产业迈向新高度

2023 年 10 月 26 日，"轻"势所向，"绿"动未来——力劲 16000t 超大型压铸单元发布会隆重举行。发布会上，16000t 超大型压铸单元（图 1-24）发布，一体化压铸成形技术迈向新高度，这是中国铸造产业高端化、绿色化发展的又一个里程碑事件。

中国铸造协会会长张立波先生表示，他见证了短短一年时间，力劲科技集团实现了 12000t 到 16000t 超大型压铸单元的突破。16000t 的问世，是中国铸造产业高端化、绿色化发展的又一个里程碑事件，也带动了上游黑色铸造等产业链的蓬勃发展。它将汽车大型结构件一体化压铸成形技术推向了一个新的高度，为实现技术更复杂、尺寸更大的汽车结构件制造提供了更多可能性，是整个压铸行业又一次重大的技术革新与进步。

图 1-24　16000t 超大型压铸单元

力劲 16000t 超大型压铸单元拥有先进的铸造工艺和更强的模板结构，占地面积更小，生产率更高，能源用量更少，除尘净化系统运行效果更优异。该设备采用了全新锁模结构和更智能的控制系统，配备先进的打料系统、高效的快速换模系统，LK-NET 云压铸网络管理系统支持 OPC-UA、Profinet、Modbus TCP/IP 等联网接入，将在更大尺寸的汽车一体化压铸结构件制造领域获得更广泛的应用。

力劲 16000t 压铸单元不是简单的放大，而是从材料、结构、铸造工艺各方面进行优化，实现了

16000t大板的一次性浇铸，新型直压式结构，减少了三分之二的润滑点位，润滑油用量减少70%以上。

　　轻量化正成为新能源汽车制造的未来。万吨级超大型智能压铸单元、大型压铸模具、免热处理材料等先进制造装备与技术，将持续推动新能源汽车产业向智能化、轻量化、绿色化方向发展。汽车大型结构件一体化压铸成型技术正在不断迈向新的发展阶段。

【实践训练】

仪器设备及工具准备
1）设备：万能试验机。
2）工具：游标卡尺、电子引伸计（标距：50mm；量程：5mm；精度：0.001mm）。

操作注意事项
1）会使用实训指导用书，实训过程中注意安全。
2）实训前检查万能试验机及相关工具的情况。
3）实训结束后整理设备工具，并清理场地。

实训内容
掌握万能试验机的操作方法，观察低碳钢拉伸时的变化特点，观察低碳钢材料的冷作硬化现象，测定材料屈服强度、抗拉强度、伸长率和断面收缩率，并将测量数据填入表格。

学院		专业		班级	
姓名		学号		日期	
指导教师					

一、准备工作

项目内容	情况记录
工量具及仪器设备准备	
实训指导书准备	
检查万能试验机	

二、操作过程

试验材料	试验记录				
	试验原始数据			试验结果	
20					
45					
T10					
HT200					
绘制低碳钢拉伸应力-延伸率曲线					

【评价反馈】

评价项目	评价标准	分值	得分
知识准备	熟知材料的力学性能	10	
	熟知低碳钢材料的拉伸特点	10	
知识拓展	养成自主学习的习惯，养成良好职业习惯	20	
实践训练	不穿工作服、不穿工作鞋、不戴工作帽，每项扣1分	3	
	实训前不检查万能试验机情况，实训结束后未清理场地，各扣5分	10	
	工量具（设备）每少准备一件扣1分	5	
	工量具（设备）选择不当，每次扣2分	6	
	实训指导书使用，每操作失误1次，扣2分	4	
	低碳钢拉伸试验数据记录，每错误1个数据，扣0.5分	16	
	工单填写，填写记录字迹潦草，扣2分	2	
	工单填写，填写记录不完整，每项扣1分	4	
综合表现	能与同学密切合作，积极实践，安全地完成学习活动，具备严谨规范的工作作风	10	
	合计	100	

教师评语：

日期： 年 月 日

【课后测评】

一、填空题

1. 金属材料的力学性能是_____。力学性能的指标有_____、_____、_____、_____、_____等。
2. 屈服强度是指_____。
3. 断后伸长率是指_____。
4. 材料常用的塑性指标有_____和_____两种。
5. 材料的工艺性能有_____、_____、_____、_____、_____。

二、选择题

1. 拉伸试验时，试样在断裂前所能承受的最大应力称为材料的（　　）。
   A. 屈服强度　　　B. 抗拉强度　　　C. 弹性极限
2. 测定淬火钢件的硬度，一般常选用（　　）来测试。
   A. 布氏硬度计　　B. 洛氏硬度计　　C. 维氏硬度计
3. 金属材料的（　　）越好，则其压力加工性能越好。
   A. 强度　　　　　B. 塑性　　　　　C. 硬度

4. 运转中的发动机曲轴、齿轮等零部件所承受的载荷均为（　　）。
 A. 静载荷　　　　B. 冲击载荷　　　　C. 交变载荷
5. 材料的韧性越好，抗冲击能力（　　），发生断裂的可能性（　　）。
 A. 越强　　　　B. 越小　　　　C. 越差

三、简答题

什么是强度？什么是塑性？衡量这两种性能的指标有哪些？

单元 2　汽车常用金属材料

单元描述：

汽车是一个复杂的机械系统，通常一辆汽车约由 3 万个零部件组装而成，汽车上每个零件的生产制造都涉及材料问题。从汽车的设计、选材、加工制造，到汽车的使用、维修和养护无一不涉及材料。通过本单元的学习，学生应掌握汽车常用的金属材料，了解其类型及特点，为后续学习汽车发动机、汽车底盘以及汽车制造、维修等知识打下坚实的基础。

素养目标：

1) 树立学生的创新意识，培养不断探索的精神。
2) 培养学生合理使用、节约资源的品质。

知识目标：

1) 了解汽车上常用黑色金属材料的类型及特点。
2) 熟悉常用汽车用钢的种类、牌号、性能和应用。
3) 了解汽车上常用有色金属材料的类型及特点。

技能目标：

1) 能识别典型金属材料在汽车上的应用。
2) 能根据金属材料的类型特点分析汽车轻量化的方向和趋势。

【知识准备】

汽车由种类繁多、性能各异的工程材料经加工制成零件后组装而成，这些零件以金属材料为主，其中钢铁材料占 55%~60%，甚至更多。现代汽车正向着安全、节能、环保的方向发展，而汽车轻量化是节能、防污染最有效的途径之一，汽车零部件中的有色金属材料和非金属材料所占比重越来越大。车身框架大多采用了钢材制造，如图 1-25a 所示，轮毂大多采用了铝合金制造，如图 1-25b 所示。

工业上，通常把金属材料分为两大类：黑色金属和有色金属。钢和铸铁是应用最广的黑色金属，统称为钢铁，它占据金属材料总量的 95% 以上。有色金属是指除钢铁材料以外的其他所有金

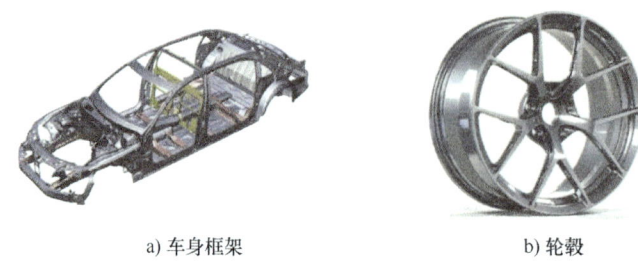

a) 车身框架　　b) 轮毂

图 1-25　汽车材料的应用

属材料，如铝、铜、镁及其合金。

一、黑色金属材料

黑色金属材料由于其综合性能良好、品种多且价格低廉，广泛应用于汽车制造业，例如，汽车的车覆盖件、底盘、轮毂以及各类箱体框架等。黑色金属根据碳的质量分数（w_C）不同，可分为工业纯铁（$w_C<0.0218\%$）、钢（$0.0218\%\leqslant w_C\leqslant 2.11\%$）、铸铁（$w_C>2.11\%$），工业中常用铸铁的碳的质量分数 w_C 一般不超过 4.3%，图 1-26 所示为钢铁中碳的质量分数范围。

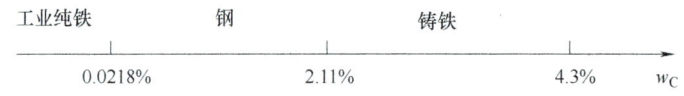

图 1-26　钢铁中碳的质量分数范围

其中，工业纯铁主要用作磁材料，铸铁适用于铸造或炼钢，在实际生产中机加工主要使用的是钢。黑色金属主要是指钢铁材料，钢铁材料的种类繁多，具体分类如图 1-27 所示。

- 黑色金属
  - 碳素钢
    - 按钢的质量分类
      - 普通碳素钢
      - 优质碳素钢
      - 高级优质碳素钢
    - 按钢的用途分类
      - 碳素结构钢
      - 碳素工具钢
    - 按钢中的碳质量分数分类
      - 低碳钢
      - 中碳钢
      - 高碳钢
    - 铸钢(属于碳素钢中的中碳钢)
  - 合金钢
    - 按用途分类
      - 合金结构钢
        - 低合金结构钢
        - 合金渗碳钢
        - 合金调质钢
        - 合金弹簧钢
        - 滚动轴承钢
        - 超高强度钢
      - 合金工具钢
        - 合金刃具钢
        - 合金模具钢
        - 合金量具钢
      - 特殊性能钢
    - 按合金元素的质量分类
      - 低合金钢(合金总量<5%)
      - 中合金钢(合金总量为5%~10%)
      - 高合金钢(合金总量≥10%)
  - 铸铁
    - 白口铸铁
    - 灰铸铁(石墨所处形态不同)
      - 灰铸铁(片状)
      - 球墨铸铁(球状)
      - 可锻铸铁(团絮状)
      - 蠕墨铸铁(蠕虫状)

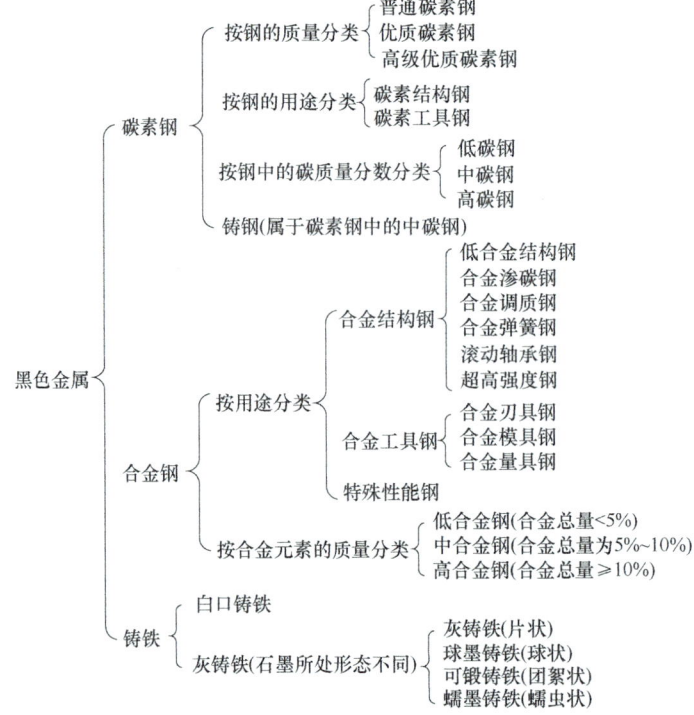

图 1-27　钢铁材料的分类

1. 碳素钢

碳素钢在现代工业生产所使用的钢铁材料中占据着十分重要的地位。碳素钢冶炼、加工容易，价格低廉，工艺性能良好，是工业生产中用量最大的金属材料。

（1）按钢的质量分类　钢在冶炼过程中会存在少量的杂质元素，如硅、锰、硫和磷等，对碳素钢的性能会产生一定的影响。按含杂质元素的质量分数多少，可将碳素钢分为普通碳素钢、优质碳素钢和高级优质碳素钢3种。普通碳素结构钢一般作为工程用钢，如钢板、型钢（图1-28a）、钢筋（图1-28b）等，广泛用作桥梁、建筑等的构件。普通碳素结构钢也可作为机器用钢，但用于制造不重要的机器零件，如螺钉（图1-28c）、铆钉等。图1-29所示为优质碳素结构钢的应用：08钢应用于驾驶室、油箱、离合器等，20钢应用于离合器分离杠杆、风扇叶片、驻车制动杆等；45钢应用于凸轮轴、曲轴、万向节主销、离合器踏板轴等；65Mn应用于气门弹簧、活塞油环簧片、离合器压板盘弹簧、活塞销卡簧等。

a) 型钢　　　　　　　b) 钢筋　　　　　　　c) 螺钉

图1-28　普通碳素结构钢的应用

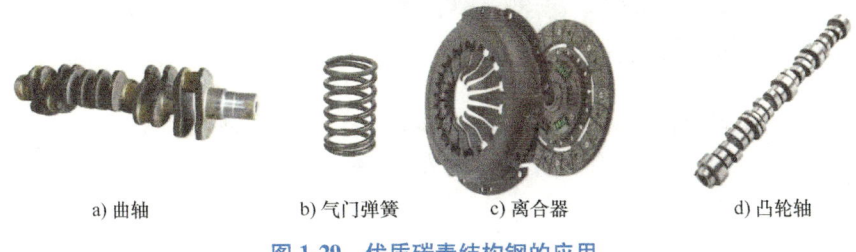

a) 曲轴　　　　b) 气门弹簧　　　　c) 离合器　　　　d) 凸轮轴

图1-29　优质碳素结构钢的应用

（2）按钢的用途分类　按用途不同，钢可分为碳素结构钢和碳素工具钢。

碳素结构钢具有较高的强度、良好的塑性和韧性，以及优良的工艺性能（焊接性、冷变形成形性），通常制成型材（圆钢、方钢、工字钢、钢筋等）、板材和管材等形式，主要用于桥梁、建筑等工程构件，及生产螺钉和螺母等。

在汽车零部件中，可用碳素结构钢制造的有油底壳、气缸盖罩、制动器底板、车厢板件、发电机支架、拉杆、销、键等，如图1-30所示。碳素工具钢在热处理后有较高的硬度和耐磨性，主要用于制造工具和模具，如刀具、量具和冷作模具等。

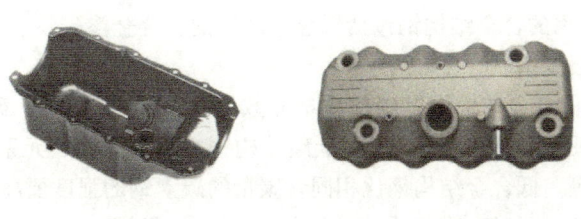

a) 油底壳　　　　　　　b) 气缸盖罩

图1-30　碳素结构钢的应用

（3）按钢中碳的质量分数分类　按钢中碳的质量分数分类，钢可分为低碳钢、中碳钢和高碳钢。碳素钢的力学性能随着碳的质量分数增大，其强度、硬度增高，而塑性、韧性降低。

1）低碳钢。碳素钢中碳的质量分数 $w_C<0.25\%$ 时称为低碳钢。低碳钢的力学性能较差，强度较低，用于制造一般的机械零件。

2）中碳钢。碳素钢中碳的质量分数 w_C 在 $0.25\%\sim0.60\%$ 范围内时称为中碳钢。中碳钢的力学性能较好，强度较高，韧性和切削性能好，容易热处理，应用最广，用于制造重要的机械零件。

3）高碳钢。碳素钢中碳的质量分数 $w_C>0.60\%$ 时称为高碳钢。高碳钢热处理后的耐磨性好、硬度高，常用于制造锉刀、锯条等切削工具及弹簧。

（4）铸钢（铸造碳钢）　铸钢的含碳量为 0.2%～0.6%，属于碳素钢中的中碳钢。铸钢是将熔化的钢液直接浇注到铸型中，冷却后即获得零件毛坯（或零件）的一种钢材。其铸造性比铸铁稍差，但力学性能和焊接性能却远远优于铸铁。一些结构形状复杂且要求有较高强度、塑性、韧性以及特殊性能的零件，难以用锻压方法成形，用铸铁又不能满足性能要求，这时可采用铸钢。铸钢牌号表示方法："ZG+数字-数字"。第一组数字为屈服强度值，第二组数字为抗拉强度值，如 ZG230-450 表示屈服强度为 230MPa，抗拉强度为 450MPa 的铸钢。汽车及其他机械设备中许多形状复杂或尺寸比很大的批量生产零件都可以用铸钢来制造，如自动变速器壳、齿轮轴和转向节臂等（图 1-31）。

a) 自动变速器壳　　b) 齿轮轴　　c) 转向节臂

图 1-31　汽车铸钢零件

2. 合金钢

为了改善钢的力学性能，通常在炼钢时加入硅（Si）、锰（Mn）、铬（Cr）、镍（Ni）、钼（Mo）、钨（W）、钒（V）、钛（Ti）等，由此获得的钢材称为合金钢。与碳素钢相比，合金钢往往具有某些方面的特殊性能，或具有良好的综合力学性能，如合金钢具有更高的硬度、强度、耐磨性、淬透性。汽车上应用最多的是低碳合金钢。

（1）按合金元素的质量分数分类　合金钢按合金元素的质量分数可分为低合金钢（合金元素质量分数<5%）、中合金钢（5%≤合金元素质量分数<10%）和高合金钢（合金元素质量分数≥10%）。

（2）按用途分类　按用途不同，合金钢可分为合金结构钢、合金工具钢和特殊性能钢等。

1）合金结构钢。常用的合金结构钢包括低合金结构钢、合金渗碳钢、合金调质钢、合金弹簧钢、滚动轴承钢和超高强度钢。

① 低合金结构钢。低合金结构钢是碳的质量分数为 0.12%～0.20%，磷、硫的质量分数不大于 0.45%，合金元素的质量分数不大于 3% 的低碳结构钢，其主要添加元素为硅、锰及少量的钛、钒、铌、铜及稀土元素等。低合金结构钢比相同含碳量的碳素钢的强度要高 10%～30%，并具有较好的塑性、韧性和焊接性。同时，由于冶炼较简单，其生产成本与碳素钢相近，低合金结构钢广泛用于制作各种机器零件和工程构件，如汽车上的车架纵梁、横梁和发动机吊耳等。低合金结构

钢常用于汽车上，如 Q355 用于纵梁前加强板、横梁、角撑、保险杠等；Q420 用于车架纵横梁、蓄电池固定框后板、油箱托架等，如图 1-32 所示。

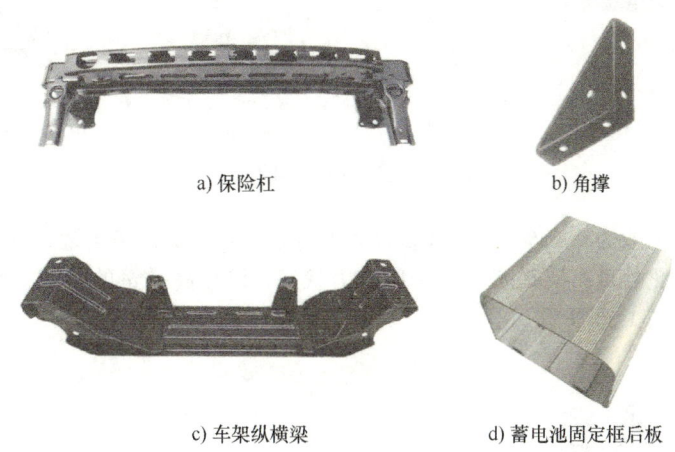

图 1-32 低合金结构钢的应用

用低合金结构钢取代碳素结构钢，可节约钢材，减小质量，且使用可靠，常用的钢种有 Q355 等。

② 合金渗碳钢。合金渗碳钢制造的零件经淬火和低温回火后，不仅有较高的表面硬度和耐磨性，而且能大幅度提高零件心部的强度和韧性，从而提高抵抗冲击载荷的能力。合金渗碳钢中碳的质量分数一般为 0.10%~0.25%，加入的合金元素主要有锰、铬、镍、钼、钒。汽车上承受高速、重载、冲击和剧烈摩擦的零件（如活塞销等）都是用合金渗碳钢加工后，经热处理制作的。渗碳钢常用于制造汽车上的重要零件：15Cr 用于制造活塞销、气门弹簧座、气门挺杆等；20CrMnTi 用于制造各类重要齿轮、万向节十字轴和差速器十字轴等；20MnVB 用于制造传动轴十字轴、万向节十字轴、差速器十字轴、后桥减速器齿轮等，如图 1-33 所示。

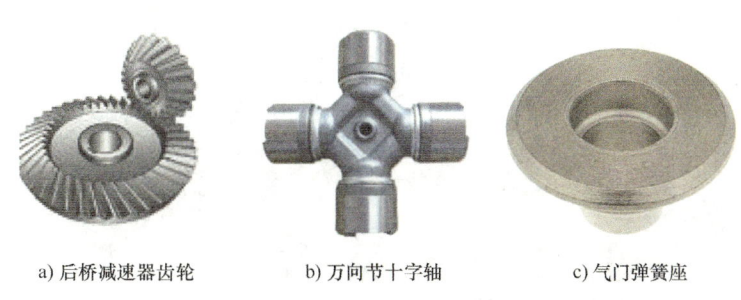

图 1-33 合金渗碳钢的应用

③ 合金调质钢。合金调质钢是指经过调质处理的合金钢，其具有较高的强度和韧性，其碳的质量分数为 0.25%~0.50%。若调质后再进行淬火，则可进一步改善钢件表面的耐磨性。合金调质钢常用于制造承受重载荷、冲击载荷的零件，如汽车半轴、连杆和转向节等。图 1-34 所示为合金调质钢的应用：40Cr 用于制造减振器销、水泵轴、连杆等；40MnB 用于制造半轴、万向节、转向臂、传动轴花键等；45Mn2 用于制造进气门、半轴套、板簧 U 形螺栓等。

④ 合金弹簧钢。弹簧主要实现消除振动、储备能量、驱动机械、开闭阀门等功能，弹簧工作时受到交变载荷的作用，因此，要求弹簧钢具有高的强度、弹性极限、韧性及疲劳极限。合金弹

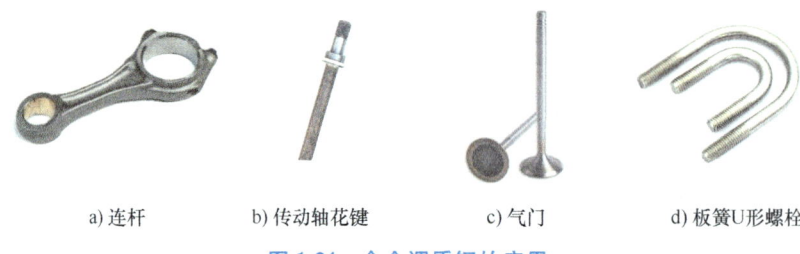

a) 连杆　　　b) 传动轴花键　　　c) 气门　　　d) 板簧U形螺栓

图 1-34　合金调质钢的应用

簧钢中碳的质量分数一般为 0.45%~0.75%，加入的合金元素有钒、铬、锰、硅等。生产中常对弹簧采用喷丸或表面强化处理，使其表面处于压应力状态，以提高弹簧的疲劳极限及表面质量。常见的各种汽车弹簧如图 1-35 所示。

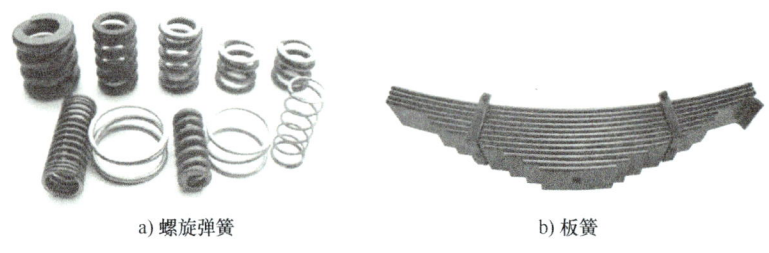

a) 螺旋弹簧　　　　　　　　b) 板簧

图 1-35　汽车弹簧

⑤ 滚动轴承钢。滚动轴承钢用于制造各种滚动轴承，如图 1-36 所示。常用的轴承钢是高碳低铬钢，其中碳的质量分数为 0.95%~1.15%，以保证轴承有足够高的强度、硬度和耐磨性。铬的质量分数为 0.40%~1.65%，其主要作用是提高淬透性，使组织均匀并增加回火稳定性。铬与碳作用形成的合金渗碳体能有效提高钢的硬度及耐磨性。

图 1-36　滚动轴承

⑥ 超高强度钢。超高强度钢是指屈服强度大于 1400MPa，抗拉强度大于 1500MPa，兼有较好韧性的合金钢，它是在调质钢的基础上加入多种合金元素而发展起来的。其主要用作航空、航天工业的结构材料，也用于制造汽车车身结构零件和发动机结构零件等，如图 1-37 所示。

2) 合金工具钢。根据用途不同，合金工具钢可分为合金刃具钢、合金模具钢和合金量具钢。在汽车零部件的检验过程中需要用到各种刃具、工具及量具，如图 1-38 所示。

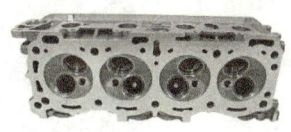

a) 汽车车身结构零件　　b) 发动机结构零件

图 1-37　超高强度钢的应用

① 合金刃具钢。用于制造各种车刀、铣刀等切削加工工具的钢称为刃具钢。常用的刃具钢有低合金刃具钢和高速钢两种。

② 合金模具钢。按工作条件的不同，模具钢分为冷作模具钢和热作模具钢。

③ 合金量具钢。用来制造各种量具（如游标卡尺、块规、卡规、千分尺、样板等）的钢称为量具钢。量具钢中碳的质量分数通常高达0.90%~1.50%，并含有铬、钨等碳化物，以提高钢的淬透性和保证钢有足够的硬度和耐磨性，也有较高的尺寸精确性和稳定性。

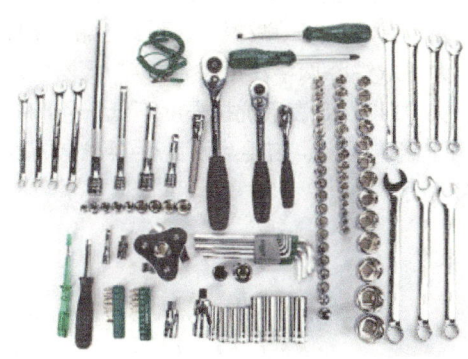

图 1-38　合金工具钢的应用

3) 特殊性能钢。具有特殊的性能并用来制造工作在特殊条件下的零件所用的钢称为特殊性能钢。工业上常用的特殊性能钢有不锈钢、耐热钢和耐磨钢等。汽车工业中使用的特殊性能钢主要是不锈钢，不锈钢的耐蚀性和耐热性良好，常用于发动机和排气系统部件的制造，汽车不锈钢排气管如图 1-39 所示。

3. 铸铁

平均碳的质量分数 w_C>2.11% 的铁碳合金称为铸铁。工业用铸铁中碳的质量分数（w_C）为 2.11%~6.69%。铸铁是一种成本低廉并具有良好性能的金属材料。与钢相比，虽然铸铁的力学性能，特别是抗拉强度及韧性、塑性较低，但由于它具有优良的减振性、耐磨性、耐蚀性、铸造性及切削加工性，而且生产设备和工艺简单，因此在工业上得到了广泛的应用。

根据碳的存在形式不同，常将铸铁分为白口铸铁和灰铸铁两大类。白口铸铁中的碳主要以渗碳体（Fe_3C）的形式出现，其断口呈

图 1-39　汽车不锈钢排气管

亮白色。白口铸铁的硬度高、脆性大、难加工，多用来炼钢或制造可锻铸铁件的毛坯。灰铸铁中的碳主要是以石墨的形式出现的，其断口呈灰色。在灰铸铁中，根据内部石墨所处形态的不同，石墨大部分为片状的称为灰铸铁，形状为球状的称为球墨铸铁，形状为团絮状的称为可锻铸铁，形状为蠕虫状的称为蠕墨铸铁。

（1）灰铸铁　灰铸铁中石墨呈片状，在力学性能方面抗压不抗拉，减振性、耐磨性、导热性良好，缺口敏感性低，主要用来制造各种承受压力，并要求减振性、耐磨性好及缺口敏感性低的零件，如飞轮、飞轮壳、气缸体和进排气歧管等，如图 1-40 所示。灰铸铁牌号用"HT+数字"组成。"HT"为"灰铁"两字汉语拼音首字母，数字表示最低抗拉强度，如 HT150 表示抗拉强度不低于 150MPa 的灰铸铁。

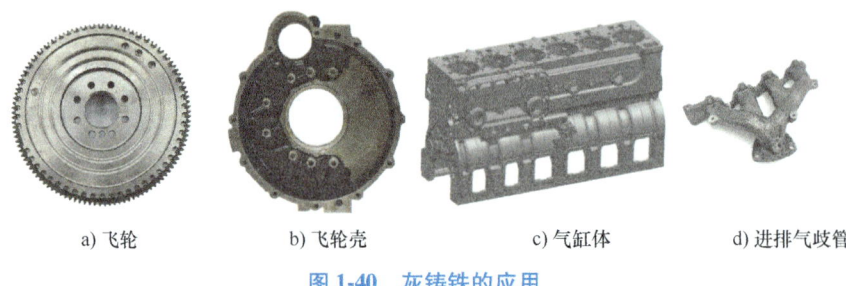

a) 飞轮　　　　b) 飞轮壳　　　　c) 气缸体　　　　d) 进排气歧管

图1-40　灰铸铁的应用

(2) 球墨铸铁　球墨铸铁中石墨呈球状，铸造性能好，强度、塑性和韧性大大高于灰铸铁，接近铸钢，具有良好的减振性、耐磨性和低缺口敏感性。球墨铸铁牌号用"QT+两组数字"组成。"QT"为"球铁"两字汉语拼音首字母，两组数字第一组表示抗拉强度值，第二组表示断后伸长率值，如QT400-18表示抗拉强度不低于400MPa、断后伸长率不低于18%的球墨铸铁。球墨铸铁主要用于制造强度、韧性、耐磨性要求较高的零件，如汽车曲轴、凸轮轴和驱动桥壳体等，如图1-41所示。

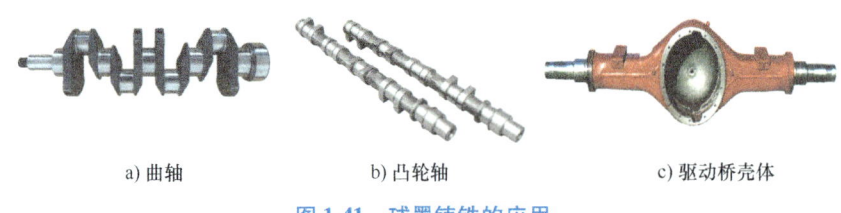

a) 曲轴　　　　b) 凸轮轴　　　　c) 驱动桥壳体

图1-41　球墨铸铁的应用

(3) 可锻铸铁　可锻铸铁中石墨呈团絮状，其力学性能介于灰铸铁和球墨铸铁之间，有较好的强度和一定的塑性。可锻铸铁按基体组织的不同，可分为铁素体可锻铸铁和珠光体可锻铸铁。

可锻铸铁牌号用3个字母加两组数字组成。"KT"为"可铁"两字汉语拼音首字母。"H"表示黑心，"B"表示白心，"Z"表示珠光体。牌号中代号后面的一组数字，表示抗拉强度值；有两组数字时，第一组表示抗拉强度值，第二组表示断后伸长率值，两组数字中间用"-"隔开。如KTH300-06表示最低抗拉强度不低于300MPa、断后伸长率不低于6%的黑心可锻铸铁。

在汽车制造中常用可锻铸铁加工一些截面较薄而形状复杂、工作时受振动且强度、韧性要求较高的零件，如汽车减速器壳、后桥壳等，如图1-42所示。

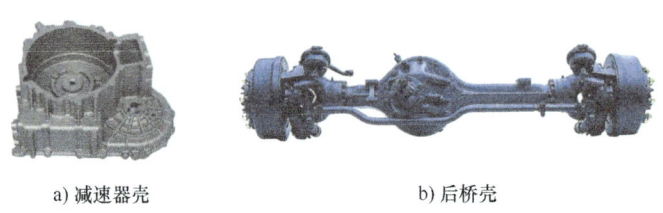

a) 减速器壳　　　　b) 后桥壳

图1-42　可锻铸铁的应用

(4) 蠕墨铸铁　蠕墨铸铁中石墨呈蠕虫状或球状，其抗拉强度、塑性、疲劳极限大于灰铸铁，导热性、锻造性、可切削性大于球墨铸铁。蠕墨铸铁牌号用"RuT+数字"表示。"RuT"为"蠕铁"两字的汉语拼音及首字母，数字表示最低抗拉强度，如RuT300表示抗拉强度不低于300MPa的蠕墨铸铁。蠕墨铸铁在汽车行业中主要用于制造制动鼓、制动盘和气缸盖等，如图1-43所示。

a) 制动鼓

b) 制动盘

c) 气缸盖

图 1-43　蠕墨铸铁的应用

二、有色金属材料

黑色金属以外的金属称为有色金属。有色金属具有许多特殊的性能，如较高的导电性和导热性、较低的密度和熔化温度、良好的力学性能和工艺性能，是现代工业不可缺少的重要金属材料，是黑色金属所不能替代的。常用的有色金属主要有铝及铝合金、铜及铜合金等，如图 1-44 所示。

1. 铝及铝合金

在有色金属及其合金中，铝及铝合金是被广泛应用的金属材料，用量仅次于钢铁。铝具有密度小、耐蚀性好等特点，且铝合金的塑性优良，铸、锻、冲压工艺均适用，尤其适用于汽车零部件生产的压铸工艺。从生产成本、零件质量、材料利用等几个方面比较，铝合金已成为汽车生产中不可缺少的重要材料。图 1-45 所示为铝合金制造的车身框架。

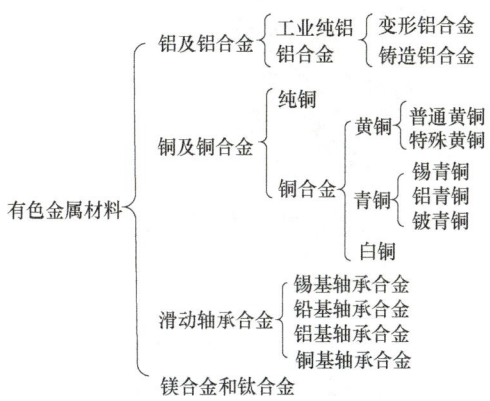

图 1-44　有色金属材料的分类

图 1-45　铝合金制造的车身框架

（1）工业纯铝　工业纯铝一般指纯度为 99.0%～99.9% 的铝，铁和硅是其主要杂质。工业中使用的纯铝呈银白色。纯铝的导电性和导热性好，是仅次于金、银、铜的优良导体，它氧化性强，表面容易形成致密的氧化铝保护膜，氧化铝能有效地防止金属被继续氧化，具有良好的耐蚀性。

工业纯铝塑性高，可以通过压力加工方法制成各种型材、板材。由于强度很低，工业纯铝不宜直接用来加工机械零部件，但广泛用于制造各种导线、电容器和包装材料等。工业纯铝牌号采用"铝"的汉字拼音首字母加序号表示，如 L1、L2、L3、L4 等。L1 为 1 号纯铝，序号越大，铝的纯度越低，含杂质元素越多，塑性及导电性、导热性越差。

（2）铝合金　铝合金是以铝为基体，加入少量的合金元素后形成的，常用的合金元素有铜、锰、硅、镁等。铝合金保持了纯铝的优良性能，同时强度比纯铝提高了几倍。

按其成分和工艺特点，铝合金分为变形铝合金和铸造铝合金两种。

1）变形铝合金。它具有良好的塑性，可通过冲压、弯曲和挤压等加工方法获得所需零件。

根据主要性能特点和用途不同,变形铝合金可分为防锈铝合金、硬铝合金、超硬铝合金和锻造铝合金,它们的性能特点及用途见表1-2。变形铝合金在汽车中主要用于制造车门、行李舱盖等车身面板,保险杠,发动机舱盖,车轮的轮辐、轮毂罩、轮外饰罩,制动器总成的保护罩,消声罩,防抱死制动系统,换热器,车身构架,座位,车厢底板等结构件以及仪表板等装饰件,铝质保险杠如图1-46所示。

表1-2 常用变形铝合金材料的性能特点及用途

分类	性能特点	用途
防锈铝合金	塑性高、强度高、耐蚀性良好	适用于制造船舶零部件、航空燃料箱、输油管道等
硬铝合金	强度高、耐热性良好、耐蚀性差	适用于制造门窗、飞机蒙皮等
超硬铝合金	极高的强度(可达600MPa),热处理强化效果明显,退火后具有良好的塑性	适用于制造飞机大梁、起落架、机翼接头等
锻造铝合金	良好的热塑性和锻造性,可进行热处理强化	适用于制造飞机和发动机中形状较复杂的零部件

2)铸造铝合金。通过向纯铝中添加硅、铜、镁、锌等元素,从而获得具有良好的铸造性能、耐蚀性和耐热性的铝合金称为铸造铝合金。铸造铝合金在汽车上的使用量最多,占80%以上,包括重力铸造件、低压铸造件和特种铸造件。工业用铝合金材料中,铸造件占80%左右,锻造件占1%~3%,其余为加工材料。

根据所含合金元素的不同,铸造铝合金可分为铝硅(Al-Si)合金、铝铜(Al-Cu)合金、铝镁(Al-Mg)合金和铝锌(Al-Zn)合金4类。常用铸造铝合金材料的性能特点及用途见表1-3。

图1-46 铝质保险杠

表1-3 常用铸造铝合金材料的分类、性能特点及用途

分类	性能特点	用途
铝硅(Al-Si)合金	铸造性能和耐磨性良好、热膨胀系数小,使用量最大	适用于制造结构件,如发动机壳体、气缸体等
铝铜(Al-Cu)合金	强度高、铸造性能良好	适用于制造承受大载荷和形状不复杂的砂型铸件
铝镁(Al-Mg)合金	耐蚀性、综合力学性能良好	适用于制造雷达底座、飞机起落架、螺旋桨等
铝锌(Al-Zn)合金	强度较高、尺寸稳定	适用于制造模型、发动机零配件、设备支架等

铸造铝合金具有优良的铸造性能,可根据使用目的、零件形状、尺寸精度、数量、质量标准、力学性能等各方面的要求和经济效益选择适宜的铝合金和合理的铸造方法。其中,铸造铝合金主要用于铸造发动机气缸体、离合器壳体、后桥壳、转向器壳体、变速器、配气机构、机油泵、水泵、摇臂盖、车轮轮辐、发动机框架、油缸及制动盘等非发动机构件,如图1-47所示。

a) 离合器壳体　　　　　　　b) 车轮轮辋

图 1-47　铸造铝合金的应用

2. 铜及铜合金

（1）纯铜　铜是人类最早认识并使用的金属材料之一，我国早在约六千年前就开始使用铜制品。纯铜俗称紫铜，这是由于在空气中其表面容易形成一层紫色的氧化膜。纯铜具有很好的导电性和导热性，塑性极好，易于热压和冷压力加工，大量用于制造导线、电缆、电刷、电火花专用铜（电蚀铜）等要求导电性良好的产品。纯铜的牌号用汉语拼音首字母"T"加顺序号表示，分为T1、T2、T3。其中，编号越大，表示纯度越低，杂质含量越高。

（2）铜合金　通过向纯铜中加入锌、铅、锡、铝、铍等元素即可得到各种性能优良的铜合金。根据所加入合金元素的不同，铜合金可分为黄铜、青铜和白铜3类。

1) 黄铜。黄铜是以锌为主要合金元素的铜合金。黄铜按化学成分可分为普通黄铜和特殊黄铜。黄铜在汽车上的应用见表1-4。

表 1-4　黄铜在汽车上的应用

车型	应用举例
	零件名称
CA1093	排气管密封圈外壳、冷却管、暖风散热器散热管
CA1093	散热器夹片、散热器体主片、暖风散热器主片
CA1093	进水管、出水管、加水口座及支承、曲轴箱通风管及通风阀
EQ1092	制动阀阀座
CA1093	曲轴箱通风阀座
EQ1092	转向节衬套、行星齿轮及半轴支承垫圈

① 普通黄铜。普通黄铜是由铜和锌组成的合金。

② 特殊黄铜。在普通黄铜的基础上加入合金元素即可得到特殊黄铜，常加的合金元素有铅（Pb）、锡（Sn）等，通常根据加入的元素名称相应地称为铅黄铜、锡黄铜等。特殊黄铜强度、耐蚀性比普通黄铜好，铸造性能得到改善，主要用于船舶及化工零件制造，如冷凝管、齿轮、螺旋桨、轴承、衬套及阀体等。

2) 青铜。青铜是以除锌和镍以外的合金元素为主加元素的铜合金，常用的青铜有锡青铜、铝青铜和铍青铜等。

① 锡青铜。锡青铜是以锡为主加元素的铜合金，具有良好的耐蚀性。

② 铝青铜。铝青铜是以铝为主要合金元素的铜合金，强度、硬度、耐磨性、耐热性及耐蚀性

均高于黄铜和锡青铜，有良好的铸造性，但焊接性能差。

③ 铍青铜。铍青铜是以铍为主加元素的铜合金，具有高的强度、弹性极限、耐磨性、耐蚀性，以及良好的导电性、导热性、冷热加工及铸造性能，但价格较贵。

3）白铜。白铜是以镍为主要添加元素的铜基合金，呈银白色，有金属光泽，故称为白铜。汽车上常见的铜制品零件如图1-48所示。

a) 铜制管路　　　　b) 蓄电池铜接头

图 1-48　铜制品零件

3. 滑动轴承合金

用来制造滑动轴承中的轴瓦及其内衬的合金称为滑动轴承合金（以下简称轴承合金）。轴瓦可直接用耐磨合金制成，也可在钢表面浇注（或轧制）一层耐磨合金形成复合的轴瓦。常用的轴承合金有锡基轴承合金、铅基轴承合金、铝基轴承合金和铜基轴承合金等。

（1）锡基轴承合金　锡基轴承合金（Sn-Sb-Cu系合金）是以锡（Sn）为主并加入少量锑（Sb）、铜（Cu）等元素组成的合金，其熔点较低，是软基体硬质点组织类型的轴承合金，也称为锡基巴氏合金。

锡基轴承合金具有较高的耐磨性、导热性、耐蚀性和嵌藏性，其摩擦系数和热膨胀系数小，但疲劳极限较低，故常用于工作温度不超过150℃、较重要部件的轴承，如汽车发动机、汽轮机等高速轴承。

（2）铅基轴承合金　铅基轴承合金（Pb-Sb-Sn-Cu系合金）是以铅为主，加入少量的锑、锡、铜等元素的合金，又称为铅基巴氏合金。铅基轴承合金的编号方法与锡基轴承合金相同。铅基轴承合金的强度、硬度、耐蚀性和导热性都不如锡基轴承合金，但其成本低，高温强度好，有自润滑性，故铅基轴承合金常用于低速、低载条件下工作的部件，如汽车、拖拉机曲轴的轴承等。图1-49所示为曲轴翻边轴瓦。

（3）铝基轴承合金　铝基轴承合金是以铝为基体加入锑和锡等元素所组成的合金，具有密度小、导热性和耐蚀性好、疲劳极限高等优点，而且其原料丰富，价格便宜，广泛应用于高速和重载下工作的汽车、拖拉机及柴油机轴承等。常用的铝基轴承合金有铝锑镁轴承合金和铝锡轴承合金两类。

（4）铜基轴承合金　铜基轴承合金是以铜为基础，加入适量的铅、锡、锌、磷和锰元素组成的轴承合金。其特点是摩擦系数较小，润滑性能较好，抗压强度和硬度都很高，适用于高速、重载和高温条件下工作的零部件。

4. 镁合金和钛合金

随着压铸技术的进步，目前可以制造出形状复杂的薄壁镁合金车身零件，如前、后挡板，仪表盘和转向盘等。图1-50a所示的镁合金轮毂，与钢质汽车轮毂相比，质量约为钢的1/3。

钛的密度仅是铁的1/2，但强度和硬度超过了钢，且不易生锈。用钛合金铸造的汽车发动机部件更轻、更坚固和更耐腐蚀；钛合金制造的车身可以承受更大的作用力。图1-50b所示为钛合金气门。

图 1-49 曲轴翻边轴瓦

a) 镁合金轮毂

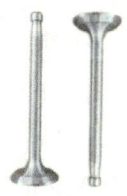

b) 钛合金气门

图 1-50 镁合金和钛合金的应用

【知识拓展】

世界最大的"镁合金"汽车压铸结构件试制成功——中国技术取得新突破

2023年6月,重庆大学发布消息,重庆大学国家镁中心和高端装备铸造技术全国重点实验室与相关企业联合开发,成功试制出了镁合金超大汽车压铸结构件。此次试制包含一体化车身铸件和电池箱盖两类超大型新能源汽车结构件,两个产品的投影面积均大于2.2m²,是目前世界上最大的镁合金汽车压铸结构件。两个铸件相比原来铝合金铸件减重32%,展现出巨大的轻量化应用前景。这一成就不仅意味着中国在大型汽车零部件领域取得了新的突破,也为汽车轻量化和能源储存提供了新的发展方向。

镁合金具有铝合金的强度和韧性,密度仅为铝合金的2/3,这意味着镁合金在汽车领域的广泛应用具有重要意义。中国拥有世界上最丰富的镁资源,多年来一直在努力促进镁材料和产品的研发和生产。

从产业体系增长的角度来看,镁合金的应用将创造更多的就业机会,提高国际竞争力。

从环保的角度来看,镁合金具有良好的环保特性,且成本低于铝合金。我国镁资源丰富,建立一个完整的产业链将有助于缓解我国金属矿产资源短缺的问题。同时,镁合金将有效促进汽车轻量化产业的蓬勃发展,对促进节能降耗等重大问题具有重要的战略意义。

【实践训练】

仪器设备及工具准备

设备:汽车发动机拆解模型;汽车零部件。

操作注意事项

1)各零部件应彻底清洗,用压缩空气吹干,使油道孔保持畅通。
2)实训结束后应将零部件组装完好,并清理场地。

实训内容

根据教师指导和所学知识,正确选用汽车金属材料。然后记录下来。

学院		专业		班级	
姓名		学号		日期	
指导教师					
作业前准备记录					
零部件		材料选用		选用原因	
后视镜支架					

(续)

零部件	材料选用	选用原因
气门推杆 		
气门弹簧 		
发动机的进排气门 		

【评价反馈】

评价项目	评价标准	分值	得分
知识准备	熟知汽车结构	10	
	熟知汽车各个零部件	10	
知识拓展	养成自主学习的习惯，养成良好职业习惯	20	
实践训练	不穿工作服、不穿工作鞋，每项扣5分	10	
	实训结束后未整理工具或清理场地，各扣5分	10	
	工单填写错误一项，字迹潦草或不完整，每项扣5分	30	
综合表现	能与同学密切合作，积极实践，安全地完成学习活动，具备严谨规范的工作作风。	10	
	合计	100	

教师评语：

日期： 年 月 日

【课后测评】

一、填空题

1. 钢铁分为_____和_____两种。

2. _____是指对固态金属或合金进行适当方式的加热、保温和冷却，使其获得所需要的内部组织和性能的加工工艺方法。

3. 钢的常用热处理方法有：_____、_____、_____、_____四种。

4. $w_C \leq 0.25\%$的钢是_____。

5. 普通碳素结构钢的牌号由代表屈服强度的汉语拼音首位字母_____表示。

二、选择题

1. w_C在2.11%以下的钢铁材料是（　　）。

   A. 铁碳合金　　　B. 碳钢　　　C. 铸铁

2. 以下能作为量具刃具钢的是（　　）。

   A. 合金工具钢　　B. 合金结构钢　　C. 特殊性能钢

3. 按碳质量分数分类，$0.25\% < w_C \leq 0.60\%$的钢是（　　）。

   A. 低碳钢　　　B. 中碳钢　　　C. 高碳钢

4. 按品质（主要根据碳钢中杂质硫、磷质量分数的多少）分类，$w_S \leq 0.040\%$，$w_P \leq 0.040\%$的钢是（　　）。

   A. 优质碳素钢　　B. 普通碳素钢　　C. 高级优质碳素钢

5. 碳素结构钢不可以制造的工件是（　　）。

   A. 螺钉　　　B. 铆钉　　　C. 钢板

三、简答题

什么是钢铁材料？碳钢和铸铁又是指什么材料？

单元3　汽车常用非金属材料

单元描述：

金属材料虽具有力学性能好、热稳定好、导电与导热性好等优点，但也存在着密度大、耐蚀性差、电绝缘性差等缺点，因而无法满足工业生产的需要。非金属材料有许多金属材料所不具备的性能，因此，已成为现代工业中必不可少的材料，在汽车工业中的应用越来越广泛。那么汽车上应用的非金属材料有哪些呢？

素养目标：

1) 培养学生实事求是的态度、团结合作的精神。
2) 提高学生的环境保护意识及主人翁意识。

知识目标：

1) 了解常用非金属材料的种类和特点。
2) 熟悉塑料和橡胶的组成、分类、性能特点及在汽车上的应用。
3) 了解陶瓷、玻璃材料的分类、性能特点及在汽车上的应用。
4) 了解复合材料的复合原理、分类、性能特点及在汽车上的应用。

技能目标：

1）能识别非金属材料在汽车上的应用。
2）能根据非金属材料的类型、特点分析它们在汽车节能环保、轻量化方面应用的方向和趋势。

【知识准备】

汽车工业的发展趋势是朝着节能环保的大方向发展，而实现这个目标的途径主要就是新能源的应用和减小车身质量这两个方向。据粗略研究，轿车质量每减小 10%，燃油消耗可减少 6%，既实现了节能，又减少了排放，最终达到环保的目的。因此，越来越多的非金属材料在汽车上得到了广泛的应用，如高分子材料、玻璃、陶瓷材料和复合材料等，非金属材料的分类如图 1-51 所示。

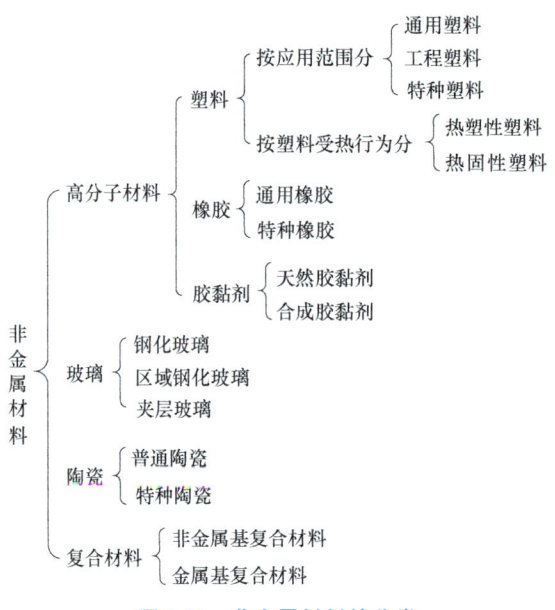

图 1-51 非金属材料的分类

1. 高分子材料

高分子材料是相对分子质量在 5000 以上的有机化合物的总称。高分子化合物相对分子质量很大，如橡胶为 10 万，聚乙烯在几万到几百万之间。虽然结构复杂多变，但高分子材料一般是由一种或几种简单的低分子（也称单体）重复连接而成。在汽车工业中，高分子材料的应用十分广泛。据统计，现代轿车中高分子材料的用量占自重的 12%～16%。高分子材料根据其性质及用途分为塑料、橡胶等。下面主要介绍汽车中常用的高分子材料，如塑料、橡胶、胶黏剂等。

（1）塑料 塑料是应用最广泛的有机高分子材料，也是最主要的工程结构材料之一。塑料的密度小，价格低。采用塑料代替部分钢铁件，既可减轻车辆自重又可降低成本。例如，近年来用高密度聚乙烯制造轿车汽油箱，可使油箱减轻 30%。而轿车内部构件也已采用塑料来制造。

塑料的主要成分是合成树脂（占 30%～100%），常加入添加剂而制成，常用添加剂包括填料或增强材料、增塑剂、固化剂、润滑剂、稳定剂、着色剂及阻燃剂等。合成树脂为各种单体通过聚合反应合成的高聚物。树脂在一定的温度、压力下可软化并塑造成形，它决定了塑料的基本属性，并起到黏结剂的作用。其他添加剂是为了弥补或改进塑料的某些性能。例如，填料（木粉、碎布和纤维等）主要起增强和改善性能作用，其用量可达 20%～50%。

塑料按照应用范围可分为通用塑料、工程塑料和特种塑料 3 种；按照塑料受热行为可分为热塑性塑料、热固性塑料。其中，工程塑料力学性能好，耐热性和耐蚀性也比较好，是当前大力发展的塑料品种。汽车上应用工程塑料的地方非常广泛，如图 1-52 所示，外部饰件有保险杠、挡泥板、散热器隔栅、导流板、车镜、轮毂盖等；内部饰件有仪表板、门板、座椅、立柱、转向盘、杂物箱、密封件等；电气部件有冷却风扇、风扇罩、空调滤清器和暖风壳；燃料系统包括储油器、蓄电池外壳、燃油管和燃油箱。

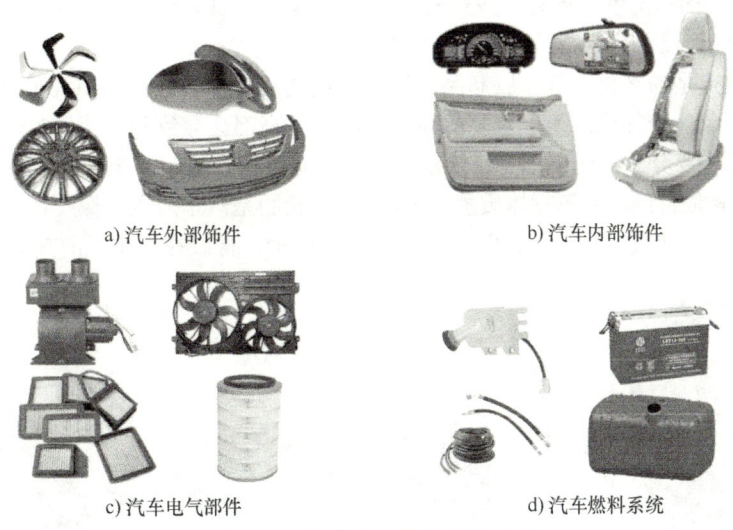

a) 汽车外部饰件　　　　　　　　b) 汽车内部饰件

c) 汽车电气部件　　　　　　　　d) 汽车燃料系统

图 1-52　汽车上工程塑料的应用

塑料的性能特点主要有：密度小，一般只有 $1.0～2.0g/cm^3$，大约为钢的 1/6、铝的 1/2，这对减小车辆、飞机、船舶等运输工具的质量意义十分重大。绝大多数塑料具有良好的电绝缘性和较小的介电损耗，因此，它是理想的电绝缘材料。此外，塑料还有优良的耐蚀性、消音和隔热性好、优良的耐磨和减摩性等优点。大部分塑料都可以直接采用注塑或挤压成型工艺，无须切削加工，成型工艺简单，可提高生产率，降低成本。塑料的不足之处是强度、硬度较低，耐热性差，膨胀系数大，受热易变形、易老化等。塑料在汽车上的应用见表 1-5。

表 1-5　塑料在汽车上的应用

名称	符号	应用
聚乙烯	PE	车厢内饰件、油箱、挡泥板、转向盘、发动机罩、空气导管等
聚氟乙烯	PVF	转向盘、坐垫套、车门内板、仪表板、操纵杆盖板等，占车用塑料的 20%～30%
聚丙烯	PP	接线板、转向盘、保险杠、风扇罩、散热器栅格、灯罩、电线覆皮等
聚氨酯树脂	PU	仪表板、转向盘、车门扶手、遮阳板、密封条、头枕等
ABS 树脂	ABS	仪表板、控制箱、灯壳、挡泥板、变速杆、散热器护栅等
有机玻璃	PMMA	灯罩、油杯、镜片、遮阳板、标牌、油标等
聚酰胺（尼龙）	PA	冷却风扇、滤网、把手、钢板弹簧销衬套、散热器、副油箱等
聚甲醛	POM	各种阀门、转向器衬套、万向节轴承、各种手柄及门销等
酚醛塑料	PF	制动衬片、离合器摩擦片、分电器盖等
聚碳酸酯	PC	保险杠、刻度板、壳体、水泵叶轮等

（2）橡胶　橡胶是一种具有极高弹性的轻度交联的线性高聚物，与塑料的不同之处是橡胶在室温下处于高弹态。工业橡胶的主要成分是生胶，生胶具有很高的弹性，但生胶分子链间相互作用力很弱，强度低，易产生永久变形。此外，生胶的稳定性差，如会挥发、变硬、易溶于某些溶剂等。因此，工业橡胶中还必须加入各种配合剂，配合剂的种类很多，主要是硫化剂，可以提高橡胶的力学性能和物理性能。

橡胶有2个显著特点：一是高弹性，即受外力作用而发生的变形，是完全弹性变形，外力去除后，很快便可恢复到原来的状态；二是高强度，即经硫化处理和炭黑增强后，其抗拉强度达25~35MPa，并具有良好的耐磨性。此外橡胶还有良好的绝缘性、良好的吸振能力，有一定的耐蚀性，并且能很好地与金属、纺织物、石棉等材料相连接。

橡胶的主要缺点是易老化，即橡胶制品长期存放或使用时，会逐渐被氧化而产生硬化和脆性，甚至出现龟裂的现象。紫外线照射、重复的屈挠、温度升高都会导致和促使橡胶老化而丧失弹性。

汽车橡胶制品主要分布在汽车车身、传动系统、转向系统、悬架系统、制动系统和电气仪表系统内。一辆轿车的橡胶件约占轿车整体质量的4%~5%。轮胎是汽车的主要橡胶件，其次有各种橡胶软管、密封件、传动带和减振件等约300件，如图1-53所示。橡胶在汽车上的其他应用见表1-6。

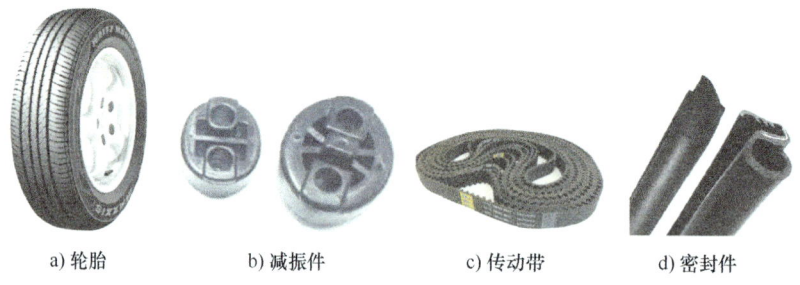

a）轮胎　　　　b）减振件　　　　c）传动带　　　　d）密封件

图 1-53　橡胶的应用

表 1-6　橡胶在汽车上的应用

名称	符号	应用
通用橡胶	天然橡胶（NR）	轮胎、胶带、胶管等
	丁苯橡胶（SBR）	轮胎、通用制品、胶板、胶带等
	顺丁橡胶（BR）	电线包皮、减振器、内胎、橡胶弹簧等
	氯丁橡胶（CR）	胶管、胶带、汽车门窗嵌条、密封件等
	异戊橡胶（IR）	胶管、胶带等
	丁基橡胶（IIR）	内胎、防振件、防水胎等
特种橡胶	聚氨酯橡胶（UR）	耐油胶管、垫圈、实心轮胎、耐磨制品等
	硅橡胶（Q）	耐高、低温件及绝缘件等
	氟橡胶（FPM）	耐蚀件、高真空件、高密封件等
	丙烯酸酯橡胶（ACM）	油封、橡胶碗、火花塞护套等

（3）胶黏剂　在工程中，材料的连接方法除焊接、铆接、螺纹连接之外，也常借助一种材料在固体表面产生黏合力，将材料牢固地连接在一起的方法，这种方法称为胶接，所用的材料称为胶黏剂（又称黏合剂）。胶接的特点是：接头处应力分布均匀，应力集中小，接头的密封性、绝缘性及耐蚀性好，适应性强，而且操作简单，成本低。因此，胶接在工业生产中得到广泛使用。

选择胶黏剂时，应根据被黏接材料、受力条件及工作环境等具体情况来合理确定。汽车修理中常用的胶黏剂有环氧树脂和酚醛树脂胶黏剂,用来胶接离合器摩擦片、修补气缸体、蓄电池等。

2. 玻璃

玻璃在高温时是一种透明的半固态、半液态物质,在熔融时形成连续网络结构,冷却过程中黏度逐渐增大并硬化成不结晶的硅酸盐类非金属材料。

汽车玻璃是汽车车身中必不可少的附件,主要起到隔声、保温和防护的作用。汽车玻璃根据所在的位置可分为前风窗玻璃、门窗玻璃、后风窗玻璃和天窗玻璃等,如图1-54所示。汽车玻璃主要分为钢化玻璃、区域钢化玻璃和夹层玻璃等。

前风窗玻璃国家强制规定必须是夹层玻璃。夹层玻璃是由两层或两层以上的玻璃用一层或数层透明的PVB膜黏合而成的玻璃,如图1-55a所示。当夹层玻璃破碎后,玻璃碎片仍然黏在PVB膜上不脱落,如图1-55b所示,因此它不伤人、具有安全性。此外在夹层玻璃中再加入高阻尼隔声材料可以在一定范围内吸收噪声,从而起到降噪隔声功能,一定程度上可以起到隔热的作用。

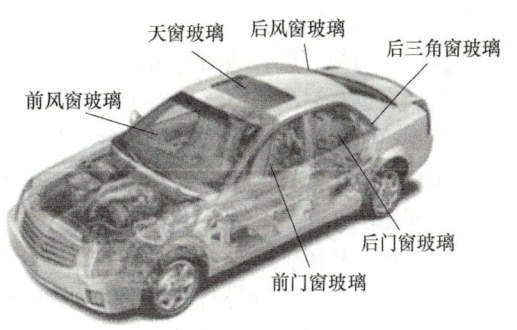

图1-54 玻璃在汽车上的应用

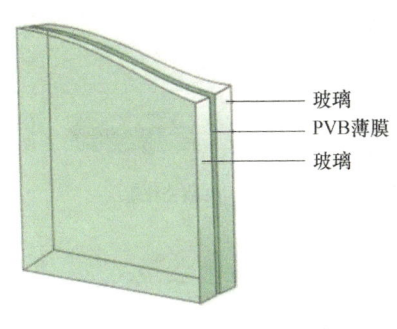

a) 夹层玻璃结构

b) 夹层玻璃破碎

图1-55 夹层玻璃

轿车后风窗玻璃、车门上的玻璃采用钢化玻璃制成,钢化玻璃的耐冲击能力是普通平板玻璃的6~9倍,能承受上百摄氏度的高温,而且一旦碎裂,其碎片呈蜂窝状的小块,不易伤人,具有较好的安全性,如图1-56所示。

a) 门窗钢化玻璃

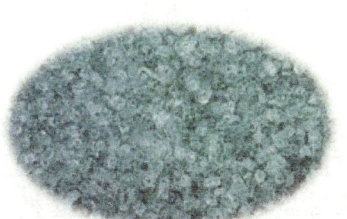

b) 钢化玻璃破碎

图1-56 钢化玻璃

3. 陶瓷

陶瓷是以天然或人工合成的各种化合物为基本原料,通过对原料进行处理、成形、干燥、高温烧结而成的一种无机非金属固体材料，是现代工业中很有发展前景的一类材料。

传统陶瓷（亦称普通陶瓷）是以天然的硅酸盐矿物质（高岭土、长石和石英等）为原料配制成的。传统陶瓷质地坚硬，有良好的抗氧化性、耐蚀性和绝缘性，能承受一定高温。

新型陶瓷（亦称特种陶瓷）使用化工原料（氧化物、氮化物、碳化物等）经配料、成形、烧结而成。它可分为氧化物陶瓷、氮化物陶瓷、碳化物陶瓷。它们的用途非常广，如氧化铝陶瓷广泛用于制造高速切削工具、量规、高温炉零件、空压机泵零件、内燃机火花塞等；氮化硼陶瓷可用来制作金属切削刀具，适用于高硬度金属材料（调质、淬火钢）的精加工、高强度钢和耐热钢的精加工、有色金属的低粗糙度加工等；碳化硅陶瓷可用来制造工作温度高达1500℃的零件，如火箭喷嘴、热电偶套管、高温电炉零件及各种泵的密封圈等。

金属陶瓷是把金属的热稳定性和韧性与陶瓷的硬度、耐火度、耐蚀性综合起来而形成的具有高强度、高韧性、高耐蚀性及高的高温强度的新型材料。以氮化硅、氧化铝和二氧化锆为主要成分的陶瓷材料，常用于制造挺杆、气门、轴承和摇臂等汽车零件，能充分发挥其高强度、高耐热性、高耐磨性、高耐蚀性等优良特性。特种陶瓷应用在汽车制动片、气缸套、火花塞和柱塞上，如图1-57所示。陶瓷薄膜喷涂技术开始应用于汽车上，这种技术的优点是隔热效果好、能承受高温和高压、工艺成熟、质量稳定，可对发动机燃烧室部件进行陶瓷喷涂。

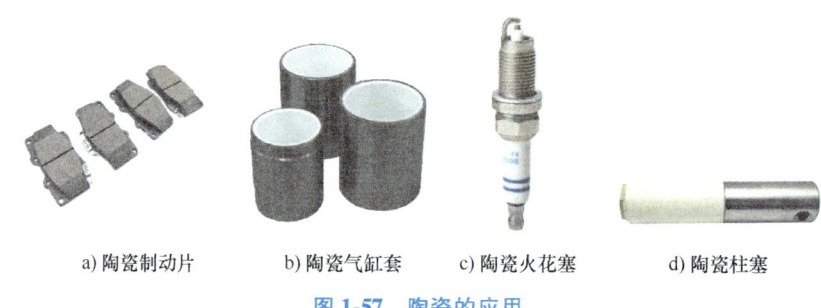

a) 陶瓷制动片　　b) 陶瓷气缸套　　c) 陶瓷火花塞　　d) 陶瓷柱塞

图1-57　陶瓷的应用

4. 复合材料

复合材料是由两种或两种以上不同化学性质或不同组织结构的材料，通过不同的工艺方法合成的材料。它不仅具有各组成材料的优点，而且还可获得单一材料不具备的优越的综合性能。日常所见的复合材料很多，如钢筋混凝土就是用钢筋与石子、沙子、水泥等制成的复合材料，汽车轮胎是由人造纤维与橡胶复合而成的材料。复合材料的种类很多，一般的分类方法有以下3种。

1）按性能分类：可分为功能复合材料（处于初始研制阶段）和结构复合材料（现已大量研制和应用）。

2）按基体分类：可分为非金属基复合材料（目前大量研究和使用的是以高聚物材料为基体）和金属基复合材料。

3）按增强剂的种类和形状分类：可分为层状复合材料、连续纤维增强复合材料、颗粒复合材料和晶须状纤维复合材料。目前使用最多的是纤维增强复合材料。

复合材料是具有优异综合性能的新型材料，是21世纪发展最迅速的新材料之一。由于它的各种性能和功能可以根据需要进行设计，通过选择合适的基体和增强体，合适的组成配比、排列分布，能充分发挥组成材料性能的优势，获得单一材料（金属、聚合物、陶瓷等材料）难以达到的综合性能，例如比强度和比模量高、抗疲劳性能好、减振能力强、耐高温性好、断裂安全性好、化学稳定性好。

由于复合材料具有特殊的振动阻尼特性，可减振和减小噪声，而且抗疲劳性能好，损伤后易修理，便于整体成形，故可用于制造汽车车身、受力构件、传动轴、发动机架及其内部构件。目前，玻璃纤维增强树脂复合材料和碳纤维增强树脂复合材料在汽车上已有很多应用。例如采用玻璃纤维增强树脂复合材料来制造轿车车身覆盖件、客车前后围覆盖件和货车驾驶室等零部件，碳纤维材料制作后视镜壳、内饰门板、门把手、变速杆、赛车座椅、空气套件等，图1-58所示为汽车安全带上的碳纤维卡扣和碳纤维变速杆头。

a) 碳纤维卡扣　　b) 碳纤维变速杆头

图1-58　复合材料的应用

【知识拓展】

比钢还硬！中国在新材料领域的又一重大突破

正式量产的国产客机C919，其中打造机身的新材料之一就是石墨烯。石墨烯原本是一种用于电子工业的新材料，因为用于锂电池隔膜而名声大噪，不过中国科研人员却将它用于打造客机机身的材料。

为什么要用石墨烯？其实最主要还是石墨烯在材料结构上的优点。石墨烯密度小，材料强度却很大，这让它在同等质量之下，硬度超越了钢铁。

让石墨烯成为机体材料的一部分，不是要让石墨烯直接做成机体外壳，而是将它作为机体外壳金属材料的辅助材料，以弥补机体外壳金属材料的缺点。

中国国产飞机C919客机所采用的机身外壳材料主要铝锂合金，这种合金虽然实现了轻量化，易加工，但其强度不够，硬度太低，这使得这种材料非常容易变形，为了让这种材料成功应用于飞机，中国科研团队选择了利用石墨烯来加强机身整体强度，充分利用了石墨烯的轻量化和高强度特点。

为了使石墨烯能够应用在铝锂合金上，中国科研团队首先将石墨烯进行了纳米化分层，让细如头发丝的石墨烯，一层一层地铺在了铝锂合金上，最终形成了一层石墨烯薄膜。

这层石墨烯薄膜不是在宏观层面上覆盖在铝锂合金材料之上，它是在分子层面上的覆盖，这让两种材料在分子堆积后再重组，形成了一种石墨烯和铝锂合金的混合体。这种材料的最外层是石墨烯，让原本的铝锂合金强度大大加强。

【实践训练】

仪器设备及工具准备
设备：汽车一辆；汽车零部件。

操作注意事项
1）实训前检查车辆情况。
2）实训结束后整理零部件，并清理场地。

实训内容
根据教师指导和所学知识，正确选用汽车非金属材料，然后记录下来。

学院		专业		班级	
姓名		学号		日期	
指导教师					
作业前准备记录					
零部件		材料选用		选用原因	
转向盘 					
保险杠 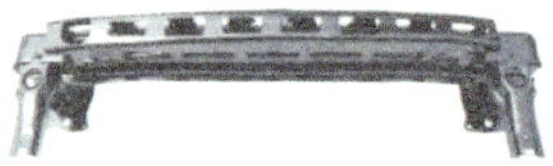					
仪表板 					
轮胎 					

【评价反馈】

评价项目	评价标准	分值	得分
知识准备	熟知汽车结构	10	
	熟知汽车各个零部件	10	
知识拓展	养成自主学习的习惯，养成良好职业习惯	20	
实践训练	不穿工作服、不穿工作鞋，每项扣5分	10	
	实训结束后未整理工具或清理场地，各扣5分	10	
	工单填写错误一项扣5分	20	
	工单填写字迹潦草或不完整，每项扣5分	10	
综合表现	能与同学密切合作，积极实践，安全地完成学习活动，具备严谨规范的工作作风	10	
	合计	100	

教师评语：

日期：　　年　　月　　日

【课后测评】

一、填空题
1. 汽车常用的高分子材料有_____、_____和_____3种。
2. 塑料由_____和_____组成。
3. 按性能和应用的不同，陶瓷可以分为_____和_____两大类。
4. 按原料来源不同，橡胶可以分为_____和_____两种。
5. 复合材料的特点主要有_____、_____、_____、_____、_____。

二、选择题
1. 塑料的使用状态为（　　）。
   A. 晶态　　　　　B. 玻璃态　　　　　C. 高弹态　　　　　D. 黏流态
2. 与金属材料相比较，塑料的（　　）要好。
   A. 刚度　　　　　B. 强度　　　　　　C. 韧性　　　　　　D. 比强度
3. 玻璃主要是由（　　）和其他金属氧化物组成。
   A. SiO_2　　　　B. MgO　　　　　C. Al_2O_3　　　　D. CaO
4. 安全性能最好的汽车玻璃是（　　）。
   A. 钢化玻璃　　　B. 区域钢化玻璃　　C. A类夹层玻璃　　D. B类夹层玻璃
5. 玻璃钢是玻璃纤维和（　　）组成的复合材料。
   A. 钢丝　　　　　B. 树脂　　　　　　C. 陶瓷　　　　　　D. 石棉

三、简答题
什么是陶瓷材料？它有何性能特点？

模块 2

汽车机械设计基础

单元 1　静力学分析

单元描述：

汽车由各种零部件组成，在工作时会受到复杂的外力作用。因此，对于汽车机械零部件的研究、制造、使用和维护都与力学密切相关。静力学分析是研究构件在力系作用下处于平衡的规律，为汽车机械构件受力分析提供基础。通过本单元的学习，应了解汽车构件的机械运动规律，为继续学习汽车承载能力分析、汽车构件失效分析等知识打下坚实的基础。

素养目标：

1) 培养学生的责任担当意识。
2) 培养学生认真严谨、实事求是的工作作风，弘扬工匠精神。

知识目标：

1) 理解力的基本概念和基本公理。
2) 掌握部件的典型约束及受力分析。
3) 掌握平面力系的简化与平衡。

技能目标：

1) 能根据部件工作状况进行受力分析及绘制受力图。
2) 能熟练应用平面力系的平衡方程求解平面力系的平衡问题。

【知识准备】

一、基本概念

1. 力的概念

力是物体间的相互作用。

力作用的结果是使物体的机械运动状态发生改变，或使物体变形。前者称为力的运动效应，也称外效应，后者称为力的变形效应，也称内效应。例如，滚动的车轮受到制动力的摩擦而使车轮运动变慢，直到车辆停止；薄钢板受到上下模具挤压而变形成为轿车的外壳。

（1）力的三要素　力的大小、方向和作用点，称为力的三要素。例如，人在推车时，推力的作用点在车厢尾部，作用方向水平向右（图2-1）。改变三要素中的任意一个要素，力的作用效果都会发生改变。

力的大小表示物体间机械作用的强弱程度，它可通过力的运动效应或变形效应来度量，在国际单位制中力的单位是牛顿，简称牛，符号为N。N的单位较小，常以kN作为力的单位，1kN=1000N。

（2）力的表示方法　力具有大小和方向，显然，力是矢量。可以用一带箭头的直线段将力的三要素表示出来，如图 2-2 所示，线段的长度 OF 按一定的比例尺表示力的大小；线段的方位和箭头的指向表示力的方向；线段的起点（或终点）表示力的作用点。在书写力时，力矢量用黑斜体字母表示，如 **F** 等。

图 2-1　推力　　　　　　　　　　　图 2-2　力的三要素

2. 力系

作用在同一物体上的所有力称为力系。如果物体在一个力系作用下保持平衡状态，则该力系称为平衡力系；如果两个力系分别对同一个物体的运动效应相同，则这两个力系彼此称为等效力系。如果一个力与一个力系等效，则这个力称为该力系的合力；该力系中的每个力是合力的分力。

3. 平衡与平衡力系

平衡指物体相对于地面保持静止或匀速直线运动的状态。物体在力系作用下处于平衡状态时，称该力系为平衡力系。

4. 刚体的概念

所谓刚体是指在任何外力的作用下，大小和形状始终保持不变的物体。实际上，现实中刚体是不存在的。任何物体在力的作用下，总是或多或少地发生一些变形。如果物体的微小变形对于研究的问题影响很小，则可将物体抽象为刚体。但是，如果在所研究的问题中，物体的变形成为主要因素时，就不能再把物体看成是刚体，要看成变形体。本模块所研究的物体只限于刚体。

二、静力学基本公理

静力学基本公理是人类在长期生活和生产实践中积累经验的总结，又经过实践的反复检验，证明了其正确性，是静力学全部理论的基础。

1. 二力平衡公理

作用在同一刚体上的两个力，使刚体保持平衡的必要和充分条件是：两个力大小相等，方向相反，作用在同一条直线上。

2. 加减平衡力系公理

在作用于刚体上的任一力系中，加上或去掉任何平衡力系，不改变原力系对刚体的作用效果。

3. 作用力与反作用力公理

两个物体之间的作用力和反作用力，沿同一直线，大小相等，方向相反，分别作用在两个物体上，其数学表达式为

$$F = -F'$$

该公理说明了力总是成对出现的，有作用力就有反作用力，这种物体间的相互作用关系是分析物体受力时必须遵循的原则。

4. 力的平行四边形公理

两个作用于刚体上同一点（或作用线交于一点）的力 F_1 和 F_2，可以用一个作用效果相同作用于同一点的力 F_R 代替，这个力称为 F_1 和 F_2 的合力。合力的大小和方向由以这两个力为邻边所组成的平行四边形的对角线来确定。力的平行四边形法则如图 2-3 所示，F_R 是 F_1、F_2 的合力。力的

平行四边形公理符合矢量加法法则,即

$$F_R = F_1 + F_2$$

三、构件的受力分析与受力图

1. 约束与约束反力

汽车由许多零部件组成,这些零部件既相互联系又相互制约,如果从中选取一个物体作为研究对象,则它的运动会受到与它连接或接触的周围其他物体的限制,也就是说,它是一个运动受到限制或约束的物体,称为被约束体。

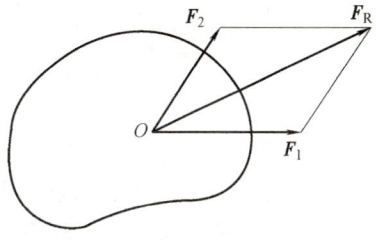

图2-3 力的平行四边形法则

这些限制物体某些运动的条件,称为约束,这些约束总是由被约束体周围的其他物体构成的。构成约束的物体常称为约束体。约束限制了物体本来可能产生的某种运动,故约束有力作用于被约束体,这种力称为约束反力。

约束反力位于约束体与被约束体的连接或接触处,其方向必与该约束体所能阻碍物体的运动方向相反。运用这个准则,可确定约束反力的方向和作用点的位置。

在静力分析中,除了约束反力,物体还受到主动力作用。凡是能主动引起物体运动状态改变或改变物体运动状态趋势的力,称为主动力。主动力有时也称为载荷,一般都是已知的力或可根据已有条件确定的力,例如重力、拉力、推力等,因此对约束反力的确定就成为物体受力分析的重点。

常见的约束类型有以下几种。

(1)柔性约束 用柔软的传动带、绳索、链条等阻碍物体运动而构成的约束称为柔性约束。由于柔性约束只限制物体沿着柔性体伸长方向的运动,所以柔性约束只能受拉力,不能受压力,且约束反力一定通过接触点,其方向沿着柔性体中心线背离被约束体的方向,柔性约束应用如图2-4所示。

(2)光滑接触面约束 当两物体直接接触,并可忽略接触处的摩擦力对物体运动的限制时,该约束称为光滑接触面约束。这种约束不能限制物体沿光滑接触面的公切线方向的运动或离开光滑面,只能限制物体沿着接触面的公法线向光滑面内的运动,所以光滑接触面的约束反力是通过接触点,沿着接触面的公法线指向被约束体,光滑接触面约束应用如图2-5所示。

图2-4 柔性约束应用

图2-5 光滑接触面约束应用

(3)光滑圆柱铰链约束 工程上,常用圆柱形的销钉将2个具有相同大小圆柱孔的构件连接起来,形成一种可动连接,构成铰链。有铰链构成的约束,称为光滑圆柱铰链约束,简称铰链约束。这类约束只能限制构件沿垂直于销钉轴线方向的径向移动,不能限制构件间的相对转动,如图2-6所示。构件B的运动受到圆柱销钉C的限制,只能转动,不能移动。如果销钉与构件间接触面的摩擦很小,可略去摩擦不计,则称为光滑圆柱铰链。

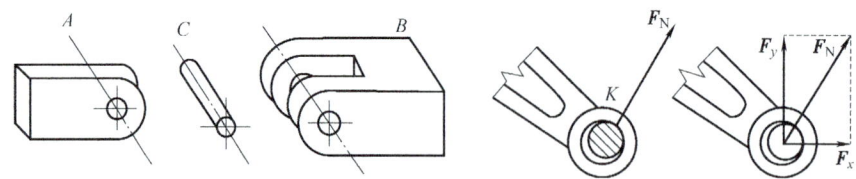

图 2-6　光滑圆柱铰链约束及约束反力

工程上常见的圆柱光滑铰链约束有如下 3 种形式。

1）中间铰链约束。当构成铰链约束的两构件均为活动构件时，这种约束称为中间铰链约束。

图 2-7 所示的汽车发动机的活塞连杆机构中，连杆与曲柄用曲柄销连接（A 处），连杆与活塞用活塞销连接（B 处），它们都是中间铰链约束，其简图形式如图 2-7b 所示。约束反力应沿着接触点处的公法线方向且通过销轴中心，但接触点的位置不能预先确定，它随主动力方向变化而变化，为计算方便，约束反力用过销轴中心的两个正交的分力 F_x、F_y 来表示，如图 2-7c 所示。

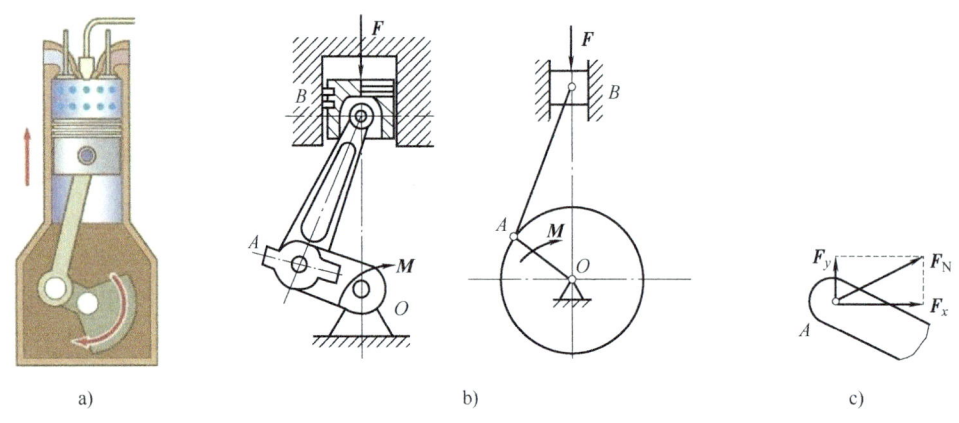

图 2-7　中间铰链约束实例——汽车发动机的活塞连杆机构

2）固定铰支座约束。当构成铰链约束的两构件中有一个固定为支座时，这种约束称为固定铰支座约束，如图 2-8 所示。

约束反力沿着接触点处的公法线方向且通过销轴中心，但接触点的位置同样不能预先确定，常用通过销轴中心的两个正交的分力 F_x、F_y 表示。

3）活动铰支座约束。在固定铰链支座的底部安装辊轴，可使支座沿固定支承面移动，则构成活动铰支座约束。这种约束只能限制构件离开和趋向支承面的运动，不能限制绕销轴轴线的转动和沿固定支承面方向的移动，如图 2-9 所示。约束反力通过销轴中心，垂直于支承面，指向或背离物体。

图 2-8　固定铰支座约束

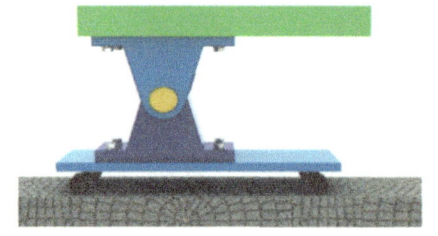

图 2-9　活动铰支座约束

2. 受力分析与受力图

所谓受力分析，是指分析所要研究的物体（称为研究对象）上受力多少、各力作用点和方向的过程。

为了清晰地表示研究对象的受力情况，首先要明确研究对象，并设法从周围物体中分离出来，此时该研究对象称为分离体。取出分离体后，单独画出简图，然后将其他物体对它作用的所有主动力和约束反力全部表示出来，这样的图称为受力图或分离体图。

具体步骤如下。

1) 确定研究对象，取分离体。

2) 画受力图。在受力图上，画出研究对象所受的全部主动力和所有的约束反力，并标明各力的符号及受力位置符号。

下面举例说明画受力图的步骤。

【例 2-1】 图 2-10 所示为汽车发动机中的活塞连杆机构活塞的受力图，各构件质量忽略不计，试画出图示位置时的活塞的受力图。

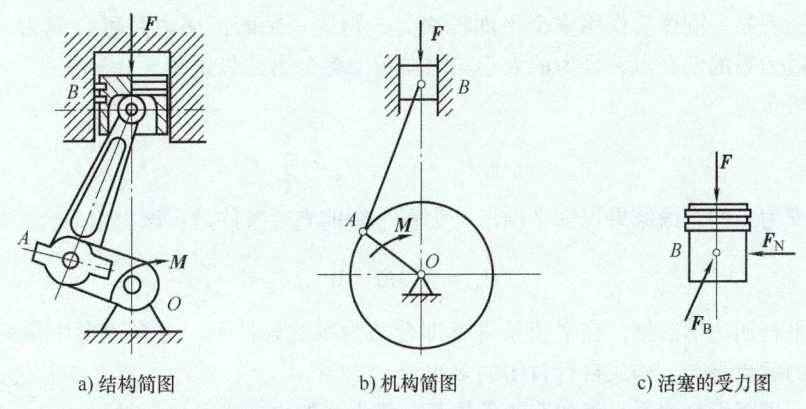

a) 结构简图　　　b) 机构简图　　　c) 活塞的受力图

图 2-10　活塞连杆机构活塞的受力图

解：取活塞为研究对象，画出分离体。

在分离体上画出主动力 F，气缸壁对活塞的约束视为光滑面约束，约束反力 F_N 沿法线指向活塞；活塞上铰链 B 处的约束反力可通过 AB 杆的受力分析确定。

由于杆的质量不计，其只在 A、B 两点受到力的作用而平衡，则 AB 杆为二力构件，两力过 A、B 点的连线，如图 2-10b 所示。

AB 杆受到活塞的作用力与活塞受到 AB 杆的作用力是一对作用力与反作用力。因此，活塞 B 点的约束反力 F_B 沿 A、B 点连线指向活塞，如图 2-10c 所示。

四、平面力系的简化与平衡

各力的作用线均在同一平面上或近似地分布在同一平面内的力系称为平面力系。根据力系中各力作用线分布的特点不同，平面力系可分为平面汇交力系、平面力偶系、平面任意力系 3 种。

1. 平面汇交力系

在平面力系中，各力的作用线均汇交于一点的力系，称为平面汇交力系。分析和研究平面汇交力系的合成与平衡问题，一般有如下两种方法。

(1) 几何法　设在某一刚体上作用一个由 F_1、F_2、F_3、F_4 组成的平面汇交力系，4 个力的作用线汇交于刚体上的 O 点，如图 2-11 所示。

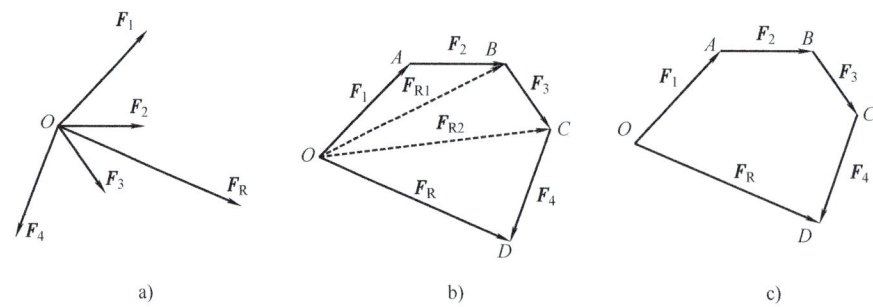

图 2-11 平面汇交力系的合成

连续应用力的平行四边形法则，先合成力 F_1 与 F_2，可得力 F_{R1}，再将 F_{R1} 与 F_3 合成为力 F_{R2}，最后将 F_{R2} 与 F_4 合成，最后求得一个通过汇交点 O 的合力 F_R，求解过程如图 2-11b、图 2-11c 所示。

以此类推，若某一刚体上作用多个平面汇交力，则这一平面汇交力系可合成为一个合力，合力的作用线通过力系的汇交点，合力的大小与方向等于各分力的矢量和。

用矢量式表示为

$$F_R = F_1 + F_2 + \cdots + F_n = \sum_{i=1}^{n} F_i \tag{2-1}$$

由平面汇交力系的合成结果可知平面汇交力系平衡的充要条件是：该力系的合力等于零，即

$$F_R = \sum_{i=1}^{n} F_i = 0 \tag{2-2}$$

根据力的平行四边形法则，在平衡条件下即合力为零的条件下，力多边形中最后一个力的终点与第一个力的起点重合，构成自行封闭的多边形。

因此可见，平面汇交力系平衡的充要条件是：该力系的力多边形自行封闭。

（2）解析法 解析法是通过力矢量在坐标轴上的投影来研究力系的合成及其平衡条件。

1）力在坐标轴上的投影。设力 F 作用在刚体的 A 点，在力 F 的作用线所在平面内取一直角坐标系 xOy，力 F 与 x、y 轴所夹锐角分别为 α、β，如图 2-12a 所示。过 F 两端向坐标轴引垂线得垂足 a、b、a'、b'。F 在 x 轴、y 轴上的投影分别用 F_x、F_y 表示，如图 2-12b 所示。投影的正负号规定：投影的指向与坐标轴的正向一致时，则力的投影取正值，反之取负值。

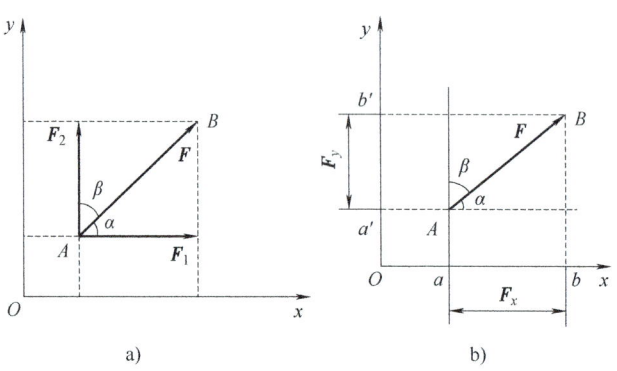

图 2-12 力在直角坐标轴上的投影

因此,利用力在直角坐标轴上的投影,可以表示力沿直角坐标轴分解成的分力大小和方向,则有

$$F_x = \pm F\cos\alpha, \quad F_y = \pm F\sin\alpha \tag{2-3}$$

若已知 F_x、F_y 的值,则该力 F 的大小及方向为

$$\left. \begin{array}{l} F = \sqrt{F_x^2 + F_y^2} \\ \tan\alpha = \left|\dfrac{F_y}{F_x}\right| \end{array} \right\} \tag{2-4}$$

2)合力投影定理。设刚体上作用有一个平面汇交力系 F_1、F_2、…、F_n,在其平面内将式(2-1)两边分别向 x 轴和 y 轴投影,即有

$$\left. \begin{array}{l} F_{Rx} = F_{1x} + F_{2x} + \cdots + F_{nx} = \sum_{i=1}^{n} F_x \\ F_{Ry} = F_{1y} + F_{2y} + \cdots + F_{ny} = \sum_{i=1}^{n} F_y \end{array} \right\} \tag{2-5}$$

式(2-2)即为合力投影定理。

进一步按式(2-2)运算,即可求得合力的大小及方向,即

$$\left. \begin{array}{l} F_R = \sqrt{(F_x)^2 + (F_y)^2} \\ \tan\alpha = \left|\sum F_y / \sum F_x\right| \end{array} \right\} \tag{2-6}$$

平面汇交力系平衡的充分必要条件是力系的合力等于零,由式(2-5)可知平面汇交力系平衡条件是

$$\left. \begin{array}{l} F_{Rx} = \sum_{i=1}^{n} F_{ix} = 0 \\ F_{Ry} = \sum_{i=1}^{n} F_{iy} = 0 \end{array} \right\} \tag{2-7}$$

这就是平面汇交力系的平衡方程。

【例 2-2】 图 2-13a 所示为一吊环受到 3 条钢丝的拉力作用。已知 $F_1 = 4000\text{N}$,$F_2 = 5000\text{N}$,与水平成 $30°$;$F_3 = 3000\text{N}$,铅直向下。3 个力的作用线共面且汇交于点 O,试求合力的大小和方向。

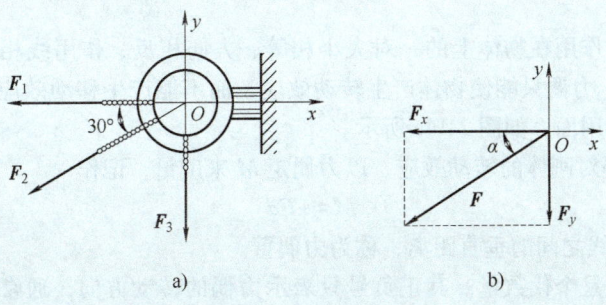

图 2-13 吊环受力分析

解:以作用于吊环上的三力交点为坐标原点,建立如图 2-13a 所示坐标系。首先计算各力的投影。

$$F_{1x} = -F_1 = -4000\text{N}$$
$$F_{2x} = -F_2\cos30° = -5000×0.866\text{N} = -4340\text{N}$$
$$F_{3x} = 0$$
$$F_{1y} = 0$$
$$F_{2y} = -F_2\sin30° = -5000×0.5\text{N} = -2500\text{N}$$
$$F_{3y} = -F_3 = -3000\text{N}$$

由式（2-5）、式（2-6）可得合力的大小和方向为
$$F_{Rx} = \sum F_x = (-4000-4340+0)\text{N} = -8340\text{N}$$
$$F_{Ry} = \sum F_y = (0-2500-3000)\text{N} = -5500\text{N}$$
$$F_R = \sqrt{F_{Rx}^2 + F_{Ry}^2} = \sqrt{(-8340)^2 + (-5500)^2}\text{N} ≈ 9990\text{N}$$

由于F_x、F_y得都是负值，所以合力应在第三象限（图 2-13b）。
$$\tan\alpha = \left|\frac{F_{Ry}}{F_{Rx}}\right| = \left|\frac{5500}{8340}\right| ≈ 0.6595$$

得 $\alpha = \arctan(0.6595) = 33.4°$。

2. 平面力偶系

（1）平面力偶系的概念　仅由作用在物体上同一平面内的若干力偶组成的平面力系称为平面力偶系。在日常生活或生产实践中，常见到物体受一对大小相等、方向相反，作用线相互平行的力的作用，而使物体产生转动的事例。图 2-14 所示为驾驶人转动转向盘（图 2-14a）、钳工对丝锥进行操作（图 2-14b）等。

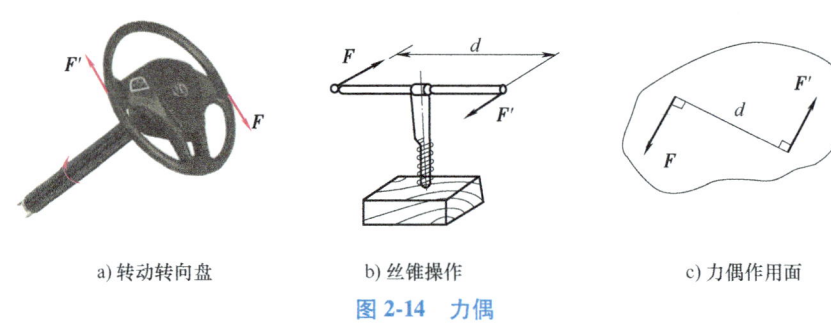

a) 转动转向盘　　　　　b) 丝锥操作　　　　　c) 力偶作用面

图 2-14　力偶

在力学研究中，将作用在物体上的一对大小相等、方向相反、作用线相互平行的两个力称为力偶，记作（F，F'）。力偶只能使物体产生转动效应，而不能产生移动效应。力偶的两个力所构成的平面，称为力偶作用面，如图 2-14c 所示。

（2）力偶矩　力偶对刚体的转动效应，以力偶矩 M 来度量，记作
$$M = ±Fd \tag{2-8}$$

式中，d 为两个力作用线之间的垂直距离，称为力偶臂。

力偶同力矩一样，是个代数量。其正负号只表示力偶的转动方向，通常规定，力偶逆时针转向时，力偶矩为正；反之为负。力偶矩的单位为 N·m 或 kN·m。

力偶矩的大小、力偶的转向、力偶的作用面称为力偶的三要素。

（3）力偶的性质　力偶具有如下性质。

1）力偶没有合力，不能用一个力来代替，也不能与一个力平衡。力偶在任意轴上的投影等于零。

2）力偶对其作用面内任一点的力矩，恒等于其力偶矩，而与矩心的位置无关。

3）作用在同一平面内的两个力偶，如果它们的力偶矩大小相等、力偶的转向相同，则这两个力偶是等效的，这称为力偶的等效性。

4）平面力偶系的合成与平衡条件　作用在刚体上同一平面内有多个力偶时，就组成了一个平面力偶系。

从力偶的性质可知，力偶对物体只产生转动效应，而且转动效应的大小完全取决于力偶的大小及方向。那么，对于物体内某一平面内受到多个力偶组成的力偶系作用时，也只能使物体产生转动效应。

显然，力偶系对物体转动效应的大小等于各力偶转动效应的总和，即平面力偶系可以合成为一个合力偶，其力偶矩等于各分力偶矩的代数和：

$$M = M_1 + M_2 + \cdots + M_n = \sum M_i \quad (2\text{-}9)$$

由合成结果可知，要使力偶系平衡，就必须使合力偶矩等于零，即

$$\sum M_i = 0 \quad (2\text{-}10)$$

上式称为平面力偶系的平衡方程，表明力偶系中各力偶矩的代数和等于零。

【例 2-3】　图 2-15 所示的工件上作用 3 个力偶，已知三个力偶的矩分别为：$M_1 = M_2 = 10\text{N} \cdot \text{m}$，$M_3 = 20\text{N} \cdot \text{m}$；固定螺柱 A 和 B 的距离 $l = 200\text{mm}$。试求 2 个光滑螺栓所受的力。

解：选工件为研究对象。

工件在水平面内受 3 个力偶和 2 个螺柱的水平方向相反力的作用。根据力偶系的合成定理，3 个力偶合成后仍为一力偶。如果工件平衡，必有一反力偶与它相平衡。

螺柱 A 和 B 的水平反力 F_A 和 F_B 必组成一力偶，它们的方向假设如图 2-15 所示，则 $F_A = F_B$。

由力偶系的平衡条件知

$$F_A l - M_1 - M_2 - M_3 = 0$$

得

$$F_A = \frac{M_1 + M_2 + M_3}{l} = \frac{10 + 10 + 20}{0.2}\text{N} = 200\text{N}$$

因为 F_A 是正值，故所假设的方向是正确的，而螺栓 B 所受的力则应与 F_A 大小相等，方向相反。

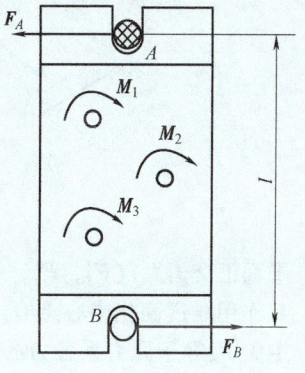

图 2-15　工件受力情况

3. 平面任意力系

若平面力系中各力的作用线既不一定完全平行，又不一定完全汇交于一点，则这类力系称为平面任意力系，如汽车发动机活塞连杆的受力。

（1）平面任意力系的简化

1）力的平移定理。根据力的可传性原理，作用于刚体上的力可以沿其作用线任意移动，而不改变力对刚体作用的外效应。但是，作用于刚体上的力平行于原来作用线移动时，便会改变对刚体作用的外效应。图 2-16a 所示的力 F_A 作用于刚体上的 A 点，欲将其平移到刚体上的任意一点 B，可根据加减平衡力系公理，在 B 点加上一对分别与 F_A 大小相等的平衡力 F'_B 和 F_B，如图 2-16b 所示，不会改变刚体的效应。

显然，力 F_A 与 F'_B 组成一个力偶 M，其力偶臂为 d，称为附加力偶。则作用于 A 点的力 F_A 移至 B 点，可以用力 F_B 和一个力偶等效替换，如图 2-16c 所示。

由此可见，作用在刚体上的力，可以平移到刚体内任意一点，但必须同时附加一个力偶，附

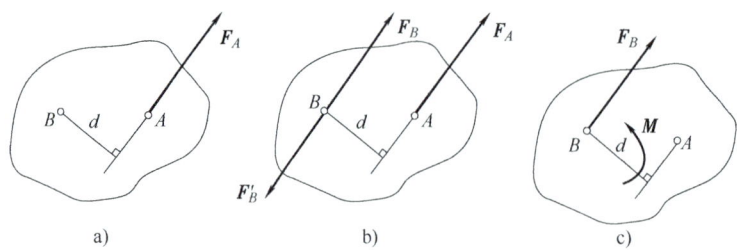

图 2-16　力的平移定理

加力偶的力偶矩等于原力对平移点的力矩，这就是力的平移定理。

2）平面任意力系向一点的简化。设在刚体上作用有一平面任意力系 F_1、F_2、…、F_n，在力系的作用面内任取一点 O，O 点称为简化中心，如图 2-17a 所示。根据力的平移定理可将各力都向 O 点平移，得到一个平面汇交力系（F'_1、F'_2、…、F'_n）和一个附加平面力偶系（M_1、M_2、…、M_n），如图 2-17b 所示。

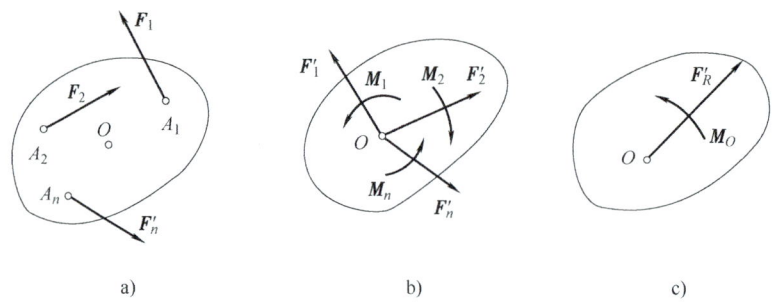

图 2-17　平面任意力系向一点的简化

平面汇交力系（F'_1，F'_2，…，F'_n）可合成为一个作用于 O 点的力 F'_R，称为平面任意力系的主矢，其作用线过简化中心点 O，如图 2-17c 所示。

主矢 F'_R 等于原力系各力的矢量和，即

$$F'_R = \sum F'_i = \sum F_i \tag{2-11}$$

取坐标系 xOy，主矢 F'_R 的大小和方向为

$$\left.\begin{array}{l} F'_{Rx} = \sum F_{ix}, F'_{Ry} = \sum F_{iy}, F'_R = \sqrt{(\sum F_{ix})^2 + (\sum F_{iy})^2} \\ \tan\alpha = \dfrac{F'_{Ry}}{F'_{Rx}} = \dfrac{\sum F_{iy}}{\sum F_{ix}} \end{array}\right\} \tag{2-12}$$

式中，α 为主矢与 x 轴之间所夹锐角。

F'_R 的指向由 $\sum F_{iy}$ 与 $\sum F_{ix}$ 的正负号决定。

所得的附加平面力偶系（M_1、M_2、…、M_n）可以合成为一个合力偶，其力偶矩用 M_O 表示，如图 2-17c 所示。则

$$M_O = M_1 + M_2 + \cdots + M_n = \sum M_i = \sum M_O(F_i) \tag{2-13}$$

力偶矩 M_O 称为原力系对简化中心 O 的主矩。

上式表明，该力偶矩 M_O 等于原力系中各力对点 O 之矩的代数和。

（2）平面任意力系的平衡条件　由上面的内容可知，当平面任意力系简化后所得的主矢、主矩同时为零，即 $F'_R = 0$，$M_O = 0$ 时，平面任意力系处于平衡状态。同理，如果力系是平衡力系，则该力系向平面内任意一点简化后所得的主矢、主矩必然为零。因此，平面任意力系平衡的必要与

充分条件为 $F_R'=0$，$M_O=0$，即

$$\left.\begin{array}{l}F_R'=\sqrt{(\sum F_x)^2+(\sum F_y)^2}=0\\M_O'=\sum M_O(F)=0\end{array}\right\} \quad (2\text{-}14)$$

由此得到平面任意力系的平衡方程为

$$\left.\begin{array}{l}\sum F_x=0\\\sum F_y=0\\\sum M_O(F)=0\end{array}\right\} \quad (2\text{-}15)$$

式（2-15）是平面任意力系的平衡方程的基本形式，可求解 3 个未知量。其中，前两个是两个投影式方程，后一个是力矩式方程。

平面任意力系平衡的解析条件是：力系中各力在两个任选的直角坐标轴上的投影的代数和都等于零，以及力系中各力对平面内任一点力矩的代数和也等于零。

【例2-4】 汽车踏板装置如图2-18所示。已知 $a=380\text{mm}$，$b=50\text{mm}$，$\alpha=60°$，工作阻力 $F=1700\text{N}$，求驾驶人蹬力 F_P 和支座 O 的约束反力。

解：取踏板装置整体为研究对象，支座对装置的约束力过 O 点，取为矩心，可求出 F_P。以 O 为原点，建立图2-18所示直角坐标系，列出平衡方程，可求出支座 O 的约束反力。平衡方程为

$$\sum M_O(F)=0$$

即

$$Fb\sin\alpha - F_P a = 0$$

解得 $F_P=Fb\sin\alpha/a=(1700\times0.05\times\sin60°/0.38)\text{N}\cdot\text{m}\approx 193.7\text{N}\cdot\text{m}$

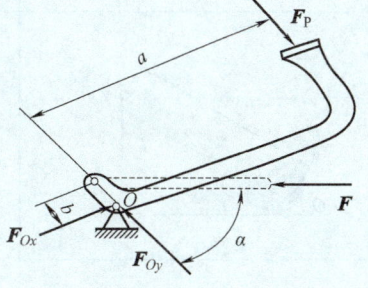

图 2-18　汽车踏板装置受力情况

$$\sum F_x=0 \quad 即 \quad F_{Ox}-F\sin\alpha=0$$

解得：$F_{Oy}=F_P-F\cos\alpha=(193.7-1700\times\cos60°)\text{N}\cdot\text{m}=-656.3\text{N}\cdot\text{m}$

负号表明在 y 轴上约束反力的分力，其实际方向与图示方向相反。

【知识拓展】

一汽红旗外观设计的蜕变之路——车身流线型设计

1959 年 9 月，在国庆阅兵时，红旗轿车挺胸抬头，驶过天安门广场，红旗轿车也成为一道靓丽的风景。红旗轿车最初设计与研发之时，受限于我国较低的工业生产能力以及发展水平，所生产出来的红旗轿车质量差、稳定性不足，其外观不是流线型，行驶时加大了阻力，十分耗油。近年来，我国汽车工业地不断探索和创新，红旗轿车的结构与性能均有了质的变革与发展。

为了有效地减少并克服汽车高速行驶时空气阻力的影响，红旗汽车外形采用光滑流畅的曲线来消除车身上的转折线。具体设计包括：前围与侧围、前围、侧围与发动机舱盖，后围与侧围等地方均采用圆滑过渡，车尾行李舱盖短而高翘，发动机舱盖向前下倾，后翼子板向后收缩，风窗玻璃采用大曲面玻璃，且与车顶圆滑过渡，侧窗与车身相平，前后灯具、门把手嵌入车体内，车身表面尽量光洁平滑，车底用平整的盖板盖住，降低整车高度等。

除了设计流线型，红旗轿车的设计也更注重设计感与科技感，同时注重融入中华优秀传统文

化,融入扇面中网的民族设计特色,逐渐建立起红旗独有的民族设计家族语言,不但顺应了社会与市场的需求,更满足了消费者的审美需要。

【实践训练】

仪器设备及工具准备

活扳手、螺栓。

实训内容

根据教师指导和所学知识,以数值相同的 3 个力按照不同的方式施加在同一活扳手的 A 端时,3 种情况下力 F 对 O 点的力矩的大小是否相同?实际体验并记录下来。

学院		专业		班级	
姓名		学号		日期	
指导教师					
施力情况		力矩		结论	

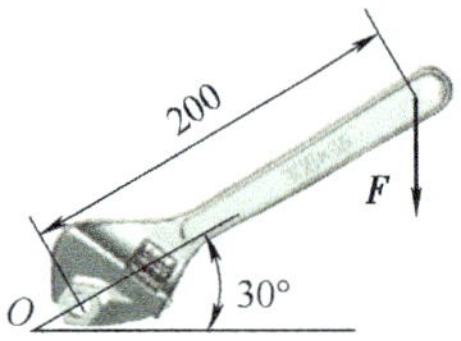

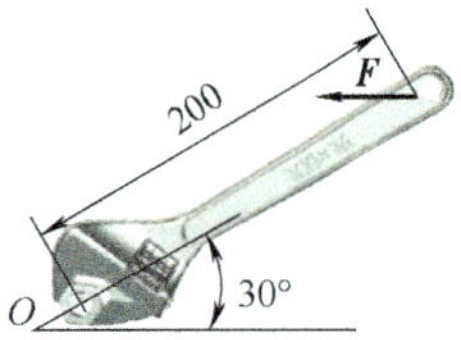

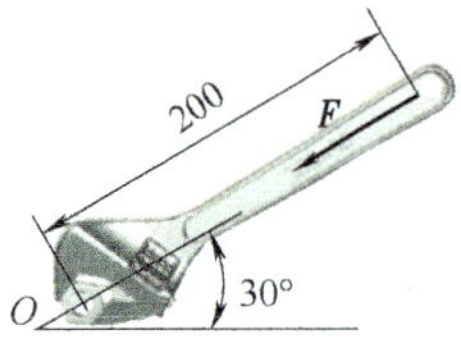

【评价反馈】

评价项目	评价标准	分值	得分
知识准备	理解力的基本概念和基本公理	10	
	掌握部件的典型约束及受力分析	10	
	掌握平面力系的简化与平衡	10	
知识拓展	养成自主学习的习惯,养成良好的职业习惯	20	

(续)

评价项目	评价标准	分值	得分
实践训练	能根据部件进行受力分析	10	
	能正确计算力矩	10	
	实训结束后未清理场地,扣5分	5	
	工单填写,填写记录字迹潦草或错误,扣5分	5	
综合表现	能与同学密切合作,积极实践,安全地完成学习活动,具备认真严谨、实事求是的工作作风	20	
	合计	100	

教师评语:

日期:　　年　　月　　日

【课后测评】

一、填空题

1. 力对物体的作用效应取决于三要素,即力的_____、_____和_____。
2. 刚体上仅受两力作用而平衡的充分与必要条件是_____。
3. 二力平衡公理与作用力与反作用力公理都是指大小相等、_____、_____的两个力。
4. 平面汇交力系平衡的充分必要条件是_____。
5. 平面任意力系独立平衡方程的个数是_____个。

二、选择题

1. 分力(　　)合力。
   A. 大于　　　　B. 等于　　　　C. 小于　　　　D. 以上都有可能
2. 平面汇交力系的合力的作用线通过(　　)。
   A. 刚体的质心　　B. 刚体的中心　　C. 力的汇交点
3. 在一个平面内的两个力偶只要(　　),则这两个力偶就彼此等效。
   A. 力偶中二力大小相等　　　　B. 力偶相等
   C. 力偶的方向完全一样　　　　D. 力偶矩相等
4. 力偶对物体产生的运动效应为(　　)。
   A. 只能使物体转动
   B. 只能使物体移动
   C. 既能使物体转动,又能使物体移动
5. 一物体受到两个共点力的作用,无论是在什么情况下,其合力(　　)。
   A. 一定大于任意一个分力
   B. 至少比一个分力大
   C. 不大于两个分力大小的和,不小于两个分力大小的差
   D. 随两个分力夹角的增大而增大

三、计算题

曲柄滑块机构如图2-19a所示。已知 F = 6kN,不计构件自重,求在图示位置,各构件平衡时的力偶矩 M 和支座 O 处的约束反力。

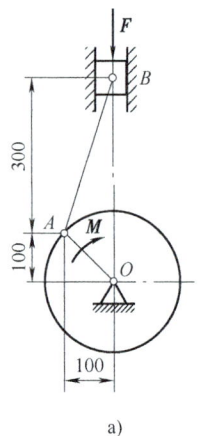 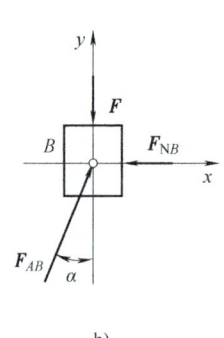 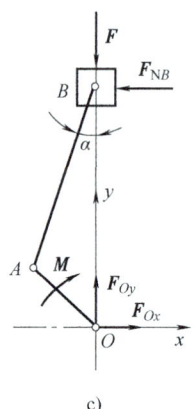

a)   b)   c)

图 2-19 　曲柄滑块机构受力情况

单元 2　承载能力分析

单元描述：

汽车上使用的各种组成机构，如活塞连杆组、曲轴飞轮组等，都是由各种构件组成的。在静力分析中，可以根据力的平衡关系来解决构件上外力的计算问题。但是，在外力作用下，如何保证构件正常地工作而不致在使用寿命期限内失效，则是构件承载能力分析所要研究的问题。通过本单元的学习，学生应掌握汽车构件在外力作用下的承载能力计算。

素养目标：

1）培养学生严谨细致、勇于探索的职业态度。
2）培养学生爱岗敬业、团结协作的责任意识。

知识目标：

1）了解杆件的 4 种基本变形。
2）理解内力和应力的概念。
3）掌握轴向拉伸与压缩、剪切与挤压、圆轴的扭转、直梁的弯曲 4 种基本变形强度计算。

技能目标：

1）能分析拉压杆横截面上的应力分布规律并进行强度计算校核。
2）能分析圆轴扭转的应力分布规律并进行强度计算校核。
3）能分析直梁弯曲时横截面上的正应力分布规律并进行强度计算校核。

【知识准备】

一、杆件的基本变形和内力

1. 杆件的基本变形

各种机械、设备和结构物在使用时，组成它们的每个构件，都要受到从相邻构件或从其他构件传递来的外力（即载荷）的作用。在外力作用下，构件具有反抗外力的能力，但在载荷过大时，构件就会断裂。而且，在外力作用下，构件的尺寸和形状会发生改变，称为变形。变形分为弹性变形和塑性变形。弹性变形是指载荷撤除后变形完全消失；载荷去除后不能恢复原状的变形称为塑性变形。

为确保构件在规定的工作条件和使用寿命期间能正常工作，构件必须具有一定的承载能力，在规定的载荷作用下，构件不应发生断裂和塑性变形，具有足够的抵抗破坏的能力，即构件应具有足够的强度。

在机械和工程结构中，构件的基本形状有3种：杆件、板件、块件，其中杆件是最常见、最基本的一种构件。杆件是指长度尺寸远大于其他两个方向尺寸的构件，例如丝杠、轴和连杆等均可简化为杆件。以杆件为例，其在外力作用下发生的基本变形主要有轴向拉伸与压缩、剪切、扭转和弯曲4种。

（1）轴向拉伸和压缩　若直杆受到沿轴线方向作用的一对大小相等、方向相反的外力作用，则直杆的主要变形是轴向拉伸或轴向压缩，如千斤顶的螺杆、连杆机构中的连杆等。

（2）剪切　若直杆受到一对大小相等、方向相反且相距很近的横向外力作用，则直杆的主要变形是两外力之间的横截面产生相对错动，如螺栓、铆钉等。

（3）扭转　若直杆受到垂直轴线方向的一对大小相等、转向相反的力偶作用，则直杆的相邻横截面将绕轴线发生相对转动，杆件表面纵向线将成螺旋线，而轴线仍为直线，如传动轴、扭杆、转向盘轴、钻头等。

（4）弯曲　若直杆受到垂直于杆件轴线的横向力或力偶作用，则直杆的轴线由直线弯成曲线。杆在自重的作用下就会发生弯曲变形。直杆在机械和建筑物中用得最多，一般称为梁。

2. 内力

研究构件承载能力时，把作用在整构件上的载荷和约束反力统称为外力。物体的一部分与另一部分之间存在相互的作用力，它维持构件各部分之间的联系及杆件的形状。构件在外力作用下将产生变形，其各部分之间的相对位置将发生变化，从而相应地引起相互作用力的改变。这种由外力引起的构件内部的相互作用力，称为内力。内力在截面上的分布是连续的，通常所说的内力是指该力系的合力或合力偶。

内力随着外力的增加而相应地增加，但是它的增加对于各种材料来说各有着一定的限度，超过了这个限度，物体会被破坏，所以内力与构件的强度等密切相关，内力分析是解决构件强度等问题的基础。

3. 截面法

由于内力是物体内相邻部分之间的相互作用力，因此截面法是显示和计算内力的基本方法。设一杆件在两端受到拉力 F 的作用，如图2-20a所示。杆件整体是平衡的，它的任一分段也应该是平衡的。用一个假想的横截面1—1把杆件截成两部分。先取左部分为研究对象，并将右段杆对左段杆的作用以内力 F_N 代替，如图2-20b所示。

左段杆的平衡方程为

$$\sum F_x = 0, \quad F_N - F = 0$$

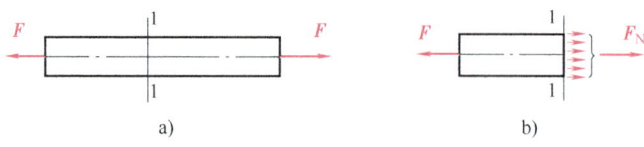

图 2-20 杆件的变形

得
$$F_N = F$$

F_N 为杆件任一截面的内力,其作用线与杆件的轴线重合,即垂直于横截面并通过其形心,这种内力称为轴力,用 F_N 表示。

同理,如果以右段杆为研究对象,求同一截面上的内力时,可以得到相同的结果,$F_N = F$。

这种假想的用一截面将杆件截开,从而显示和确定内力的方法,称为截面法。截面法是求截面上内力的一般方法,它的过程可归纳为以下 3 个步骤。

1) 在需要求内力的截面处,假想用一垂直于轴线的截面把构件分成两个部分,保留其中任一部分作为研究对象。

2) 将弃去的另一部分对保留部分的作用力用截面上的内力代替。

3) 对保留部分(分离体)建立平衡方程式,由已知外力求出截面上内力的大小和方向。这 3 个步骤可以简单归纳为"截""取""画""求"4 个要点。

为了研究方便,给轴力的正负号规定如下:当轴力的方向与截面的外法线方向一致时,杆件受拉,规定轴力为正,称为拉力;反之,杆件受压,轴力为负,称为压力。

二、截面法求内力

1. 轴向拉伸与压缩时的内力

当杆件所受外力的作用线与杆件轴线重合时,杆件将沿轴线产生伸长或缩短变形,这称为轴向拉伸或压缩。

在工程实际中,很多杆件受轴向力作用后产生轴向拉伸或压缩变形。如内燃机中的连杆、机械维修时使用的千斤顶、螺纹连接时使用的紧固螺栓等。

工程上受拉、压的杆件往往同时受多个外力作用,称为多力杆。这时,杆上不同轴段的轴力将不同。为了清楚地表达轴力随截面位置变化的情况,可以用轴力图来表示。

轴力图的画法如下:用平行于杆件轴线的坐标表示杆件截面的位置,用垂直于杆件轴线的另一坐标表示轴力数值的大小,正轴力画在坐标的正向,反之画在负向(图 2-21)。

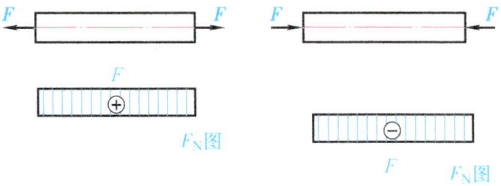

图 2-21 轴力图画法

下面举例来说明杆件内力的分析计算及轴力图的画法。

【例 2-5】 汽车上某液压缸活塞杆受力如图 2-22a 所示,设 $F > F_1 > F_2$,试求截面 1—1、2—2 上的轴力并画轴力图。

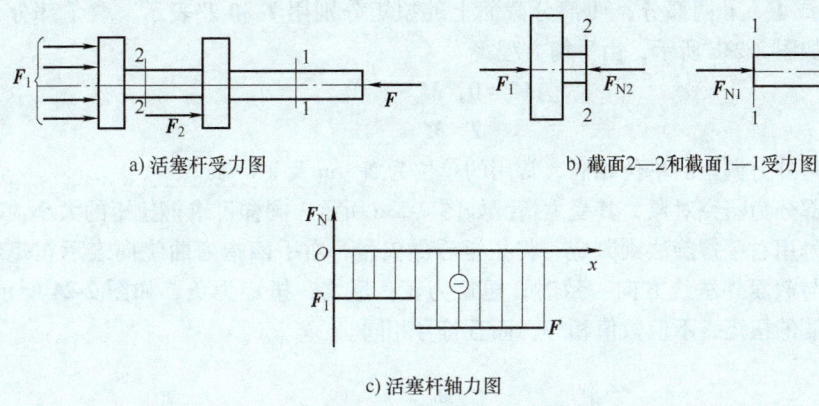

图 2-22 受力图和轴力图

解:1) 在活塞杆上用假想截面 1-1 将杆件一分为二,取截面右侧的一段为研究对象,并画其受力图,截面上轴力为 $F>F_1>F_2$,如图 2-22b 所示,根据平衡条件有

$$\sum F_x=0, \quad F_{N1}-F=0$$

得

$$F_{N1}=F$$

2) 在活塞杆上取截面 2-2,以截面左的一段为研究对象,画其受力图,如图 2-22b 所示,根据平衡条件有

$$\sum F_x=0, \quad F_{N2}-F=0$$

得

$$F_{N2}=F$$

3) 画轴力图:以 x 轴表示杆件上截面的位置,以纵轴表示轴力大小,F_{N1}、F_{N2} 均为压力,画在坐标轴负向,如图 2-22c 所示。

2. 轴扭转时的内力

机械中的轴类零件主要用来传递旋转运动,需要承受转矩的作用,并发生扭转变形。如汽车传动轴将发动机的动力传递给驱动系统,转向轴将转向盘的转动传递给转向系统,齿轮轴将扭转传递给下级传动系统。除此之外,带传动轴、丝锥、钻头、螺钉等零部件在工作时均会受到转矩的作用。

汽车转向盘的操纵杆上端受到转向盘传来的力偶作用,下端受到来自转向器的阻力偶作用。

在这样一对大小相等、方向相反、作用面垂直于轴线的两力偶作用下,它们的横截面将绕轴线产生相对转动,这种变形称为扭转变形。

日常生活中常用螺钉旋具拧紧螺钉,用钥匙开门,此时螺钉旋具、钥匙也将发生扭转变形。

(1) 外力偶矩计算 在工程实际中,作用在轴上的外力偶矩通常并不直接给出,而是已知轴所传递的功率和轴的转速。功率、转速和力偶矩之间的关系为

$$M=9550\times\frac{P}{n} \tag{2-16}$$

式中,M 是作用在轴上的外力偶矩,单位为 N·m;P 是轴传递的功率,单位为 kW;n 是轴的转速,单位为 r/min。

(2) 扭矩 圆轴在外力偶矩作用下发生扭转变形时,其横截面上将会产生抵抗变形和破坏的内力。

假设某圆轴扭转时，受一对外力偶 M_e 作用，处于平衡状态。为求解横截面上的扭矩，用假想平面 m-m 将轴截成Ⅰ、Ⅱ两部分，两部分截面上的扭矩分别用 T 和 T' 表示，取Ⅰ部分为研究对象，其受力情况如图 2-23b 所示，由平衡方程得

$$\sum M_x = 0, \quad M_e - T = 0$$
$$T = M \tag{2-17}$$

扭矩的单位与外力偶矩的单位相同，常用的单位为 N·m 及 kN·m。

同理，取Ⅱ部分为研究对象，其受力情况如图 2-23c 所示，同样可求得扭矩的大小：$T' = M_e$。

扭矩的正负号用右手螺旋法则判定：将扭矩看做矢量，右手四指弯曲绕向表示扭矩绕轴线方向，则拇指指向与截面外法线方向一致时，扭矩为正；反之，扭矩为负，如图 2-24 所示。这样，同一截面左右两侧的扭矩，不但数值相等，而且符号相同。

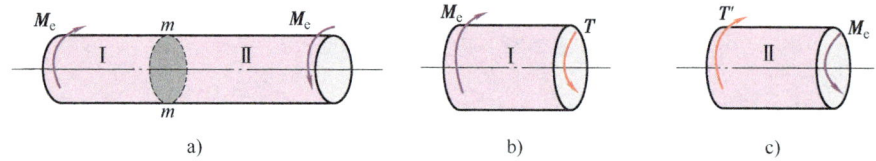

图 2-23 截面法求扭矩

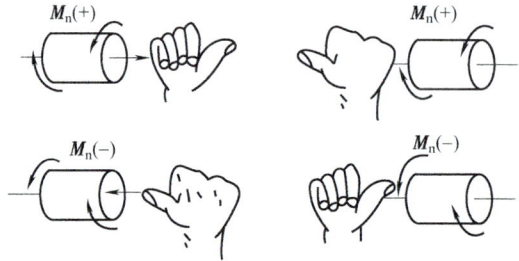

图 2-24 扭矩正负的判断

（3）扭矩图 当轴上作用有 2 个以上外力偶时，则轴上各段扭矩 M 的大小和方向有所不同。可用扭矩图来表达轴上各截面扭矩大小和符号的变化情况，如图 2-25a、图 2-25b 所示。

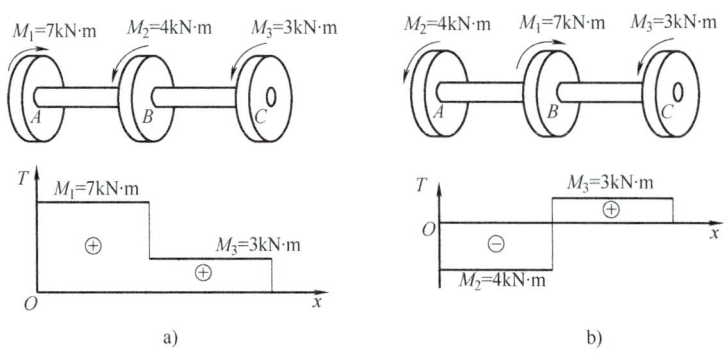

图 2-25 扭矩图

在扭矩图上，以横轴表示轴上截面的位置，纵坐标表示扭矩的大小，正扭矩画在纵轴正向，负扭矩画在纵轴负方向。根据扭矩图可清楚地看出轴上扭矩随截面的变化规律，便于分析轴上的

危险截面，以便进行轴的强度计算。

【例 2-6】 图 2-26 所示为汽车齿轮轴的扭矩及分布，已知轴的转速 $n=300\text{r/min}$，齿轮 A 输入功率 $P_A=50\text{kW}$，齿轮 B、C 输出功率 $P_B=30\text{kW}$，$P_C=20\text{kW}$。不计轴和轴承的摩擦阻力，试作出该轴的扭矩图。

解： 1) 计算外力偶矩。按式（2-15）得

$$M_{eA}=9550\frac{P_A}{n}=9550\frac{50}{300}\text{N}\cdot\text{m}\approx1591.7\text{N}\cdot\text{m}$$

$$M_{eB}=9550\frac{P_B}{n}=9550\frac{30}{300}\text{N}\cdot\text{m}=955\text{N}\cdot\text{m}$$

$$M_{eC}=9550\frac{P_C}{n}=9550\frac{20}{300}\text{N}\cdot\text{m}\approx636.7\text{N}\cdot\text{m}$$

2) 计算扭矩。设轴上各段截面的扭矩均以截面左侧的外力偶矩计算，由截面法根据平衡条件可得 AB 段内各截面的扭矩均为

$$M_{x1}=M_{eA}=1591.7\text{N}\cdot\text{m}$$

可得 BC 段内各截面的扭矩均为

$$M_{x2}=M_{eA}-M_{eB}=(1591.7-955)\text{N}\cdot\text{m}=636.7\text{N}\cdot\text{m}$$

3) 画扭矩图。根据以上计算结果，按比例画扭矩图，如图 2-27 所示。

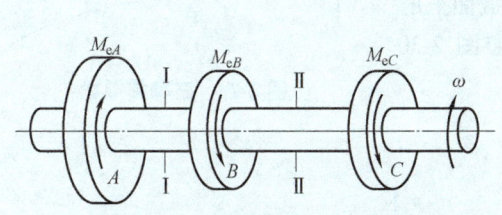

图 2-26 齿轮轴的扭矩及分布

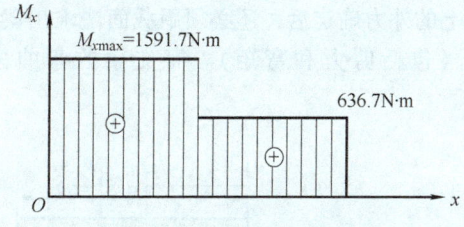

图 2-27 齿轮轴的扭矩图

由扭矩图可见，最大扭矩在轴的 AB 段内，其值 $M_{x\max}=1591.7\text{N}\cdot\text{m}$。

3. 梁弯曲时的内力

（1）平面弯曲的概念　工程结构及机械中所使用的梁，除了要求具有足够的强度外，还要求具有一定的刚度，即弯曲时的变形不能超过许可范围，否则梁的正常工作将受到影响。例如，车身在承载乘客时，车身弯曲过大会影响车身稳定；但在一些场合，又往往需要利用弯曲变形达到某种目的，例如车辆上使用的叠板弹簧，正是利用弯曲变形较大的特点，以达到缓冲减振的作用。梁的横截面如图 2-28 所示。

这些构件的受力特点是在通过构件轴线的平面内，受到力偶或垂直于轴线的外力作用。其变形特点是构件的轴线由原来的直线变为一条曲线，这样的变形称为弯曲变形。凡以弯曲变形为主的构件，习惯上称之为梁。大多数梁的横截面都具有对称轴，该轴称为纵向对称轴。由纵向对称轴与梁的轴线组成的平面称为纵向对称平面。

当梁上的横向外力或力偶都作用在纵向对称平面内时，且各力都与梁的轴线垂直，梁的轴线则在纵向对称平面内弯曲成一条平面曲线，这种弯曲变形称为平面弯曲。平面弯曲是弯曲变形中最基本和最常见的。

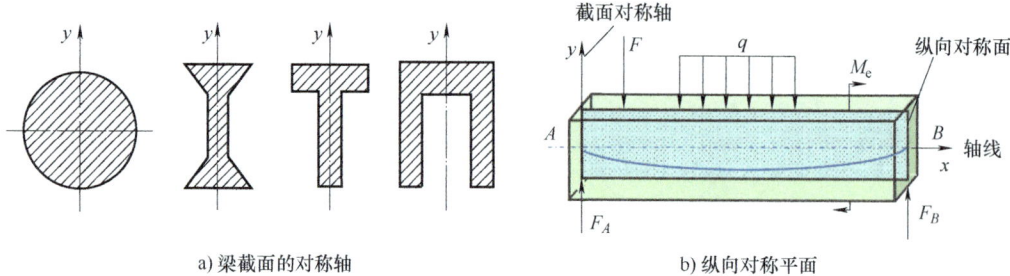

a) 梁截面的对称轴　　b) 纵向对称平面

图 2-28　梁的横截面

（2）梁的基本分类　工程中，梁的结构形式很多，但按其支座情况可分为图 2-29 所示的三种形式。

1）简支梁。梁的一端为固定铰链支座，另一端为活动铰链支座，如图 2-29a 所示。

2）外伸梁。梁的一端为固定铰链支座，另一端为自由端，如图 2-29b 所示。

3）悬臂梁。梁的一端或两端伸在支座之外，如图 2-29c 所示。

（3）剪力和弯矩　为对梁进行强度和刚度计算，当作用在梁上的外力确定后，还必须用截面法求出梁上各截面上的内力（包括剪力和弯矩）。简支梁的弯曲内力如图 2-30 所示。

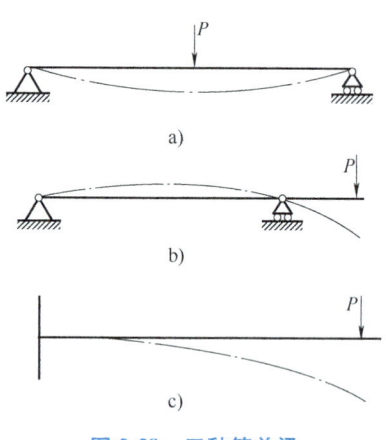

图 2-29　三种简单梁

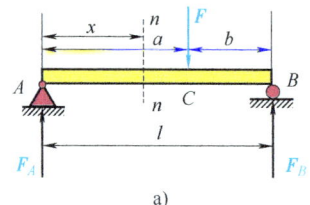
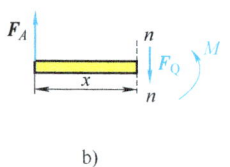

图 2-30　简支梁的弯曲内力

图 2-30a 所示的简支梁，梁的跨距为 l，在 C 点简支梁受外力 F 作用，利用静力平衡方程求得梁的支座反力为

$$F_A = \frac{Fb}{l} \quad F_B = \frac{Fa}{l}$$

欲求梁的任意截面 m—m 上的内力，可用截面法在 m-m 处假想地将梁截分成两部分，由于整个轴是平衡的，它的任一部分也是平衡的。

现取左段为研究对象，如图 2-30b 所示，左段上的内力与外力应保持平衡。由于外力 F_A 有使左段上移和顺时针转动的作用，因此截面 m—m 上必有垂直向下的内力 F_Q 和逆时针转动的内力偶矩 M 与之平衡，由静力平衡方程，有

$$\sum F_y = 0，即 F_{Ay} - F_Q = 0$$
$$F_Q = F_{Ay}$$
$$\sum M_m = 0，即 M - F_{Ay}x = 0$$

$$M = F_{Ay}x = \frac{Fb}{l}x$$

因此，梁发生弯曲变形时，横截面上的内力由两部分组成：作用线切于截面并通过截面形心的内力 F_Q 和位于纵向对称面内的力偶 M，它们分别称为剪力和弯矩。

若取右段为研究对象来求 $m-m$ 截面上的剪力和弯矩，它们与取左段为研究对象时得的剪力和弯矩分别大小相等、方向（转向）相反，这是因为截面两侧的力系是作用力与反作用力的关系。为使同一截面剪力和弯矩符号一致，规定：梁横截面上的剪力使所取梁段顺时针方向转动为正；反之为负，如图 2-31 所示。梁横截面上的弯矩使所取梁段发生上凹下凸变形为正，反之为负，如图 2-32 所示。

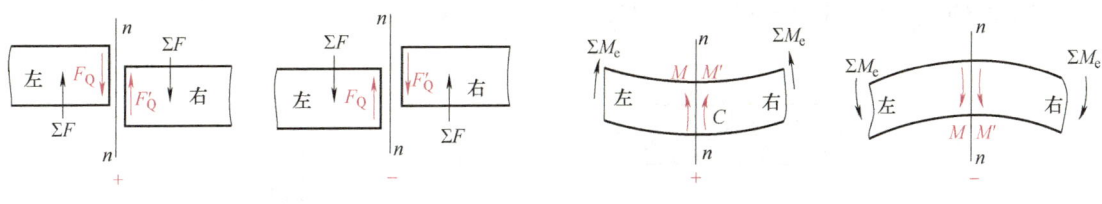

图 2-31 剪力的正、负号　　　　　　图 2-32 弯矩的正、负号

三、杆件的应力及强度计算

强度计算的主要内容包括构件的强度校核、截面设计和许用载荷计算。

1. 拉伸与压缩杆件横截面上的应力及强度计算

（1）拉伸与压缩杆件横截面上的应力　设杆件的横截面积为 A，杆件横截面上的内力为 F_N，则垂直于横截面的正应力 σ 的计算式为：

$$\sigma = \frac{F_N}{A} \qquad (2-18)$$

式中，σ 是杆件横截面的正应力，单位为 MPa；F_N 是杆件横截面上的内力（N）；A 是杆件的横截面积（mm^2）。

（2）拉伸与压缩杆件横截面上的强度　为了保证拉（压）杆在工作时有足够的强度，能安全、正常地工作，必须使杆件的最大工作应力 σ 不超过材料的许用应力 $[\sigma]$。其计算公式为

$$\sigma = \frac{F_N}{A} \leqslant [\sigma] \qquad (2-19)$$

式中，$[\sigma]$ 是杆件材料的许用应力，单位为 MPa。

它是杆件失效前允许的杆件材料能承受的最大应力。式（2-19）即为拉（压）杆的强度条件。

【例 2-7】　一螺纹内径 $d = 15mm$ 的螺栓，紧固时所承受的预紧力为 $F = 22kN$，若已知螺栓的许用应力 $[\sigma] = 150MPa$，试校核螺栓的强度是否足够。

解：应用截面法，求得螺栓所受的轴力即为预紧力，有

$$F_N = F = 22kN$$

根据拉伸与压缩杆件横截面上的正应力计算公式（2-18），螺栓在预紧力作用下，横截面上的正应力为

$$\sigma = \frac{F_N}{A_1} = \frac{F}{\pi d_1^2/4} = \frac{4 \times 22 \times 10^3}{\pi 15^2} MPa \approx 124.5 MPa$$

已知许用应力为 $[\sigma]=150\text{MPa}$，而螺栓横截面上的实际应力为

$$\sigma \approx 124.5\text{MPa} < [\sigma] = 150\text{MPa}$$

所以，螺栓的强度是足够的。

2. 剪切与挤压强度计算

(1) 剪切强度　汽车上常用作连接构件的螺栓、销、铆钉和键等连接件工作时，两侧面会有大小相等、方向相反、作用线平行且相距很近的一对外力作用。图 2-33a 所示为铆钉连接示意图，一块钢板将所受的拉力 F 通过铆钉传递到另一块钢板上，此时铆钉的右上侧面和左下侧面受到压力作用，如图 2-33b 所示，使铆钉上、下两部分在压力作用下沿两力之间的 $n\text{-}n$ 截面发生相对错动，如图 2-33c 所示。当钢板承受的拉力足够大时，铆钉将被剪断。

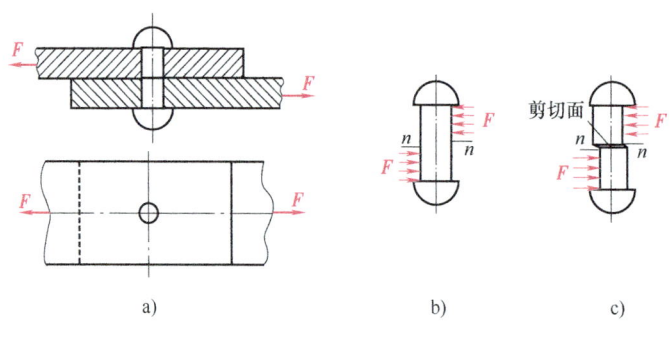

图 2-33　铆钉剪切变形

因此，杆件发生剪切变形的受力特点是杆件两侧面上外力的合力大小相等、方向相反、作用线距离很近，如图 2-33b 所示。变形特点是两个力作用线之间的截面发生相对错动，如图 2-33c 所示，这种变形称为剪切变形，发生相对错动的截面称为剪切面。使杆件两部分产生相对错动的内力，称为剪切力（简称剪力）。

剪切面上的切应力分布较为复杂，实用计算通常假定切应力 τ 均匀地分布在剪切面上，于是

$$\tau = \frac{F_Q}{A} \tag{2-20}$$

式中，F_Q 是剪切面上的剪力，单位为 N；A 是剪切面积，单位为 mm^2。

为保证受剪切构件能安全工作，切应力 τ 应限制在许可范围内。因此，抗剪强度条件为

$$\tau = \frac{F_Q}{A} \leqslant [\tau] \tag{2-21}$$

式中，$[\tau]$ 是材料的许用切应力，可通过实验及按类似于许用拉应力 $[\sigma]$ 的方法得出，也可查阅有关工程手册得到。

(2) 挤压强度　通常情况下，各种连接构件在发生剪切变形的同时，由于局部压力较大，两构件在传递力的接触面上会出现压陷、起皱等塑性变形的现象，如图 2-34 所示，这种现象称为挤压变形。

两构件相互压紧的表面称为挤压面，作用于挤压面上的压力称为挤压力，用 F_{jy} 表示。

$$\sigma_{jy} = \frac{F_{jy}}{A_{jy}} \tag{2-22}$$

式中，σ_{jy} 是挤压应力，单位为 MPa；F_{jy} 是挤压力，单位为 N；A_{jy} 是挤压面面积，单位为 mm^2。

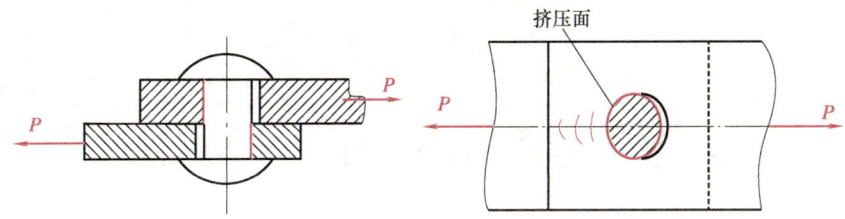

图 2-34 挤压变形

为保证受挤压的构件能安全工作,挤压应力 σ_{jy} 应限制在许可范围内,即挤压变形的强度条件为

$$\sigma_{jy}=\frac{F_{jy}}{A_{jy}}\leqslant [\sigma_{jy}] \tag{2-23}$$

式中,$[\sigma_{jy}]$ 是材料的许用挤压应力,单位为 MPa,其值可由实验获得或查相关工程手册。

【例 2-8】 图 2-35a 表示齿轮用平键与轴连接,已知轴的直径 $d=70$mm,键的尺寸为 $b \times h \times l = 20\text{mm} \times 12\text{mm} \times 100\text{mm}$,传递的转矩 $T=2$kN·m,键的许用应力 $[\tau]=60$MPa,$[\sigma_{jy}]=100$MPa,试校核键的强度。

解: 1) 校核键的剪切强度。将键沿 n-n 截面假想地分成两部分,并把 n-n 截面以下部分和轴作为一个整体来考虑,如图 2-35b 所示。因为假设在 n-n 截面上的切应力均匀分布,故 n-n 截面上的剪力 F_Q 为

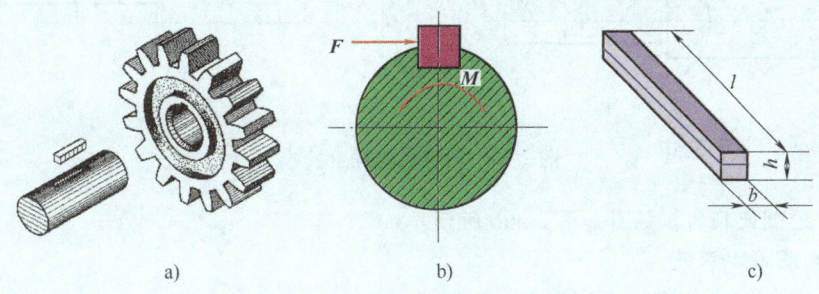

图 2-35 键的强度校核

$$F_Q = A\tau = bl\tau$$

对矩心取矩,由平衡条件 $\sum M_O = 0$,得

$$F_Q \frac{d}{2} = bl\tau \frac{d}{2} = T$$

因此:$\tau = \dfrac{2T}{bld} = \dfrac{2 \times 2 \times 10^3}{20 \times 100 \times 70 \times 10^{-9}}\text{Pa} \approx 28.6\text{MPa} < [\tau] = 60\text{MPa}$

可见该键满足剪切强度条件。

2) 校核键的挤压强度。考虑键在 n-n 截面以上部分的平衡,如图 2-35c 所示,在 n-n 截面上的剪力为 $F_Q = bl\tau$,右侧面上的挤压力为

$$F_{jy} = A_{jy}\sigma_{jy} = \frac{h}{2}l\sigma_{jy}$$

由水平方向的平衡条件得

$$F_Q = F_{jy} \text{ 或 } bl\tau = \frac{h}{2}l\sigma_{jy}$$

由此求得

$$\sigma_{jy} = \frac{2b\tau}{h} = \frac{2 \times 20 \times 28.6}{12}\text{MPa} \approx 95.3\text{MPa} < [\sigma_{jy}] = 100\text{MPa}$$

故平键也符合挤压强度要求。

3. 圆轴扭转强度计算

为了保证圆轴正常工作，应使轴内最大切应力 τ_{max} 不超过材料的许用切应力 $[\tau]$，所以圆轴扭转时的强度条件为

$$\tau_{max} = \frac{T_{max}}{W_t} \leqslant [\tau] \tag{2-24}$$

式中，T_{max} 是圆轴截面最大扭矩，单位为 N·mm；W_t 是抗扭截面系数，单位为 mm³；τ_{max} 是截面最大切应力，单位为 MPa；$[\tau]$ 是材料的许用切应力，可由工程手册查得。

【例 2-9】 汽车上一阶梯圆轴如图 2-36a 所示，轴上受到外力偶矩 $M_1 = 6\text{kN·m}$，$M_2 = 4\text{kN·m}$，$M_3 = 2\text{kN·m}$，轴材料的许用切应力 $[\tau] = 60\text{MPa}$，试校核此轴的扭转强度。

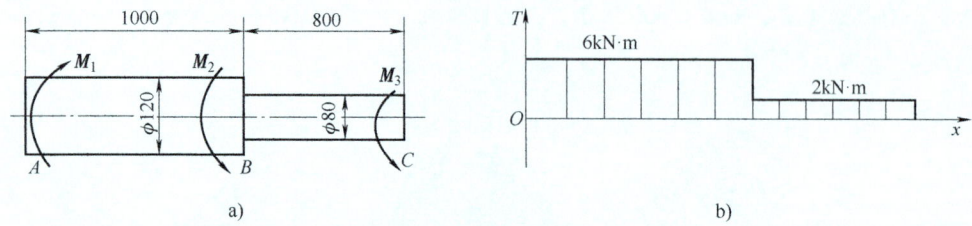

图 2-36 阶梯圆轴强度校核

解：1) 绘制此轴的扭矩图如图 2-36b 所示。

2) 校核 AB 段的强度。

$$\tau_{max} = \frac{T_{max}}{W_t} = \frac{T_{AB}}{\frac{\pi \times 0.12^3}{16}} = \frac{6000}{\frac{\pi \times 0.12^3}{16}} \approx 17.68\text{MPa} < [\tau] = 60\text{MPa}$$

强度足够。

3) 校核 BC 段的强度。

$$\tau_{max} = \frac{T_{max}}{W_t} = \frac{T_{BC}}{\frac{\pi \times 0.08^3}{16}} = \frac{2000}{\frac{\pi \times 0.08^3}{16}} \approx 19.89\text{MPa} < [\tau] = 60\text{MPa}$$

强度足够。

4. 梁弯曲强度计算

（1）梁弯曲时的正应力　梁弯曲时横截面上的最大正应力可表示为

$$\sigma_{max} = \frac{M_{max}}{W_z} \tag{2-25}$$

式中，W_z 是抗弯截面系数（也称抗弯截面模量），单位为 mm³。

对于高为 h，宽为 b 的矩形界面，其抗弯截面系数为

$$W_z = \frac{bh^2}{6}$$

对于直径为 d 的圆形截面，其抗弯截面系数为

$$W_z = \frac{\pi d^3}{32}$$

对于工字钢、槽钢、角钢等型钢截面的弯截面系数 W_z，可从有关工程手册查得。

（2）梁弯曲时的强度条件 梁弯曲变形时，产生最大应力的截面为危险截面。

为了保证梁能安全地工作，必须使危险截面上的最大正应力 σ_{max} 不超过材料的弯曲许用应力 $[\sigma]$，即

$$\sigma_{max} = \frac{M_{max}}{W_z} \leq [\sigma] \tag{2-26}$$

上式为梁的正应力强度条件。式中，材料的弯曲许用应力 $[\sigma]$ 的值可查阅相关工程手册。

【例 2-10】 图 2-37a 所示为某轿车的后轮轴，车身的质量对称分布在轴上，可以将轴简化为如图 2-37b 所示的简支梁。已知截面直径 $d=80\text{mm}$，$a=0.5\text{m}$，$b=1.0\text{m}$，$F=4\text{kN}$，材料的许用弯曲应力 $[\sigma]=60\text{MPa}$，试校核该轴的强度。

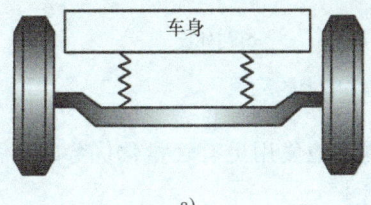
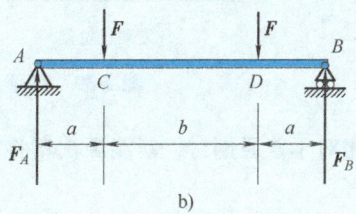

图 2-37 例 2-10

解：1）求支承反力 F_A、F_B

$$\sum M_A = 0, \quad 即 \quad F_B(2a+b) = Fa + F(a+b)$$
$$\sum M_B = 0, \quad 即 \quad F_A(2a+b) = Fa + F(a+b)$$

求得：
$$F_A = F_B = 5\text{kN}$$

2）计算各特性截面的弯矩并绘制弯矩图

A 截面弯矩：$M_A = 0$

C 截面弯矩：$M_C = Fa = 5 \times 0.5 \text{kN} = 2.5\text{kN} \cdot \text{m}$

D 截面弯矩：$M_D = Fa = 5 \times 0.5 \text{kN} = 2.5\text{kN} \cdot \text{m}$

B 截面弯矩：$M_B = 0$

根据计算出的结果可画出弯矩图，如图 2-38 所示。由图可知，C 截面或 D 弯矩最大，其大小为 $2.5\text{kN} \cdot \text{m}$

3）校核弯曲强度。梁发生纯弯曲变形，利用弯曲强度条件有

$$\sigma_{max} = \frac{M_{max}}{W_z} = \frac{2.5 \times 10^6 \times 32}{\pi \times 80^3} \text{MPa} < [\sigma] = 60\text{MPa}$$

该轴满足正应力强度条件。

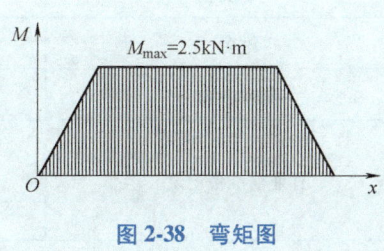

图 2-38 弯矩图

【知识拓展】

自主创新——钢铁行业赋能汽车产业高质量发展

现代汽车制造业的核心是安全和环保，对车身要求"提高强度、减轻重量"。能够使汽车在全生命周期内大量节能的高等级、高强度钢在这种背景下蓬勃发展，大量应用于汽车白车身的结构件、安全件上。尤其是在新能源汽车领域，高强度钢可以使车身结构更为轻量化，性能更优越，从而降低能耗，提高续驶里程。高强度钢在汽车上的应用如图 2-39 所示。

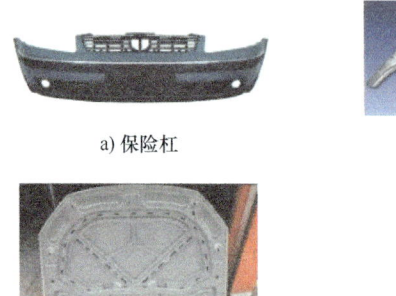

a) 保险杠　　　　　　　　b) 加强板

c) 发动机舱盖　　　　　　d) 门外板

图 2-39　高强度钢在汽车上的应用

基于此，相对于普通钢材，新能源汽车将越来越多地使用更有轻量化优势的高强钢、超高强度钢。

国内一批钢铁企业积极探索新工艺、新技术，如鞍钢集团成功研制了第三代汽车用 QP980 高强钢。在研发过程中通过热轧模型修正、酸轧轧制参数优化等方法，最终确定了切实可行的生产工艺。为增强作业执行力，该公司还建立"零缺陷"质量管理体系链，实现了首次轧制、一次合格的创新突破。

【实践训练】

仪器设备及工具准备

1）设备：货车或轿车一辆（车辆总质量须预估）。
2）工具：量尺等。

实训内容

根据教师指导和所学知识，测量相应数据，然后记录下来，并提出措施。

学院		专业		班级	
姓名		学号		日期	
指导教师					
作业前准备记录					

（续）

测量位置	数据	车大梁的剪力图和弯矩图	提高车大梁弯曲强度的措施
前后车轮之间的距离 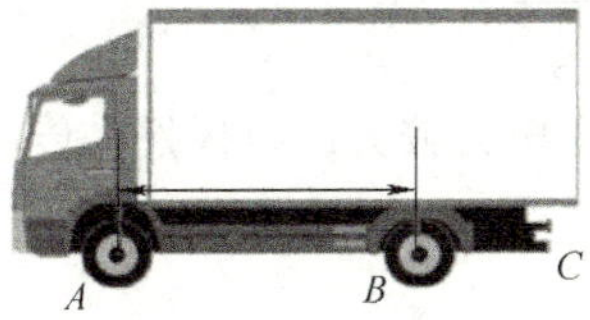			
后轮到车厢尾端的距离 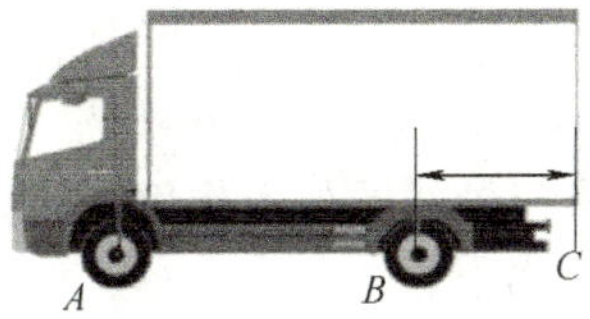			

【评价反馈】

评价项目	评价标准	分值	得分
知识准备	正确分析拉压杆横截面上的应力分布规律并进行强度计算校核	10	
	正确分析圆轴扭转的应力分布规律并进行强度计算校核	10	
	正确分析直梁弯曲时横截面上的正应力分布规律并进行强度计算校核	10	
知识拓展	养成自主学习的习惯，养成良好职业习惯	20	
实践训练	实训前不检查实训车辆情况，实训结束后未清理场地，扣 5 分	5	
	测量位置错误一处扣 5 分	10	
	数据填写错误一处扣 5 分	20	
	工单填写，填写记录字迹潦草或不完整扣 5 分	5	
综合表现	能与同学密切合作，积极实践，安全地完成学习活动，具备严谨规范的工作作风。	10	
合计		100	

教师评语：

日期： 年 月 日

【课后测评】

一、填空题

1. 若直杆受到沿轴线方向作用的一对大小相等、方向相反的外力作用，则直杆的主要变形是

_____或_____。

2. 轴力图的画法如下：用平行于杆件轴线的坐标表示杆件截面的位置，用垂直于杆件轴线的另一坐标表示轴力数值的大小，正轴力画在坐标的_____，反之画在_____。

3. 梁的结构按其支座情况可分为3种形式：_____、_____、_____。

4. 强度计算的主要内容包括计算构件的_____、_____、_____。

5. 通常情况下，各种连接构件在发生剪切变形的同时，由于局部压力较大，两构件在传递力的接触面上会出现压陷、起皱等塑性变形的现象，这种现象称为_____。

二、选择题

1. 机械中的轴类零件主要用来传递旋转运动，需要承受扭矩的作用，并发生（　　）。
   A. 拉压变形　　　B. 扭转变形　　　C. 剪切变形

2. 梁的一端为固定铰链支座，另一端为自由端时，是（　　）
   A. 外伸梁　　　B. 简支梁　　　C. 悬臂梁

3. 构件的受力特点是在通过构件轴线的平面内，受到力偶或垂直于轴线的外力作用。其变形特点是构件的轴线由原来的直线变为一条曲线，这样的变形称为（　　）。
   A. 拉压变形　　　B. 扭转变形　　　C. 剪切变形　　　D. 弯曲变形

4. 在一对大小相等、方向相反、作用面垂直于轴线的两力偶作用下，它们的横截面将绕轴线产生相对转动，这种变形称为（　　）。
   A. 拉压变形　　　B. 扭转变形　　　C. 剪切变形　　　D. 弯曲变形

5. 梁的一端或两端伸在支座之外，称为（　　）。
   A. 外伸梁　　　B. 简支梁　　　C. 悬臂梁

三、计算题

图2-40所示为汽车某阶梯轴受力图，假设被如下截面截开，已知 $F_1 = 18$ kN，$F_2 = 10$ kN，$F_3 = 20$ kN，求指定各截面上的轴力并做出轴力图。

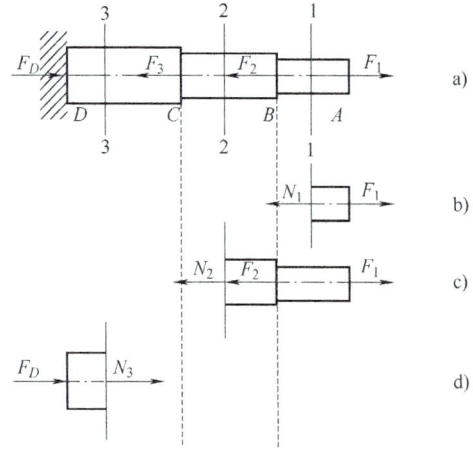

图2-40　汽车某阶梯轴受力图

模块 3

汽车常用机构

单元 1　常用机构基本概念

🗂 单元描述：

汽车是由各种机构来实现特定形式运动的机器，如汽车发动机上的配气机构、汽车刮水器、汽车转向机构、汽车的曲柄连杆机构、汽车门窗玻璃升降机构等，因此了解并研究各机构的组成及运动规律，对于汽车专业课程的学习至关重要。

🚩 素养目标：

1）增强学生创新意识，培养学生创新能力，鼓励学生投身创新实践。
2）培养学生精益求精、追求极致的职业品质。

✏ 知识目标：

1）理解机器、机构、构件、零件的概念。
2）理解运动副、运动简图的概念。

🔧 技能目标：

1）能绘制汽车常用平面机构的运动简图。
2）能计算平面机构的自由度。

【知识准备】

一、机器与机构的特征

机械是机器和机构的统称。

人类在长期的生活和生产实践中创造和发展了机器。日常生活中见到的汽车、飞机、火车、轮船等都是机器。机器的种类很多，其结构、功能各异，但从机器的组成原理、运动的确定性及其与功能关系来看，各种机器之间存在一些共同的特征。

从制造角度来分析机器，可以把机器看成由若干零件组成的一个整体。零件是指组成机器当中不能再拆分的最小制造单元。零件又分为通用零件和专用零件两大类：通用零件是指各种机器经常用到的零件，如螺栓、螺母、轴承和齿轮等，如图 3-1a、图 3-1b 所示。专用零件是指某种机器才能用到的零件，如内燃机的曲轴、连杆等，如图 3-2a、图 3-2b 所示。

从运动角度来分析机器，可以把机器看成由若干构件组成的整体。构件是组成机械的各个相对运动的实体，是机器的运动单元。构件可以是单一零件，如图 3-1a 所示内燃机的曲轴；也可以是由多个零件组成的刚性整体，如内燃机的连杆，如图 3-3 所示，它由连杆体、连杆盖、螺栓、螺母等零件组成。当仅研究构件之间的相对运动，而不考虑构件在做功和能量转换方面所起的作用时，通常把具有确定相对运动、实现运动的传递或运动形式的转换的多构件组合称为机构。大多数机器都包括若干个机构，如内燃机。

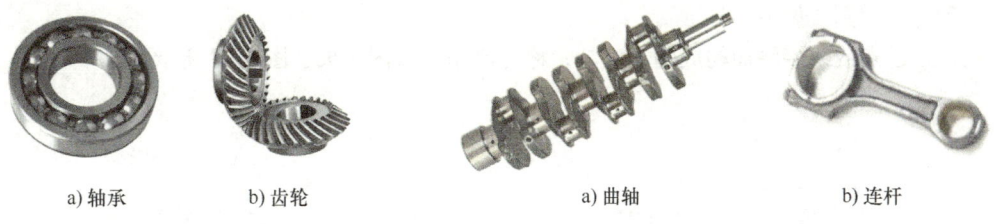

a) 轴承　　b) 齿轮　　　　　　　a) 曲轴　　　　b) 连杆

图 3-1　通用零件　　　　　图 3-2　专用零件

内燃机的组成如图 3-4a 所示，它的功用是将燃料的化学能转化为曲轴转动的机械能。当燃气推动活塞往复移动时，通过连杆机构（图 3-4b）带动曲轴做连续转动，从而使燃气的热能转换为曲轴的机械能；另外，通过凸轮机构（图 3-4c）控制适时打开进气门和排气门，保证燃气定时进出气缸；齿轮机构（图 3-4d），它保证进、排气门和活塞之间形成协调动作。由此可见，机构是机器的主要组成单位，从运动观点上看两者并无区别。

从上述例子可以看出，机器具有以下 3 个特征。
1）机器一般是由多个构件组成的，是人为组合的。
2）各构件间具有确定的相对运动，能实现预期的机械运动。
3）机器实现能量转换并做有用功。

所有构件都在同一平面或相互平行的平面内运动的机构称为平面机构，否则称为空间机构。工程中常用的是平面机构，因此本单元只讨论平面机构。

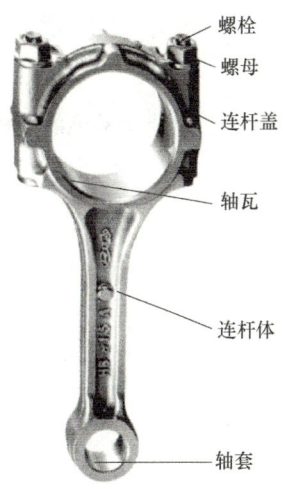

图 3-3　内燃机的连杆

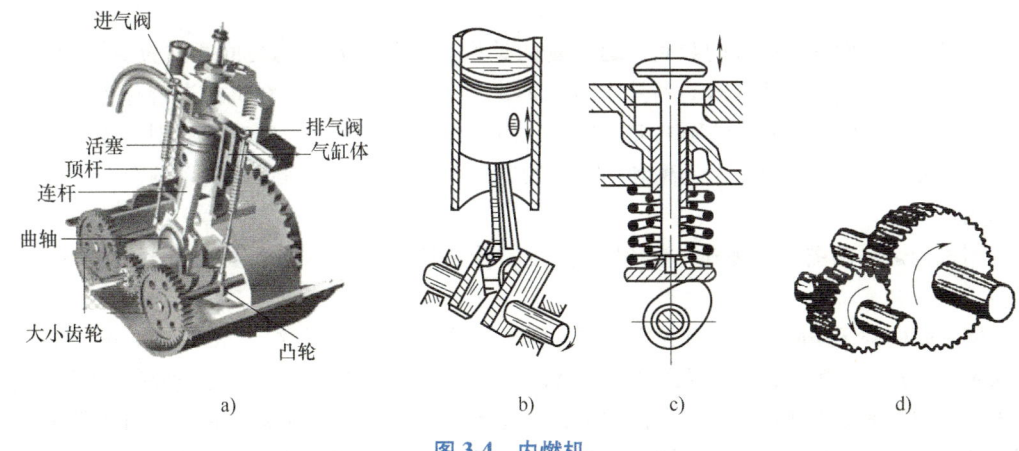

图 3-4　内燃机

二、运动副及其分类

由构件组成机构时，各构件就不应该再有各自独立的自由运动，当然也不能连成刚体。为此必须以适当的方式相互连接，既对构件的运动加以限制，又使彼此连接的两构件之间仍能产生一定的相对运动。这种两个构件间的可动连接称为运动副。机构中各个构件之间的运动和力的传递，都是通过运动副来实现的。

两构件通过面与面接触而构成的运动副称为低副，低副又可分为转动副和移动副：两构件只能在平面内做相对转动的运动副，称为转动副，如图 3-5a 所示；两构件只能在平面内做相对移动的运动副称为移动副，如图 3-5b 所示。

两构件通过点或线接触而构成的运动副，称为高副，如图 3-5c、图 3-5d 所示。

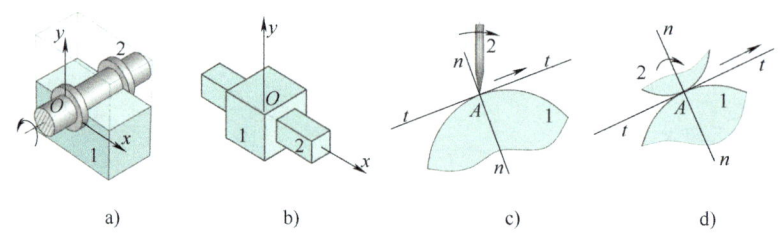

图 3-5　平面运动图

此外，组成运动副的两构件之间做相对空间运动，称为空间运动副，如图 3-6 所示。

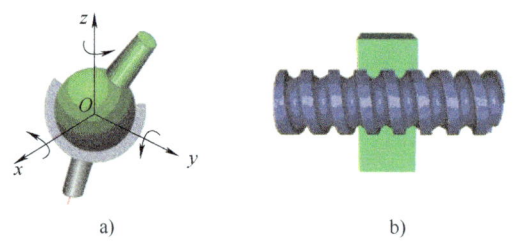

图 3-6　空间运动副

三、机构运动简图

由于机构的特性只与构件的数目、运动副的类型和数目以及它们之间相对位置的尺寸有关，而与构件的形状、截面尺寸及运动副具体结构无关。所以，为了便于对机构进行分析，通常不考虑构件的外形、截面尺寸和运动副的实际构造，而是按照一定的比例确定运动副的相对位置，用规定的符号和简单线条来表示运动副和构件，绘制出各构件之间相对运动关系的图形，称为机构运动简图。

利用机构运动简图可以表达一部复杂机器的传动原理，可以进行机构的运动分析和动力分析。

绘制平面机构运动简图时，首先应分析机构的组成及运动情况，找出机架、主动件和从动件，其次从主动件开始，按照运动传递路线，分清构件间相对运动的性质，确定运动副的类型和数目。最后选择与构件运动平面相平行的平面作为绘制运动简图的平面，用规定的符号和线条按比例尺绘制在该平面上，得到的图形即为机构的运动简图。机构运动简化符号见表 3-1。

四、机构具有确定运动的条件

1. 自由度和约束

自由度是衡量构件具有独立运动的物理量。每个做平面运动的构件，在自由状态时都具有 3 个自由度。它们之间每组成一个低副时，就引入了 2 个约束条件，失去了 2 个自由度；每组成一个高副时，就引入了 1 个约束条件，失去了 1 个自由度。

表 3-1 机构运动简化符号

名称		符号	名称	符号
构件	三副元素构件		机架	机架是转动副的一部分
	构件组成部分的永久连接			机架是移动副的一部分
平面低副	转动副		平面高副	圆柱齿轮传动
	移动副			凸轮从动杆

当一个构件与其他构件组成运动副后,构件的某些独立运动就要受到限制,自由度减少。这种对构件独立运动的限制称为约束。两个构件之间相对约束的数目和性质取决于其构成运动副的类型。图 3-7 所示的移动副和转动副,对成副的两个构件间的相对运动所给予的约束数是 2,保留的自由度数是 1。

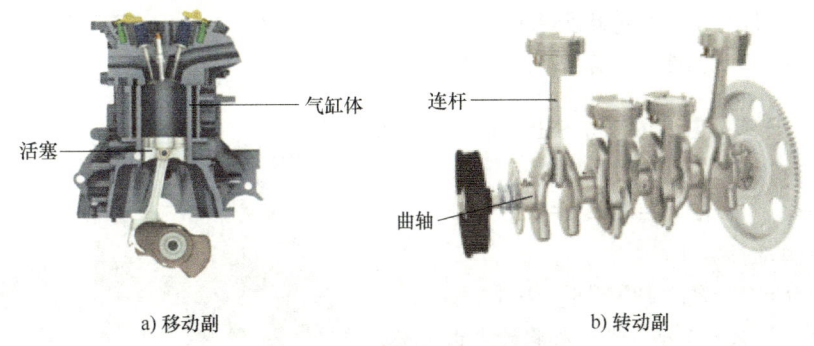

a) 移动副　　　　　　　　b) 转动副

图 3-7 移动副和转动副

2. 平面机构自由度的计算

(1) 机构自由度的计算公式　机构的自由度是指机构相对于机架所具有的独立运动参数的数

量,它取决于组成机构的活动构件的数目、运动副的类型和数目。

假设某平面机构由 n 个活动构件、P_L 个低副和 P_H 个高副所组成。由于一个不受约束构件的平面运动有 3 个自由度,而一个低副有 2 个约束条件,一个高副有 1 个约束条件,因此,平面机构自由度的计算公式为

$$F = 3n - 2P_L - P_H$$

【例 3-1】 计算如图 3-8 所示内燃机机构的自由度。

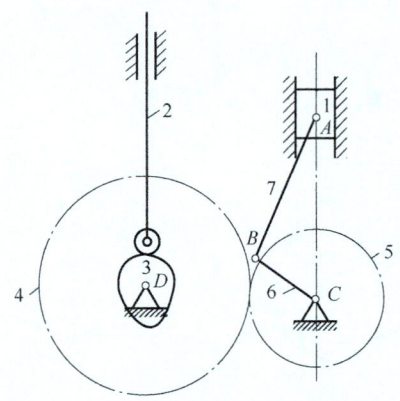

图 3-8 内燃机机构简图
1—活塞 2—推杆 3—凸轮 4—大齿轮 5—小齿轮 6—曲轴 7—连杆

解:图中曲轴 6 与小齿轮 5、大齿轮 4 与凸轮 3 分别固连一起,可分别视为一个构件,故可得 $n=5$,$P_L=6$(其中有 2 个移动副、4 个转动副),$P_H=2$

因此,该机构自由度为 $F = 3 \times 5 - 2 \times 6 - 2 = 1$

(2)计算机构自由度时应注意的问题 利用式(3-1)计算机构自由度时,还必须注意以下几种特殊情况。

1)复合铰链。由 3 个或 3 个以上构件在一处组成的轴线重合的多个转动副称为复合铰链。由 k 个构件构成的复合铰链,转动副数目应为 $(k-1)$ 个。图 3-9 中,有 3 个构件在 A 处汇交组成转动副,它是由构件 1 分别与构件 2 和构件 3 组成的 2 个转动副。

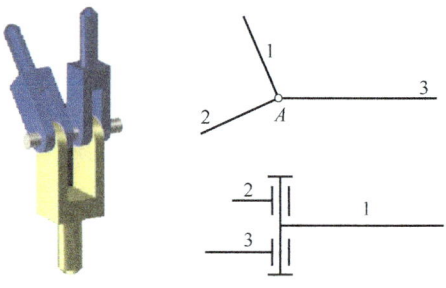

图 3-9 复合铰链

【例 3-2】 计算如图 3-10 所示 SSPU 窗户开闭机构的自由度。

解:由图知 $n=5$,$P_L=7$,$P_H=0$

得机构自由度

$$F = 3n - 2P_L - P_H = 3 \times 5 - 2 \times 7 - 0 = 1$$

机构中主动件只有 1 个,等于机构的自由度数,所以机构运动确定。

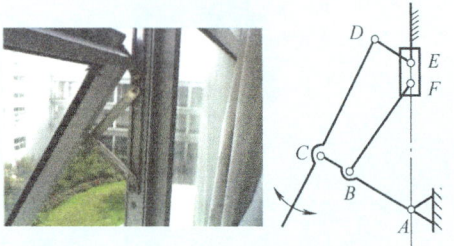

图 3-10 SSPU 窗户开闭机构

2）局部自由度。局部自由度如图 3-11a 所示，由凸轮 1、滚子 2 和杆 3 组成（凸轮机构）。滚子 2 可以绕 B 点做相对转动，但是，该构件的转动对整个机构的运动不产生影响。这种不影响整个机构运动的局部的独立运动称为局部自由度。计算机构自由度时，可将局部自由度除去不计。在如图 3-11a 所示机构中，可以设想滚子 2 与杆 3 固连成一体，如图 3-11b 所示，这样，局部自由度经上述处理后，则机构的自由度为

$$F=3n-2P_L-P_H=3\times2-2\times2-1=1$$

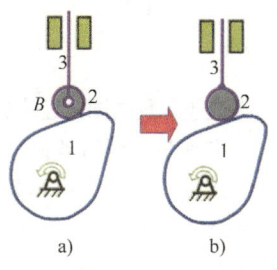

图 3-11 局部自由度

机构自由度等于主动件数，此时机构具有确定的运动。

3）虚约束。在实际机构中，与其他约束重复而不起限制运动作用的约束称为虚约束。计算机构自由度时应将虚约束除去不计。

平面机构中的虚约束常出现在下列场合。

① 两构件连接点的运动轨迹互相重合。图 3-12a 中，由于 EF 平行且等于 AB 和 CD，杆 5 上的 E 点与杆 3 上的 E 点重合，EF 杆存在与否都不影响整个机构的运动。由此可判定 EF 杆引入的为虚约束，计算时应去掉，如图 3-12b 所示，此时自由度为

$$F=3n-2P_L-P_H=3\times3-2\times4-0=1$$

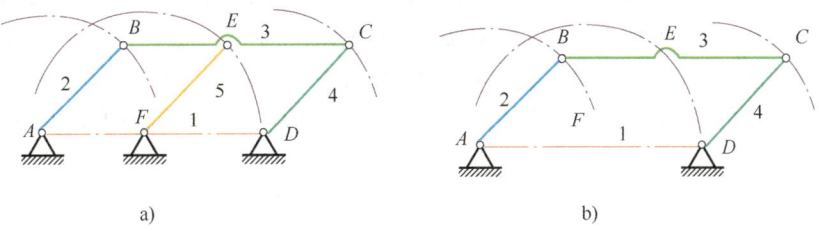

图 3-12 运动轨迹重合引入虚约束

② 当两构件组成多个移动副，且其导路互相平行或重合时，则只有一个移动副起约束作用，其余都是虚约束，如图 3-13 所示。

③ 若机构中两活动构件上某两点的距离始终保持不变，此时若用带两个转动副的构件来连接这两个点，则将会引入一个虚约束，如图 3-14 所示。

图 3-13 导路重合虚约束

④ 对机构运动不起作用的对称部分引入虚约束。图 3-15 所示的行星齿轮机构，只需要一个齿轮 2 便可传递运动。为了提高承载能力并使机构受力均匀，图中采用了 3 个行星轮对称布置。这里每增加一个行星轮（包括两个高副和一个低副），便引进一个虚约束。

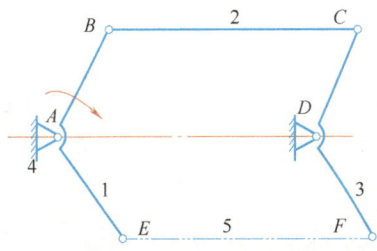

图 3-14 距离不变引入的虚约束

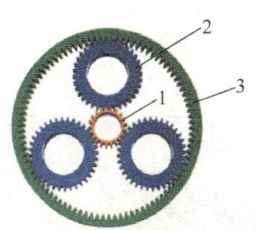

图 3-15 行星轮引入的虚约束

【知识拓展】

工业机器人助力中国智能制造"腾飞"

制造业是我国国民经济的主体,打造具有国际竞争力的制造业,是我国提升综合国力的重要途径。

为实现我国制造业高质量发展,工业机器人这个细分赛道必然无法绕开。一直以来,工业机器人的研发、制造、应用是衡量一个国家科技创新和高端制造业水平的重要标志。

20世纪80年代,我国自主研发的第一台工业机器人问世,如今我国工业机器人应用领域已经覆盖汽车、电子、冶金、轻工、石化、医药等52个行业大类、143个行业中类。尽管仍需克服诸多难题,但仅用了四十余年,我国工业机器人产业就已经基本形成了从零部件到整机,再到集成应用的全产业链体系。

工业机器人由主体、驱动系统和控制系统3个基本部分组成。主体即机座和执行机构,包括臂部、腕部和手部,有的机器人还有行走机构。大多数工业机器人有3~6个运动自由度,其中腕部通常有1~3个运动自由度。驱动系统包括动力装置和传动机构,用以使执行机构产生相应的动作。控制系统是按照输入的程序对驱动系统和执行机构发出指令信号,并进行控制。

从应用行业来说,作为工业机器人应用最广泛的汽车产业,工业机器人在冲压、焊接、喷涂和整装生产流程中的应用,不仅要求严格、工艺复杂,而且规模大、门槛也高。近年来,随着我国工业机器人行业的发展,能与国际系统集成商在市场份额上进行争夺的国内公司已经开始崛起。随着技术的进步,国内逐渐涌现出一批快速成长的制造企业,中国工业机器人产业正向中高端发展。

【实践训练】

仪器设备及工具准备

汽车整车、发动机台架、转向机构台架。

操作注意事项

1)实训前检查车辆情况。

2)实训结束后清理场地。

实训内容

根据教师指导和所学知识,实车观察汽车各机构如何进行工作,并绘制简图,计算自由度,然后记录下来。

学院		专业		班级	
姓名		学号		日期	
指导教师					
作业前准备记录					
零部件		绘制简图		计算自由度	
刮水器					

（续）

零部件	绘制简图	计算自由度
转向机构 		
配气机构 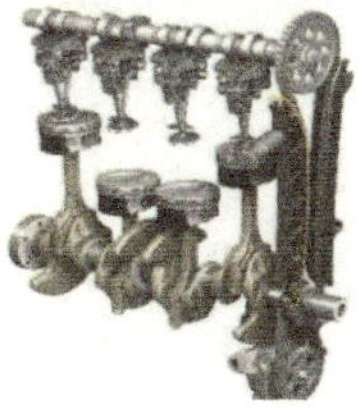		
曲柄连杆机构 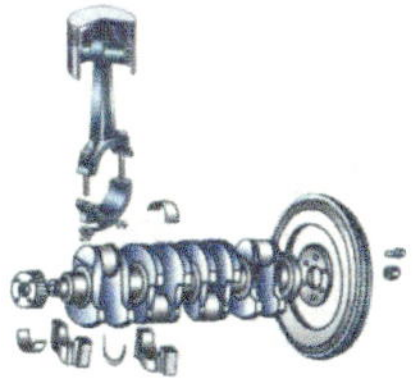		

【评价反馈】

评价项目	评价标准	分值	得分
知识准备	正确理解机器、机构、构件、零件的概念	10	
知识准备	正确理解运动副、运动简图概念	10	
知识准备	正确分析机构在汽车上的应用	10	
知识拓展	养成自主学习的习惯，养成良好职业习惯	20	
实践训练	实训前不检查实训车辆情况，实训结束后未清理场地，扣5分	5	
实践训练	绘制简图错误一处扣5分	10	
实践训练	自由度计算错误一处扣5分	20	
实践训练	工单填写记录字迹潦草或不完整，扣5分	5	
综合表现	能与同学密切合作，积极实践，安全地完成学习活动，具备严谨规范的工作作风	10	
合计		100	

教师评语：

日期：　　年　　月　　日

【课后测评】

一、填空题

1. 单缸内燃机由_____和_____组成。
2. 连杆由_____、_____和_____组成。
3. 使两个构件_____并能产生_____的连接，称为运动副。
4. 两构件组成运动副时，构件上能参与接触的_____、_____、_____称为运动副元素。
5. 根据运动副中两构件的接触形式不同，运动副可分为_____和_____两类。

二、选择题

1. 内燃机中的气缸是（　　）。
   A. 零件　　　　　　　　　　　B. 构件
   C. 既是构件也是零件　　　　　D. 部件
2. 下列机构中的运动副，属于低副的是（　　）。
   A. 内燃机中气缸与活塞之间的运动副
   B. 内燃机中气门杆与凸轮之间的运动副
   C. 齿轮啮合所形成的运动副
   D. 车轮与钢轨之间的运动副
3. 在自行车的下列连接中，属于运动副的是（　　）。
   A. 前叉与轴　　　　　　　　　B. 轴与车轮
   C. 辐条与内圈　　　　　　　　D. 轮胎与钢圈
4. 机构运动简图与（　　）无关。
   A. 构件数目　　　　　　　　　B. 运动副的数目、类型
   C. 构件和运动副的结构　　　　D. 运动副的相对位置

三、简答题

1. 从日常生活或生产实践中寻找高副和低副的应用实例，并联系高副和低副的特点进行分析。
2. 绘制图 3-16 的运动简图，标出主动件和机架。

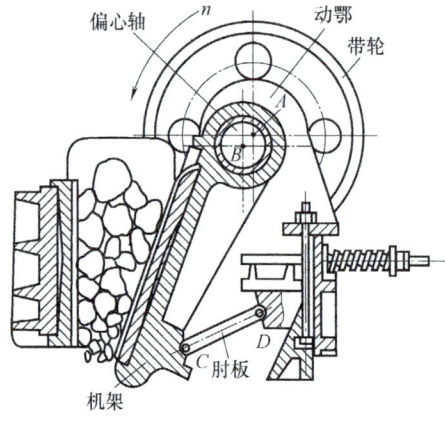

图 3-16　破碎机

单元 2　平面连杆机构

单元描述：

生活中经常可以看到，汽车车窗玻璃的刮水器开启后，能够左右摆动刮走玻璃上的雨水；载重汽车的车厢能自动升起完成卸货；公交车门在开启按钮控制下能自动开启和关闭。这些机构装置采用的是平面四杆机构，平面四杆机构是平面连杆机构的基本形式，它可以不断地传递运动、转换运动形式，保证了汽车各系统的正常运转。因此了解并研究平面四杆机构运动规律，对于汽车专业课程的学习至关重要。

素养目标：

1）培养学生勇于创新的开拓精神。
2）培养学生爱岗敬业的精神。

知识目标：

1）掌握平面四杆机构的基本特征。
2）掌握平面四杆机构的类型及特点。

技能目标：

1）能绘制汽车常用平面四杆机构。
2）能分析平面四杆机构工作过程。

【知识准备】

平面四杆机构是平面连杆机构的一种形式。平面连杆机构又称平面低副机构，是由若干个在同一平面或相互平行的平面内运行的刚性构件通过平面低副连接而成的。平面连杆机构常以杆数来命名，如平面四杆机构、平面五杆机构等。最常见的是平面四杆机构，当平面四杆机构中的运动副都是转动副时，称为铰链四杆机构，它是平面四杆机构中最基本的形式。

平面四杆机构根据其是否含有移动副，可分为铰链四杆机构和滑块四杆机构两大类。

一、铰链四杆机构

在铰链四杆机构中，固定不动的构件称为机架，如图 3-17 中的 AD；与机架相连的两个构件称为连架杆；其中不能绕机架做整周回转的连架杆称为摇杆，能绕机架做整周回转的连架杆称为曲柄；不与机架相连的构件称为连杆。

铰链四杆机构按两连架杆的运动形式分为 3 种基本

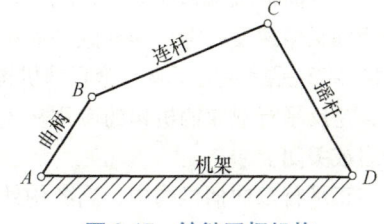

图 3-17　铰链四杆机构

形式：曲柄摇杆机构、双曲柄机构和双摇杆机构。

1. 曲柄摇杆机构

两连架杆中一个为曲柄，另一个为摇杆的铰链四杆机构，称为曲柄摇杆机构。曲柄摇杆机构主要用以实现将曲柄的匀速转动转变成摇杆的摆动，如图 3-18 所示的雷达天线俯仰角调整机构和图 3-19 所示的搅拌机构；或是将摇杆的往复摆动变成曲柄的整周转动，如图 3-20 所示的缝纫机脚踏板机构。

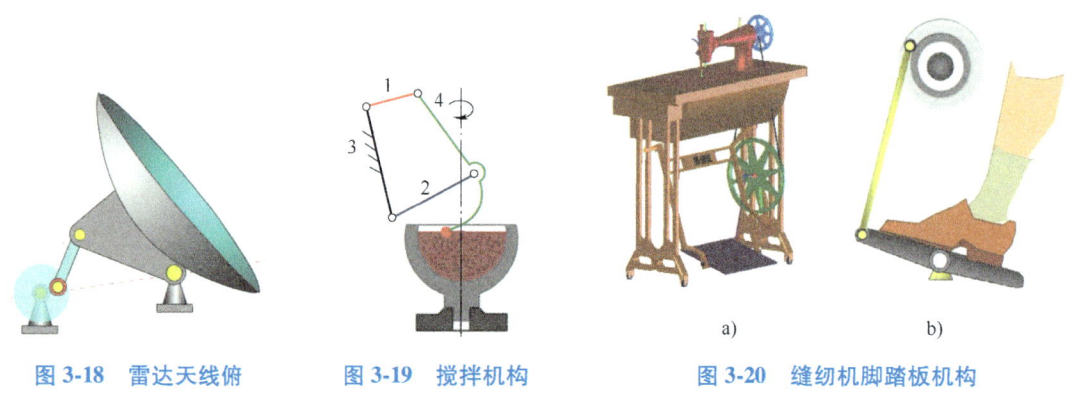

图 3-18　雷达天线俯仰角调整机构　　图 3-19　搅拌机构　　图 3-20　缝纫机脚踏板机构

2. 双曲柄机构

两连架杆均为曲柄的铰链四杆机构，称为双曲柄机构。双曲柄机构中，通常主动曲柄做匀速转动，从动曲柄做同向变速转动。图 3-21 所示的惯性筛机构，当曲柄 AB 做匀速转动时，曲柄 CD 做变速转动，通过构件 CE 使筛子产生变速直线运动，筛子内的物料因惯性而来回抖动，从而达到筛选的目的。

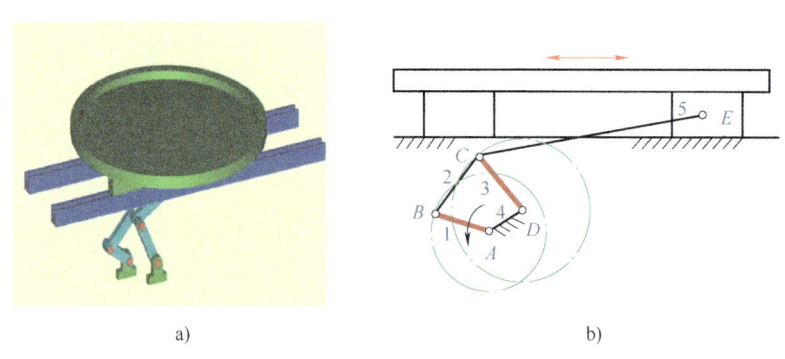

图 3-21　惯性筛机构

在双曲柄机构中，若相对的两杆长度分别相等，则称为平行四边形机构。它有如图 3-22a 所示的正平行双曲柄机构和如图 3-22b 所示的反平行双曲柄机构两种形式。前者的运动特点是两曲柄的转向相同且角速度相等，连杆做平动；后者的运动特点是两曲柄的转向相反且角速度不相等。

图 3-23 所示的机车驱动轮联动机构是正平行双曲柄机构的应用实例。图 3-24 所示为车门启闭机构，是反平行双曲柄机构的应用实例，它使两扇车门朝相反的方向转动，从而保证两扇门能同时开启或关闭。

在正平行双曲柄机构中，当各构件共线时，可能出现从动曲柄与主动曲柄转向相反的现象。

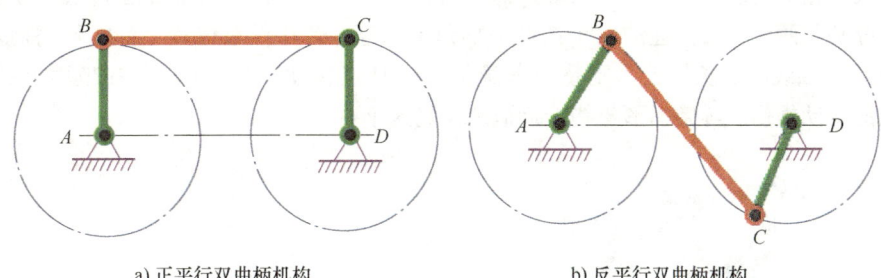

a) 正平行双曲柄机构   b) 反平行双曲柄机构

图 3-22　正平行双曲柄机构

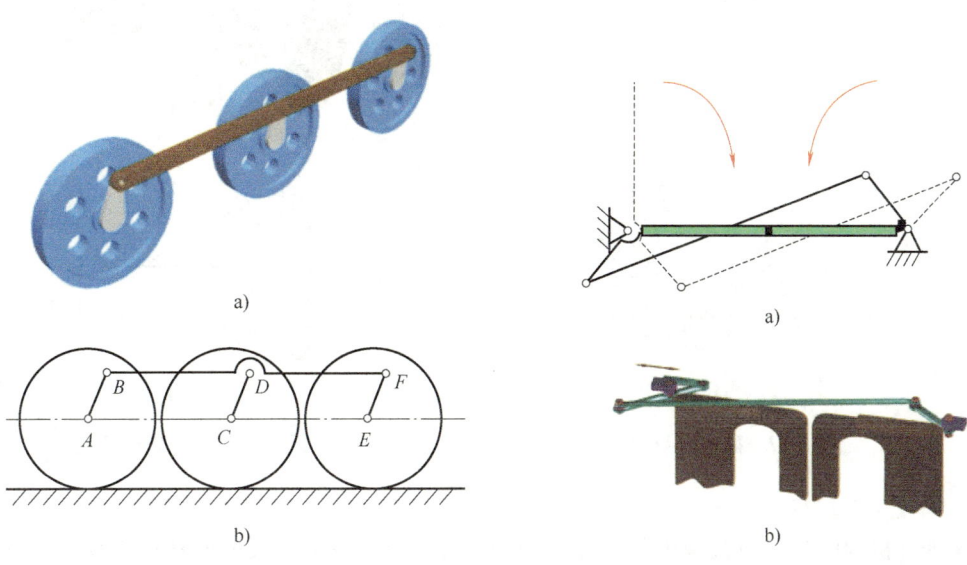

图 3-23　机车驱动轮联动机构   图 3-24　车门启闭机构

3. 双摇杆机构

两连架杆均为摇杆的铰链四杆机构称为双摇杆机构，如图 3-25 所示。图 3-26 所示为飞机起落架机构，其轮子的收放是由主动摇杆 AB，通过连杆 BC 带动从动摇杆 CD 来实现的。图 3-27 所示为港口搬运货物的鹤式起重机，连杆 BC 上的 M 点做近似水平直线运动，使重物避免不必要的升降，以减少能量损耗。

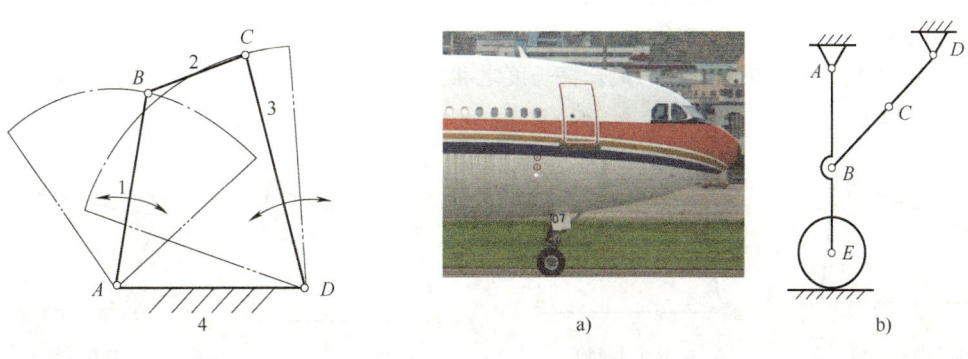

图 3-25　双摇杆机构   图 3-26　飞机起落架机构

两摇杆长度相等的双摇杆机构称为等腰梯形机构。图 3-28 所示为车辆的前轮转向机构,在汽车转弯时,分别与两轮轴固连的两个摇杆的摆角不相等。若在任意位置上都能使两前轮轴线的交点 O 落在后轮轴线的延长线上,则整个车身是在绕 O 点转动,4 个车轮都在地面上做纯滚动,可避免轮胎的滑动损伤。等腰梯形机构能近似地满足这个要求。

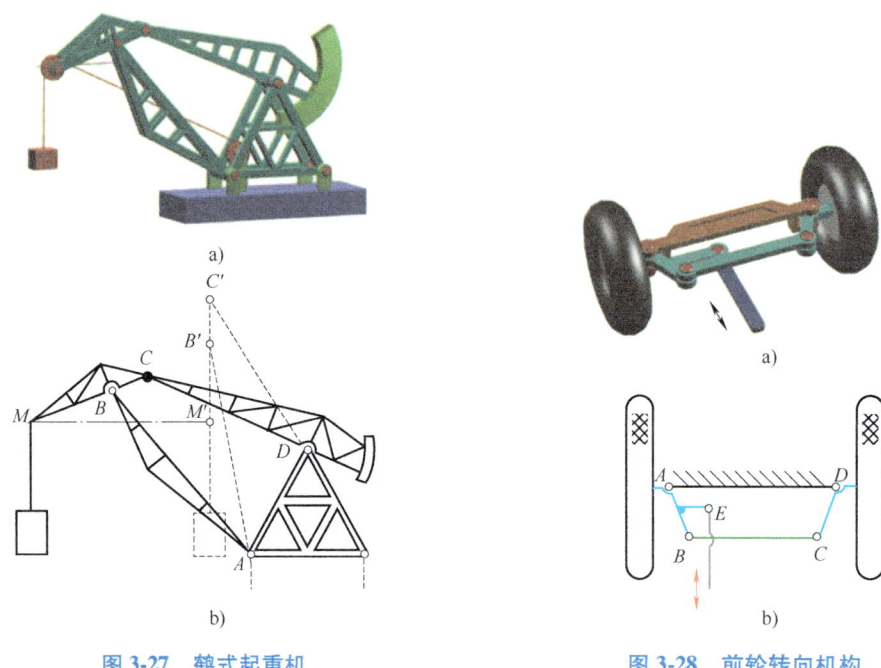

图 3-27　鹤式起重机

图 3-28　前轮转向机构

4. 铰链四杆机构判别

铰链四杆机构的类型与机构中是否存在曲柄有关。可以论证,铰链四杆机构存在曲柄的条件是:

1)最短杆与最长杆长度之和小于或等于其余两杆长度之和。

2)连架杆与机架必有一个是最短杆。

由此可得如下结论:铰链四杆机构中,如果最短杆与最长杆长度之和小于或等于其余两杆长度之和,则

1)取与最短杆相邻的杆做机架时,该机构为曲柄摇杆机构(图 3-29a)。

2)取最短杆为机架时,该机构为双曲柄机构(图 3-29b)。

3)取与最短杆相对的杆为机架时,该机构为双摇杆机构(图 3-29c)。

铰链四杆机构中,如果最短杆与最长杆长度之和大于其余两杆长度之和,则该机构为双摇杆机构(图 3-29d)。

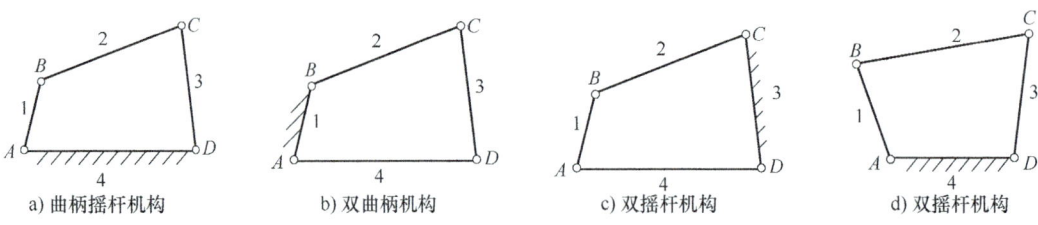

图 3-29　铰链四杆机构类型判定

二、铰链四杆机构的演化机构

在实际机械中,平面连杆机构的类型是多种多样的,但是绝大多数是在铰接四杆机构的基础上发展和演变而来的。通过用移动副取代转动副、改变构件的长度、选择不同的构件作为机架和扩大转动副等途径,可以得到铰接四杆机构的其他演化形式。

1. 曲柄滑块机构

用曲柄和滑块来实现转动和移动相互转换的平面连杆机构称为曲柄滑块机构。如图 3-30 所示,机构中与机架 4 构成移动副的构件 3 称为滑块,通过转动副 B 和 C 连接曲柄 1 和滑块 3 的构件 2 为连杆。当导路中心线通过曲柄转动中心时,称为对心曲柄滑块机构(图 3-30a);当导路中心线不通过曲柄转动中心时,称为偏置曲柄滑块机构(图 3-30b),其中 e 为偏距,偏置曲柄滑块机构的滑块具有急回特性。

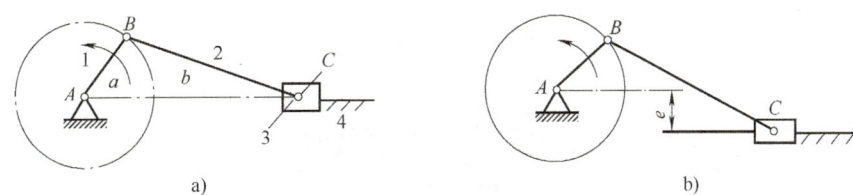

图 3-30 曲柄滑块机构
1—曲柄 2—连杆 3—滑块 4—机架

曲柄滑块机构能实现回转运动与往复直线运动之间的互相转换,应用于内燃机(图 3-31)、活塞式压缩机、冲床(图 3-32)。

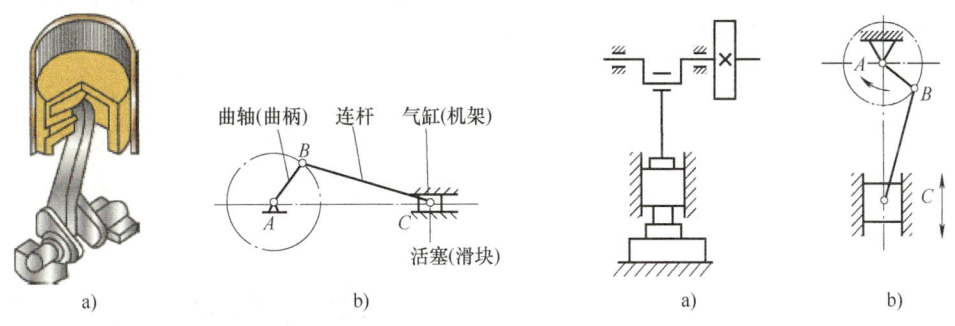

图 3-31 内燃机曲柄滑块机构　　图 3-32 冲床曲柄滑块机构

2. 导杆机构

若将图 3-31 所示的曲柄滑块机构的曲柄构件作为机架,则曲柄滑块机构就演化为导杆机构,连架杆对滑块的运动起导向作用,称为导杆,它包括转动导杆机构和摆动导杆机构两种形式。图 3-33 所示的导杆能绕机架做整周转动,称为转动导杆机构。图 3-34 所示的导杆 BC 只能在某一角度内摆动,称为摆动导杆机构。导杆机构具有很好的传力性能,常用于插床、牛头刨床和送料装置等机器中。

3. 曲柄摇块机构

若将图 3-31 所示曲柄滑块机构的连杆构件作为机架,则曲柄滑块机构就演化为如图 3-35 所示的摇块机构。曲柄做整周转动,滑块 3 只能绕机架往复摆动。这种机构常用于摆缸式原动机和气、液压驱动装置中,图 3-36 所示的自动货车翻斗机构是曲柄摇块机构的应用。

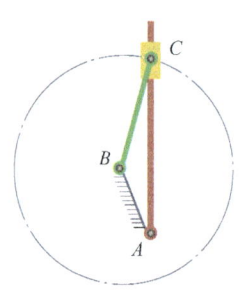
图 3-33 转动导杆机构

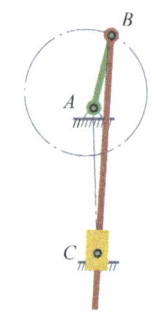
图 3-34 摆动导杆机构

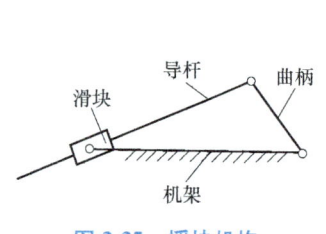
图 3-35 摇块机构

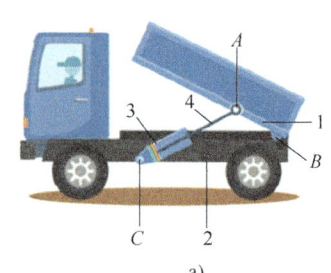
图 3-36 自动货车翻斗机构

4. 定块机构

若将图 3-31 所示曲柄滑块机构的滑块作为机架，则曲柄滑块机构就演化为如图 3-37 所示的定块机构。这种机构常用于抽油泵和手摇抽水唧筒（图 3-38）。

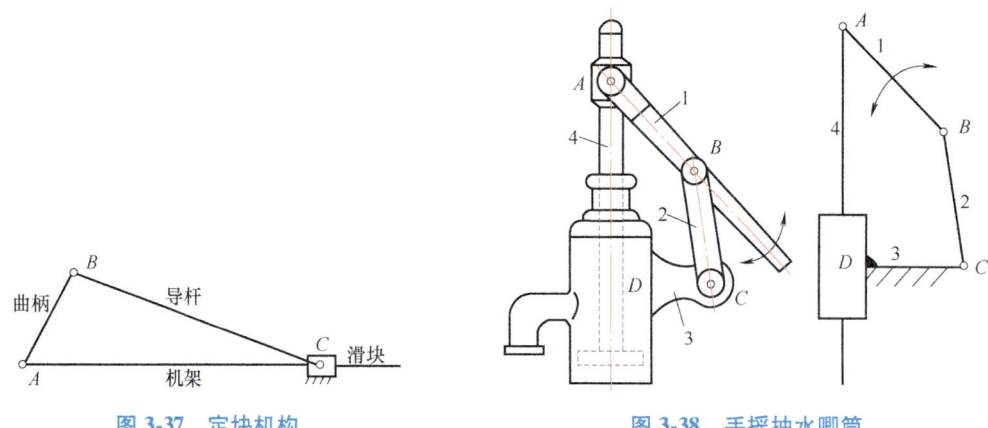

图 3-37 定块机构　　　　　图 3-38 手摇抽水唧筒

三、四杆机构传动特性

平面机构的某些工作特性，不仅影响机构的运动性质和传力情况，而且还是一些机构的主要设计依据。

1. 急回特性

曲柄摇杆机构中主动件曲柄做匀速回转时，摇杆做变速的往复摆动。在往复运动中，一般只用一个行程完成工作，称为工作行程；另外一个行程不承受工作载荷，称为空回行程。图 3-39 所示的曲柄摇杆机构，设定曲柄 AB 为主动件，摇杆 CD 为从动件。在曲柄回转一周的过程中，曲柄 AB 与连杆 BC 有两次共线，这时摇杆 CD 分别处于左、右两个极限位置 C_1D 和 C_2D，摆角为 ψ。当摇杆处于两极限位置时，曲柄在两极限相应位置时所夹的锐角 θ 称为极位夹角。

曲柄以匀角速度 ω 顺时针从 AB_1 转到 AB_2，转过角度 $\varphi_1 = 180°+\theta$，所需的时间为 $t_1 = \dfrac{180°+\theta}{\omega}$，摇杆从 C_1D 转到 C_2D，此为工作行程，C 点的平均速度为 $v_1 = \dfrac{\psi}{t_1}$；曲柄以相同角速度 ω 从 AB_2 转到 AB_1，转过角度 $\varphi_1 = 180°-\theta$，所需时间为 $t_2 = \dfrac{180°-\theta}{\omega}$。摇杆从 C_2D 转到 C_1D，C 点的平均速度为 $v_2 = \dfrac{\psi}{t_2}$。显然 $t_1 > t_2$，则有 $v_1 < v_2$。

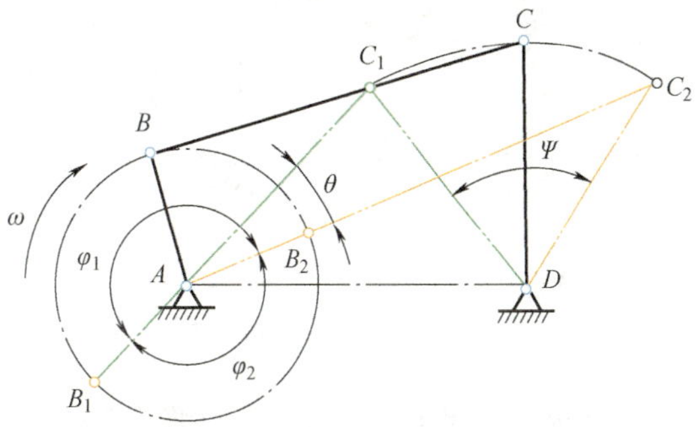

图 3-39 曲柄摇杆机构的急回特性

这种空回行程的平均速度比工作行程的平均速度大的运动特性，称为曲柄摇杆机构的急回特性。

机构的急回特性常用行程速比系数 K 表示，即

$$K = \frac{从动件空回行程平均速度}{从动件工作行程平均速度} = \frac{\psi/t_2}{\psi/t_1} = \frac{t_1}{t_2} = \frac{180°+\theta}{180°-\theta}$$

在曲柄摇杆机构中，有无急回特性取决于极位夹角 θ，θ 值越大，K 值越大，急回特性越明显。平面机构应用急回特性可以节省空间，提高生产率。

$$\theta = 180° \frac{K-1}{K+1}$$

2. 压力角与传动角

平面连杆机构不仅应能实现预定的运动规律，还应具有运转轻便、效率高等良好的传力性能。

在图 3-40 所示的曲柄摇杆机构中，设曲柄 AB 为主动件，摇杆 CD 为从动件。若忽略各构件的质量和运动副中的摩擦，则曲轴通过连杆作用于摇杆上 C 点的力 F 沿 BC 方向，它与受力点 C 的绝对速度 v_C 之间所夹的锐角称为压力角，用 α 表示。力 F 沿 v_C 方向的分力 $F_t = F\cos\alpha$，是推动从动件运动的有效分力；而沿摇杆轴心线方向的分力 $F_n = F\sin\alpha$，会增大运动副中的摩擦和磨损，对传动机构不利，故称为有害分力。

显然压力角 α 越小，有效分力 F_t 越大，F_n 越小，机构的传动性能越好。连杆与摇杆之间所夹锐角 γ 称为传动角，与压力角互为余角。压力角和传动角是反映机构传动性能的重要参数。压力角越小，传动角越大，机构的传力效果越好。传动角 γ 越小则摩擦与磨损越大，传动效率越低，甚至可能使机构发生自锁现象。实际应用中，为了度量方便，通常以 γ 来判断机构的传力性能。

3. 死点位置

图 3-41 所示的曲柄摇杆机构中，若摇杆 CD 为原动件，曲柄 AB 为从动件，则当摇杆 CD 处于两极限位置时，从动曲柄 AB 与连杆 BC 共线，主动摇杆 CD 通过连杆 BC 传给从动曲柄 AB 的作用力通过曲柄的转动中心 A。此时，曲柄的压力角 $\alpha = 90°$（曲轴通过连杆作用于摇杆上 C 点的力 F 沿 BC 方向，它与受力点 C 的绝对速度 v_C 之间所夹的锐角称为压力角），传动角 $\gamma = 0°$（压力角的余角），连杆作用于曲柄上的力对转动中心 A 点不产生力矩，无法推动曲柄传动，所以曲柄不能转动。曲柄摇杆机构所处的这个位置，称为死点位置。

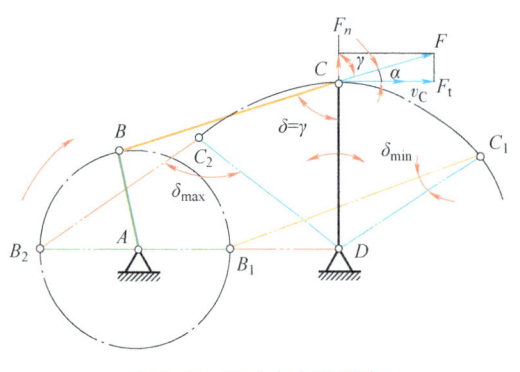
图 3-40　压力角与传动角

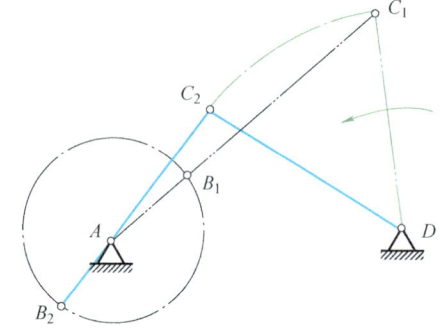
图 3-41　死点位置

当机构处于死点位置时，从动件将出现不能转动或运动方向不确定的现象。为使机构能通过死点位置继续运动，需对从动曲轴施加外力或安装飞轮以增大从动件的惯性力，使机构顺利通过死点位置。汽车发动机的曲柄连杆组中在曲轴上安装飞轮，以保证机构顺利通过死点位置。

工程上，也常利用死点位置来实现一定的工作要求。如飞机机起落架机构，当飞机着陆时，机构处于死点位置，从而可承受较大的冲击。

【知识拓展】

国之重器，今朝梦圆

2017 年 5 月 5 日，在上海浦东国际机场，世界的目光聚焦在一架白色大型飞机上。
我国首款拥有自主知识产权、具备国际主流水准的干线飞机——C919 成功首飞（图 3-42）。

图 3-42　C919 大飞机首飞

从 1970 年我国自主研制的"运-10"飞机立项，到 C919 成功首飞，中国人的"大飞机梦"穿越了 47 个春秋。它不仅标志着中国航空工业取得重大历史突破，也是中国创新驱动发展战略的重大成果。

图 3-43a 所示是 C919 大飞机起落架收放时的示意图，图 3-43b 所示是起落架停放时的机构运动简图。当起落架停放时，地面对构件 AB 的力通过构件 BC 传递给构件 CD 的力正好通过铰链中心 C，此时 BCD 成一条直线，使机构处于卡死位置，从而确保飞机能够停放平稳，在实际应用中在 B 处还会加一个机械锁，进一步提高安全性。此时，死点位置就是有利的。

由此可见，机构的死点位置并不都是有害的，有些时候恰恰就是利用了机构的死点位置来实现某种工作要求。在工程上，设计人员在设计机构时，应根据机构的不同要求灵活应用死点位置。

模块3 汽车常用机构

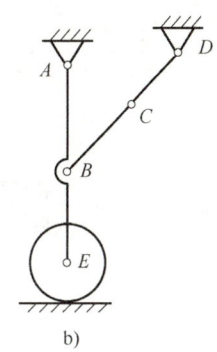

a)　　　　　　　　　　b)

图 3-43 死点位置应用——飞机起落架

【实践训练】

仪器设备及工具准备

1) 选材：购置或自制 1 根长约 1m、宽 22mm、厚 10mm 的长木条；一块长约 230mm、宽约 230mm、厚 20mm 的木板。

2) 工具：刨刀、画线工具、锯、钻孔机、砂纸、铁钉 20 个等。

操作注意事项

1) 装配环节，杆件连接的方向和顺序不对，可能导致最终达不到预订的运动效果。

2) 钉接环节注意细节改进和优化。

实训内容

根据教师指导和所学知识，制作平面四杆机构并记录下来，观察其运动过程。

学院		专业		班级	
姓名		学号		日期	
指导教师					
作业前准备记录					
步骤	操作方法及过程记录		操作示意图		
制作杆件——刨削	对长木条的四个面进行刨削，加工平整				
制作杆件——划线	根据图样，用划线工具画出加工界线，画出钻孔中心点				

85

（续）

步骤	操作方法及过程记录	操作示意图
制作杆件——锯割	按照划线，将木条按设计长度切割	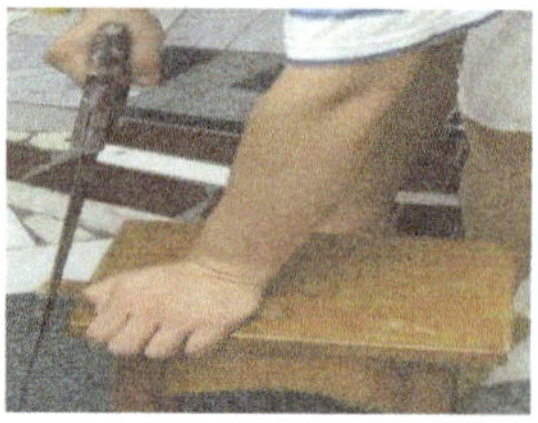
制作杆件——钻孔	按照划线，钻直径为4.2mm螺栓孔	
制作杆件——倒角	砂纸打磨	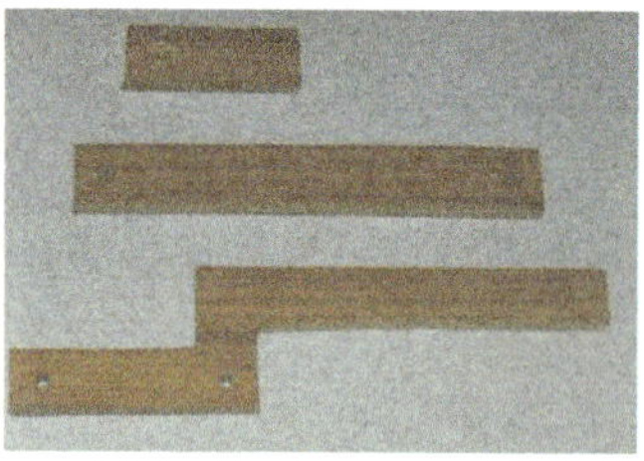
制作机架——划线、锯割、砂纸打磨、钉接	将支撑的木条和木板用铁钉连接，完成支架制作	
装配	用螺栓、螺母连接玻璃、杆件和支架	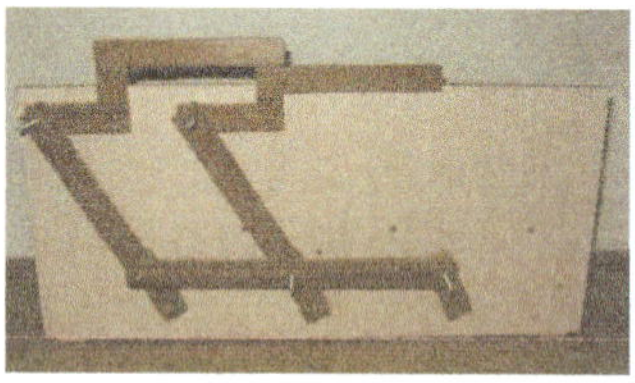
运动测试	修正	

【评价反馈】

评价项目	评价标准	分值	得分
知识准备	熟知汽车平面连杆机构	10	
	熟知各平面连杆机构工作做过程	10	
知识拓展	养成自主学习的习惯，养成良好职业习惯	20	

（续）

评价项目	评价标准	分值	得分
实践训练	组员分工明确，团结协作	10	
	制作加工技术方案合理可行	10	
	制作加工过程安全无事故	10	
	模型制作有创新	10	
综合表现	能与同学密切合作，积极实践，安全地完成学习活动，具备严谨规范的工作作风	20	
	合计	100	

教师评语：

日期： 年 月 日

【课后测评】

一、填空题

1. 平面连杆机构是由一些刚性构件用_____副和_____副相互连接而组成的机构。
2. 铰链四杆机构有3种基本形式，即_____机构、_____机构和_____机构。
3. 在曲柄摇杆机构中，若减小曲柄长度，则摇杆摆角_____。
4. 在曲柄摇杆机构中，行程速比系数与极位夹角的关系为_____。
5. 在曲柄摇杆机构中，若以摇杆为主动件，则曲柄与连杆共线位置是_____位置。
6. 四杆机构中若两对杆两两平行且相等，则构成_____机构。

二、判断题

1. 平面连杆机构各构件运动轨迹都在同一平面或相互平行的平面内。（　　）
2. 平面连杆机构的基本形式，是铰链四杆机构。（　　）
3. 铰链四杆机构的曲柄存在条件是：连架杆或机架中必有一个是最短杆；最短杆与最长杆的长度之和小于或等于其余两杆的长度之和。（　　）
4. 铰链四杆机构都有连杆和固定件。（　　）
5. 只有以曲柄摇杆机构的最短杆作固定机架，才能得到双曲柄机构。（　　）
6. 在曲柄摇杆机构中，以曲柄为主动件时，最小传动角出现在曲柄与机架共线处。（　　）

三、选择题

1. 在曲柄摇杆机构中，只有当（　　）为主动件时，在运动中才会出现"死点"位置。
   A. 连杆　　　　B. 机架　　　　C. 曲柄　　　　D. 摇杆
2. 能产生急回运动的平面连杆机构有（　　）。
   A. 曲柄摇杆机构　B. 双曲柄机构　C. 双摇杆机构　D. 对心曲柄滑块机构
3. 当曲柄摇杆机构的摇杆带动曲柄运动时，曲柄在"死点"位置的瞬时运动方向是（　　）。
   A. 按原运动方向　B. 反方向　　　C. 不定的　　　D. 正方向
4. 家用缝纫机踏板机构属于（　　）。
   A. 曲柄摇杆机构　B. 双曲柄机构　C. 双摇杆机构　D. 曲柄滑块机构
5. 机械工程中常利用（　　）的惯性储能来越过平面连杆机构的"死点"位置。
   A. 主动构件　　B. 从动构件　　C. 连接构件　　D. 固定件
6. 内燃机中的曲柄滑块机构工作时是以（　　）为主动件。

A. 曲柄　　　　　B. 连杆　　　　　C. 滑块　　　　　D. 导杆

四、做一做

1. 根据图中标注的尺寸，判断各铰链四杆机构的基本类型

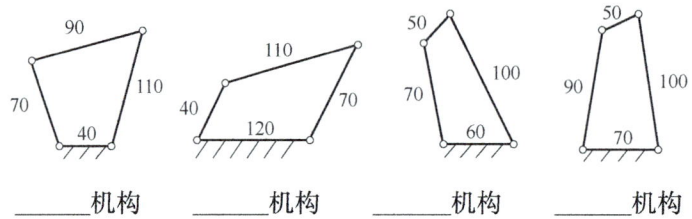

_____机构　　_____机构　　_____机构　　_____机构

2. 已知铰链四杆机构（图3-44）各构件的长度，试问：

1）这是铰链四杆机构基本类型中的何种机构？

2）若以 AB 为主动件，此机构有无急回特性？为什么？

3）当以 AB 为主动件时，此机构的最小传动角出现在机构哪个位置（在图上标出）？

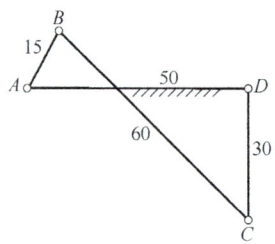

图 3-44　题图

单元3　凸轮机构

单元描述：

发动机的配气机构是发动机中的重要机构，工作时要求在一个工作循环内，气门迅速打开，随即迅速关闭，然后保持不动。这种要求用平面机构是不能实现的，凸轮是完成这一功能的重要零件。通过本单元的学习，学生应能掌握凸轮机构的分类和特点，了解凸轮机构的运行规律，并能合理设计凸轮轮廓。

素养目标：

1）培养学生的安全责任意识。

2）培养学生爱岗敬业的意识。

知识目标：

1）掌握凸轮机构的分类及应用。

2）掌握凸轮机构的特点。

模块3 汽车常用机构

> 技能目标:
> 1) 能分析凸轮机构的从动件运动规律。
> 2) 能分析凸轮机构的工作过程。

【知识准备】

凸轮机构在机械工业中是一种常用机构,例如,汽车发动机的配气机构是通过凸轮机构来控制气门的开闭的;柴油机的喷油泵供油、汽油泵的供油、分电器的配电等都要通过凸轮机构来控制;凸轮机构在自动化机械生产中应用更为广泛。

一、凸轮机构的类型

凸轮机构主要由凸轮、从动件(也称推杆)和机架组成,它是一种高副机构。一般情况下,凸轮为主动件,且做连续的等速运动,从动件则按照预定的运动规律运动。图3-45所示为盘形凸轮机构。

图3-46所示为内燃机配气凸轮机构,凸轮以等角速度回转,它的轮廓驱使从动件气门推杆按预期的运动规律启闭气门。

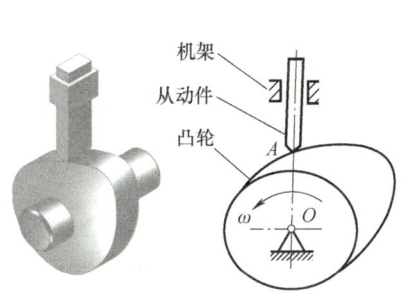

图3-45 盘形凸轮机构

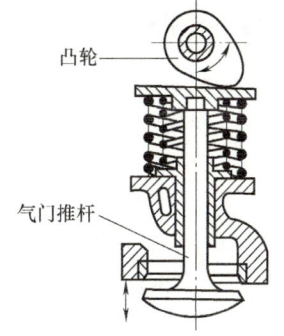

图3-46 内燃机配气凸轮机构

凸轮机构

根据凸轮和从动件的不同形状和形式,凸轮机构可分类如下。

1. 按凸轮的形状分类

(1) 盘形凸轮 它是凸轮的最基本形式。这种凸轮是一个绕固定轴线转动并且有变化半径的盘形零件,如图3-45、图3-47所示。

(2) 移动凸轮 当盘形凸轮的回转中心趋于无穷远时,凸轮相对机架做直线运动,这种凸轮称为移动凸轮,如图3-48和3-49所示。

图3-47 盘形凸轮

图3-48 移动凸轮

图3-49 电子配钥匙机

（3）圆柱凸轮　将移动凸轮卷成圆柱体即成为圆柱凸轮，如图 3-50 和 3-51 所示。

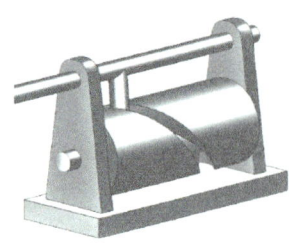

图 3-50　圆柱凸轮

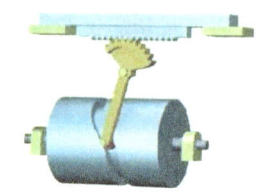

图 3-51　刀架进给凸轮机构

2. 按从动件的形式分类

（1）尖顶从动件（图 3-52）　尖顶能与复杂的凸轮轮廓保持接触，因而能实现任意预期的运动规律，但尖顶与凸轮是点接触，磨损快，只适用于受力不大的低速凸轮机构。

（2）滚子从动件（图 3-53）　为了克服尖顶从动件的缺点，在从动件的尖顶处安装一个滚子，即成为滚子从动件。滚子和凸轮轮廓之间为滚动摩擦，耐磨损，可承受较大载荷，所以是从动件中最常用的一种形式。

（3）平底从动件（图 3-54）　这种从动件与凸轮轮廓表面接触的端面为一平面。显然，它不能与凹陷的凸轮轮廓相接触。这种从动件的优点：当不考虑摩擦时，凸轮与从动件之间的作用力始终与从动件的平底相垂直，传动效率较高，且接触面间易形成油膜，利于润滑，故常用于高速凸轮机构。

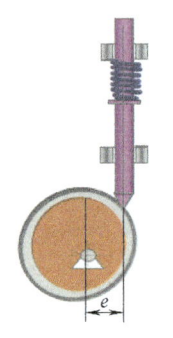

图 3-52　尖顶从动件

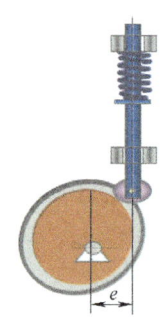

图 3-53　滚子从动件

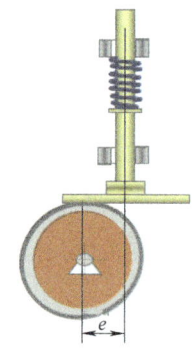

图 3-54　平底从动件

以上 3 种从动件都可以相对于机架做往复直线运动或做往复摆动。为了使凸轮与从动件始终保持接触，可以利用重力、弹簧力或依靠凸轮上的凹槽来实现。

凸轮机构的优点：只需设计适当的凸轮轮廓，便可使从动件得到所需的运动规律，并且结构简单、紧凑、设计方便。它的缺点是凸轮轮廓与从动件之间为点接触或线接触，易磨损，所以通常多用于传力不大的控制机构。

二、从动件常用运动规律

设计凸轮机构时，首先应根据工作要求确定从动件的运动规律，然后按照这一运动规律设计凸轮轮廓线。下面以尖顶直动从动件盘形凸轮机构为例，说明从动件的运动规律与凸轮轮廓线之间的关系。凸轮轮廓与从动件位移线关系如图 3-55 所示，以凸轮轮廓的最小向径 r_0 为半径所绘的圆称为基圆。

当尖顶与凸轮轮廓上的 A 点（基圆与轮廓 AB 的连接点）相接触时，从动件处于上升的起始位置。

当凸轮以等角速逆时针方向回转，从动件尖顶被凸轮轮廓推动，以一定运动规律由离回转中心最近位置 A 到达最远位置 B' 这个过程称为推程。这时它所走过的距离 h 称为从动件的升程，而与推程相对应的凸轮转角 δ_0 称为推程运动角。

当凸轮继续回转 δ_{01} 角度时，以 O 点为中心的圆弧 BC 与尖顶相作用，从动件在最远位置停留不动，δ_{01} 称为远休止角。

凸轮继续回转 δ_0' 角度时，从动件在弹簧力或重力作用下，以一定运动规律回到起始位置，这个过程称为回程，δ_0' 称为回程运动角。

当凸轮继续回转 δ_{02} 角度时，以 O 点为中心的圆弧 DA 与尖顶相作用，从动件在最近位置停留不动，δ_{02} 称为近休止角。当凸轮连续回转时，从动件重复上述运动。

如果以直角坐标系的纵坐标代表从动件位移 s，横坐标代表凸轮转角 δ（因通常凸轮等角速转动，故横坐标也代表时间 t），则可以画出从动件位移 s 与凸轮转角 δ 之间的关系曲线（图 3-55）。

由以上分析可知，从动件的位移线图取决于凸轮轮廓曲线的形状。也就是说，从动件的运动规律与凸轮的轮廓曲线一一对应，从动件的不同运动规律要求凸轮具有不同的轮廓曲线。

下面介绍几种常用从动件运动规律。

1. 等速运动规律

从动件推程做等速运动时，其位移线图为一斜直线，速度线图为一水平直线（图 3-56）。运动开始时，从动件速度由零突变为 v_0，理论上该处加速度 a 趋近 $+\infty$；同理，运动终止时，速度由 v_0 突变为零，a 趋近 $-\infty$（材料有弹性变形，实际上不可能达到无穷大）。由此产生的巨大惯性力导致强烈冲击。这种强烈冲击称为刚性冲击，会造成严重危害。因此，等速运动规律不宜单独使用，运动开始和终止段必须加以修正。

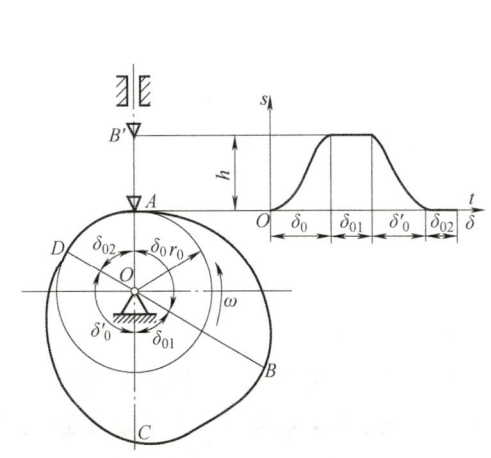

图 3-55　凸轮轮廓与从动件位移线的关系

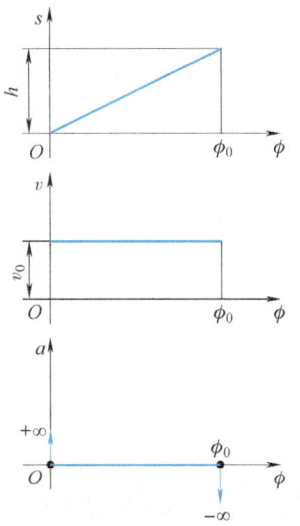

图 3-56　等速运动规律

2. 等加速运动规律

从动件在一个升程 h 中，前半段做等加速运动，后半段做等减速运动，其加速度的绝对值相等且为一常数。它的特点：加速度曲线有突变，加速度的变化率是一个常数，称为柔性冲击。等加速运动规律适应于中速轻载场合，如图 3-57 所示。

3. 简谐运动规律（余弦加速度运动规律）

点在圆周上匀速运动时，它在这个圆的直径上的投影所构成的运动称为简谐运动。简谐运动规律如图 3-58 所示。把从动件的行程 h 作为直径画半圆，将此半圆分为若干个等份（图中为 6 等分）。再把凸轮推程运动角 φ 也分成相同的等份，并作垂直线，然后将圆周上的等分点投影到相应的垂直线上。用光滑曲线连接这些点，便得到简谐运动的位移线图。

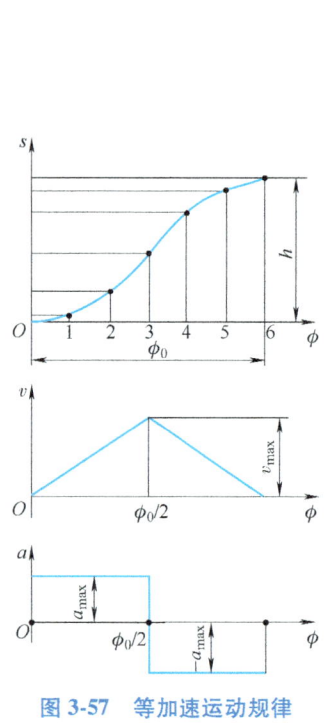

图 3-57 等加速运动规律

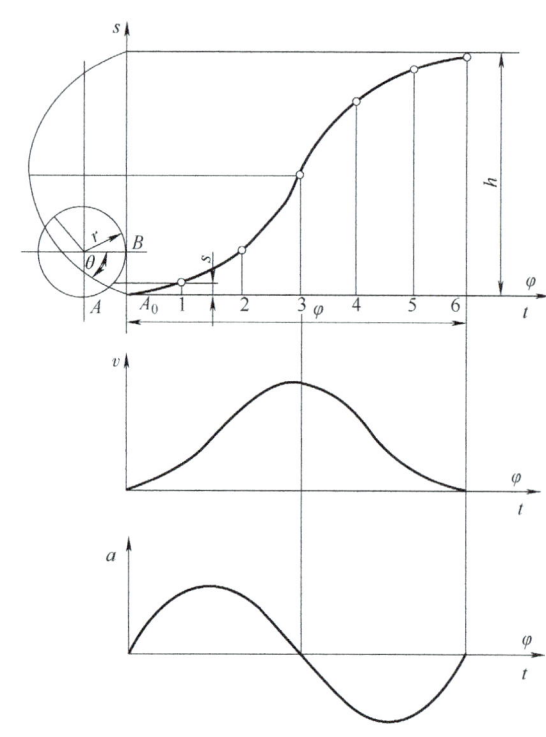

图 3-58 简谐运动规律

由图 3-58 中的加速度线图可见，简谐运动规律在运动开始和运动终止时，加速度数值有突变，导致惯性力突然变化而产生冲击。但是此处加速度的变化量和冲击都是有限的。这种加速度有限的冲击称为软冲击，软冲击在高速状态下影响较小。因此，简谐运动规律适用于中、高速凸轮机构。

【知识拓展】

我的"中国心"——发动机

近年来，随着科技的迅猛发展和国家战略的有力推动，中国在发动机技术领域取得了令人瞩目的成就，不仅打破了长期以来西方国家的技术封锁，更是在某些领域取得了领先地位，这无疑是中国科技进步和工业升级的重要标志之一。

首先，中国在航空发动机技术上的突破，尤其是在军用和民用高性能发动机领域的成就，标志着中国已经加入了世界航空发动机技术的第一梯队。通过自主研发和国际合作，中国成功破解了多项核心技术难题，如单晶涡轮叶片技术、复合材料应用技术等。这些技术的突破极大提高了发动机的性能和可靠性，使中国在这一领域的竞争力大幅提升。

其次，在船用和工业用大型发动机领域，中国同样取得了显著成就。依托国内外市场需求的强大推动，中国企业加大了研发投入。通过技术创新和模式创新，不断提升产品的性能和质量，成功打入了国际市场。特别是在某些特定技术领域，如低速大功率柴油发动机技术，中国已经具备了世界领先的设计和制造能力，部分产品的性能甚至超过了国际同行。

在新能源发动机技术方面，中国的进步同样不容小觑。面对全球能源结构的转型和环境保护的需求，中国积极推动发动机技术的绿色转型，大力发展纯电动汽车、插电式混合动力（含增程式）汽车燃料汽车等新能源汽车。通过政策扶持和市场培育，中国的新能源汽车产业迅速发展，不仅在国内市场取得了领先地位，也在国际市场上也展现了强大的竞争力。中国的混合动力汽车发动机技术和氢燃料电池技术正在向更高效率、更低成本的方向迅速发展，为全球新能源汽车的普及和发展做出了重要贡献。

除了技术进步，中国在发动机制造和测试能力上的提升也是值得一提的亮点。通过引进国际先进的制造设备和管理经验，以及加强自主研发和创新，中国的发动机制造业已经实现了从追赶到并行的跨越。在一些关键技术和高端产品上，中国已经能够实现自主生产，满足国内外市场的需求。

【实践训练】

仪器设备及工具准备

设备：可变气门正时和升程电子控制系统（VTEC）发动机、连续可变气门正时（CVVT）发动机、双可变气门正时（DVVT）发动机三款发动机凸轮轴。

操作注意事项

1）实训前检查零部件。
2）实训结束后将零部件组装完好，并清理场地。

实训内容

根据教师指导和所学知识，认真观察汽车发动机凸轮轴的结构，识别并说明 VTEC、CVVT、DVVT 等不同机构的凸轮轴结构的不同，然后记录下来。

学院		专业		班级	
姓名		学号		日期	
指导教师					
作业前准备记录					
零部件		优点		区别	
VTEC 发动机凸轮照片粘贴					

(续)

零部件	优点	区别
CVVT 发动机凸轮照片粘贴		
DVVT 发动机凸轮照片粘贴		

【评价反馈】

评价项目	评价标准	分值	得分
知识准备	熟知汽车凸轮机构	10	
	熟知汽车凸轮机构的分类	10	
	熟知凸轮机构的运动分析	10	
知识拓展	养成自主学习的习惯，养成良好职业习惯	20	
实践训练	实训前不检查实训车辆情况，实训结束后未清理场地，扣5分	5	
	发动机凸轮机构认知错误一处扣5分	10	
	发动机凸轮机构优点漏写错误一处扣5分	20	
	工单填写，填写记录字迹潦草或不完整，扣5分	5	
综合表现	能与同学密切合作，积极实践，安全地完成学习活动，具备严谨规范的工作作风	10	
	合计	100	

教师评语：

日期： 年 月 日

【课后测评】

一、填空题

1. 凸轮机构主要是由_____、_____和固定机架 3 个基本构件所组成。

2. 从动杆与凸轮轮廓的接触形式有_____从动杆、_____从动杆和平底从动杆3种。
3. 以凸轮的理论轮廓曲线的最小半径所做的圆称为凸轮的_____。
4. 从动件的运动规律决定凸轮的_____。
5. 等速运动凸轮在速度换接处，从动杆将产生_____冲击，引起机构强烈的振动。

二、选择题

1. 凸轮机构的移动式从动杆能实现____。
   A. 匀速、平稳的直线运动　　　B. 简谐直线运动
   C. 各种复杂形式的直线运动　　D. 各种摆动
2. 凸轮与从动件接触处的运动副属于____。
   A. 高副　　　B. 转动副　　　C. 移动副　　　D. 螺旋副
3. 要使常用凸轮机构正常工作，必须使凸轮____。
   A. 做从动件并匀速转动　　　B. 做主动件并变速转动
   C. 做主动件并匀速转动　　　D. 做主动件并变速移动
4. 在要求____的凸轮机构中，宜使用滚子式从动件。
   A. 传力较大　　B. 传动准确、灵敏　　C. 转速较高　　D. 高速重载
5. ____的凸轮机构，宜使用尖顶从动件。
   A. 需传动灵敏、准确　　　B. 运动规律复杂
   C. 转速较高　　　　　　　D. 传力较大

三、判断题

1. 凸轮机构广泛应用于机械自动控制。（　）
2. 凸轮与从动件在高副接触处，难以保持良好的润滑而易磨损。（　）
3. 圆柱凸轮机构中，凸轮与从动杆在同一平面或相互平行的平面内运动。（　）
4. 凸轮机构的等加速等减速运动，是从动杆先做等加速上升，然后再做等减速下降完成的。（　）
5. 凸轮压力角指凸轮轮廓上某点的受力方向和其运动速度方向之间的夹角。（　）
6. 凸轮机构的滚子半径越大，实际轮廓越小，则机构越小且轻，所以设计滚子半径应尽量大。（　）
7. 凸轮的基圆半径越大，压力角越大。（　）
8. 压力角的大小影响从动件的运动规律。（　）

四、名词解释

1. 凸轮
2. 凸轮压力角

单元4　间歇运动机构

单元描述：

汽车驻车制动系统的内部装有棘轮和棘爪的棘轮机构，俗称手刹系统。驻车制动手柄也有一个拉动的行程。通常规定，当手柄提拉到整个行程的70%时，驻车制动系统就应该处于正常的制动位置了，这个工作位置可以通过数棘轮的响声来确定。棘轮机构保证了汽车驻车系统的正常运转，因此了解并研究棘轮机构的运动规律，对于汽车专业课程的学习至关重要。

> 素养目标：

1) 培养学生自主探究、团结协作、勇于创新的意识。
2) 培养学生的敬业精神。

> 知识目标：

1) 理解棘轮机构、槽轮机构和不完全齿轮机构的分类和特点。
2) 理解棘轮机构、槽轮机构和不完全齿轮机构的工作原理。

> 技能目标：

1) 能识别间歇运动机构的组成和类型，并能举出在汽车和生活中的应用实例。
2) 能分析棘轮机构、槽轮机构和不完全齿轮机构的工作过程。

【知识准备】

一、棘轮机构

1. 棘轮机构的工作原理和类型

图 3-59a 所示为外啮合棘轮机构，主要由棘轮、驱动棘爪、制动棘爪等组成。摇杆空套在与棘轮固连的传动轴上，并与驱动棘爪用转动副相连，在曲柄的驱动下做往复摆动。片簧用来使制动棘爪和棘轮保持接触。当摇杆做逆时针方向摆动时，驱动棘爪便插入棘轮的齿槽中，使棘轮跟着转过一定的角度，此时，制动棘爪在棘轮的齿背上滑动。当摇杆顺时针方向转动时，制动棘爪阻止棘轮向顺时针方向转动，驱动棘爪在棘轮齿背上滑动，这时棘轮便静止不动。这样，当摇杆做连续的往复摆动时，棘轮便做单向的间歇运动。图 3-59b 所示为内啮合棘轮机构。

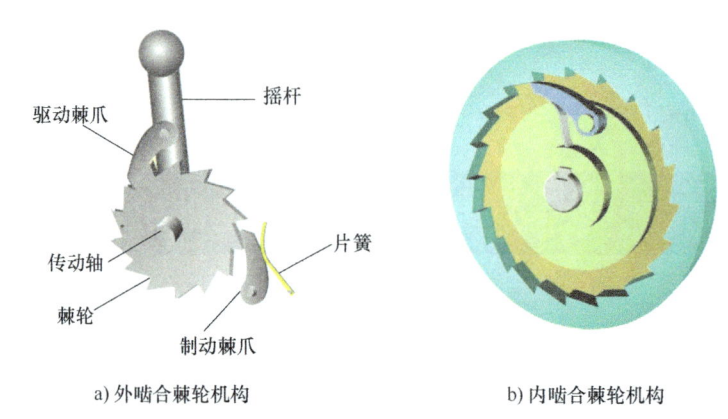

a) 外啮合棘轮机构　　　b) 内啮合棘轮机构

图 3-59　棘轮机构

棘轮机构

若要使棘轮得到双向间歇运动，则棘轮轮齿可制成矩形，而棘爪制成可翻转的形式，如图 3-60a 所示。图 3-60b 所示为另一种可变向棘轮机构。

若要使摆杆来回摆动时都能驱动棘轮向同一方向转动，则可采用如图 3-61 所示的双动式棘轮机构。此种机构的棘爪可制成直的（图 3-61a）或钩状（图 3-61b）。

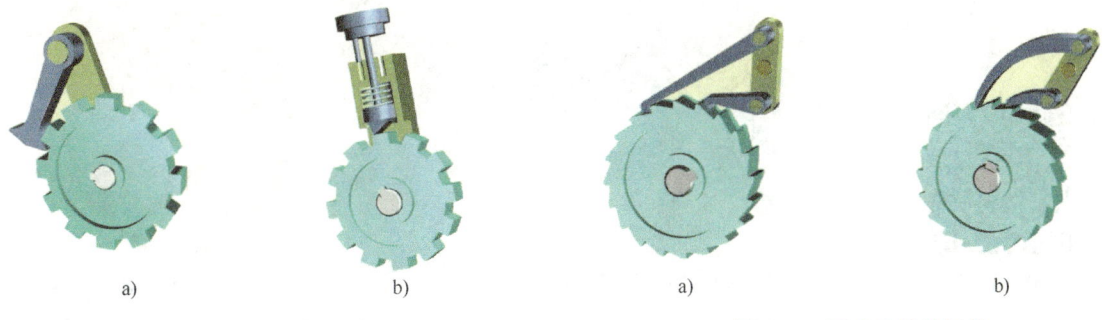

　　a)　　　　　　　　b)　　　　　　　　　　　a)　　　　　　　　b)

图 3-60　可变向棘轮机构　　　　　　　　图 3-61　双动式棘轮机构

上述棘轮机构中，棘轮的转角都是相邻齿所夹中心角的倍数。也就是说，棘轮的转角是有级性改变的。如果要实现无级性改变，就需要采用无棘齿的棘轮。图 3-62 所示的棘轮机构中是通过棘爪与棘轮之间的摩擦力来传递运动的，故又称为摩擦式棘轮机构。摩擦式棘轮机构的优点是噪声小，不会有轮齿式棘轮的"嗒嗒"声，并且它的转角可以无级调整；缺点是其接触面容易发生滑动，导致传动不准确。

2. 棘轮机构的应用

棘轮机构的优点是结构简单，转角大小调节方便，缺点是传动力不大，且传动平稳性差，只适用于转速不高的场合，如各种机床中的进给机构。棘轮机构的另一个典型应用是能实现超越运动。图 3-63 所示为自行车后轴的内齿式双棘爪结构，其中棘轮与链轮固连，棘爪与车轮固连。脚踏的转动通过链条传递给后轴链轮，链轮带动棘轮同步旋转，棘轮通过棘爪驱动后轮，从而使自行车前进。如果保持脚踏板不动，后车轮便会超越链轮而转动，此时棘爪在棘齿背上滑过，发出"嗒嗒"声，驱动力无法由车轮传递到脚踏板。

图 3-62　摩擦式棘轮机构　　　　　　　　图 3-63　内齿式双棘爪结构

二、槽轮机构

槽轮机构也是一种间歇运动机构。它由槽轮、拨盘等组成，如图 3-64 所示。具有圆销的拨盘是主动件，具有径向槽的槽轮是从动件。当拨盘做连续回转时，圆销进入从动槽轮的径向槽，拨动槽轮转动；当圆销由径向槽滑出时，槽轮即停止运动。为了使槽轮具有精确的间歇运动，当圆销脱离径向槽时，拨盘上的锁止弧应恰好卡在槽轮的凹圆弧上，迫使槽轮停止运动，直到圆销再次进入下一个径向槽时，锁止弧脱开，槽轮才能继续回转。

对于外啮合的槽轮机构，槽轮转向与拨盘的转向相反。内啮合的槽轮机构，槽轮与拨盘的转向相同（图3-65）。

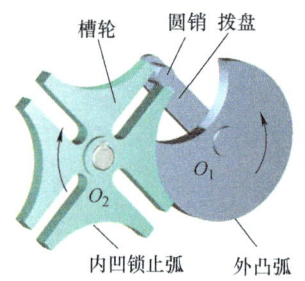
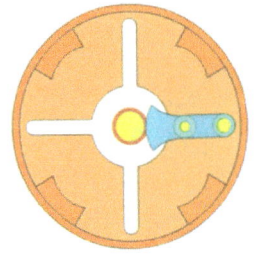

槽轮机构　　　　　图3-64　外啮合槽轮机构　　　　　图3-65　内啮合槽轮机构

槽轮结构简单、尺寸小、传动平稳、效率高，适用于柔性冲击的中低速场合。图3-66是将槽轮机构应用于电影放映机构。图3-67是将槽轮机构应用于刀架转位机构。

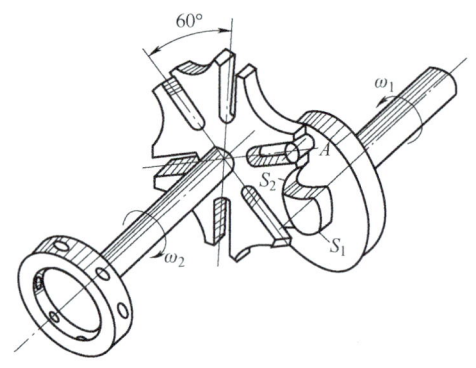

图3-66　电影放映机构　　　　　　　　图3-67　刀架转位机构

三、不完全齿轮机构

不完全齿轮机构

不完全齿轮机构是在普通渐开线齿轮的基础上演化而来的，不同之处在于轮齿没有布满整个圆周。它分为外啮合和内啮合两种类型，分别如图3-68a和图3-68b所示，外啮合机构中，主动件和从动件转向相反；内啮合机构中，则转向相同。图3-68c是不完全齿轮齿条机构。

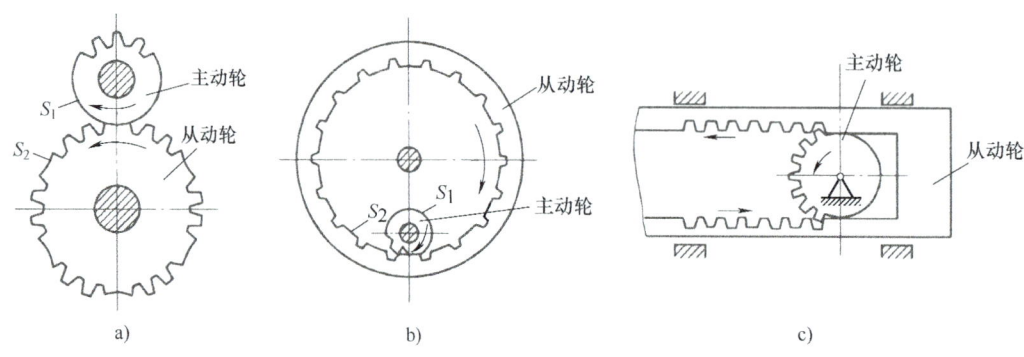

图3-68　不完全齿轮机构

不完全齿轮机构的优点是结构简单、制造方便，不完全齿轮机构常用于计数器、多工位自动化机械中。在不完全齿轮机构中，主动轮只有一个或几个齿，从动轮上具有多个与主动轮啮合的轮齿和锁止弧，从而把主动轮的连续旋转转化为从动轮的间歇运动。不完全齿轮机构可以方便地设计从动轮的静止时间和运动时间，但其从动轮在运动与静止之间转化时有严重的冲击和振动，所以只能用于低速轻载的场合。

【知识拓展】

国产混动汽车变速器的"弯道超车"

新能源汽车进入电气化时代，国内各大汽车企业找到了传动领域"弯道超车"的新路径：汽车能不能不要传统变速器呢？答案是，行！

在混动汽车专用型发动机的基础上，可以直接通过发动机和驱动电机的机电耦合、功率分流，来实现车辆动力和车速的灵活控制。这种混动设计思路与方案，不光相比纯燃油汽车有着更低的油耗，还直接跨过了传统燃油汽车变速器的门槛。

电动机驱动，为什么不需要变速器？因为在零负载状态下，电动机的输出功率（转速/转矩）完全可以由动力蓄电池给予的输入功率线性控制，在全速域都可以更自由地控制转速和转矩的转化。

2021年以来，比亚迪DM-i、长城柠檬DHT、吉利雷神Hi·X、奇瑞鲲鹏DHT、广汽传祺2.0TM+THS纷纷发布，它们都有一个共同点：没有独立变速器！这让国产燃油汽车在变速器领域一直以来的痛点得以解决，国产车终于不需要独立的变速器，也能做出响当当的硬核好车，实现"弯道超车"。

【实践训练】

仪器设备及工具准备
设备：汽车整车。

操作注意事项
1）实训前检查车辆情况。
2）实训结束后组装完好，并清理场地。

实训内容
根据教师指导和所学知识，请认真观察汽车驻车制动系统，请上车实地操作一下并分析其能实现制动的工作原理。

学院		专业		班级	
姓名		学号		日期	
指导教师					
作业前准备记录					
步骤	操作方法	操作示意图			
拉动驻车制动手柄	将驻车制动手柄提拉到整个行程的70%				

（续）

步骤	操作方法	操作示意图
分析工作原理	查阅驻车制动系统结构图，分析其能实现制动的工作原理	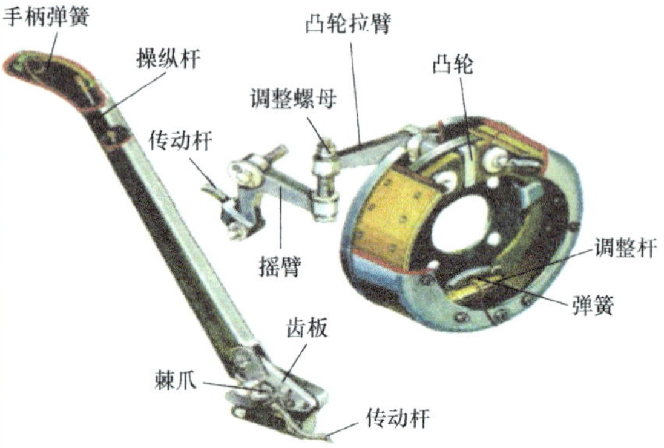 （图：手柄弹簧、操纵杆、传动杆、摇臂、齿板、棘爪、凸轮拉臂、凸轮、调整螺母、调整杆、弹簧、传动杆）

【评价反馈】

评价项目	评价标准	分值	得分
知识准备	熟知棘轮机构、槽轮机构的组成及工作原理	10	
	熟知各种间歇机构的特点和应用	10	
	熟知凸轮机构的运动分析	10	
知识拓展	养成自主学习的习惯，养成良好职业习惯	20	
实践训练	实训前不检查实训车辆情况，实训结束后未清理场地，扣5分	5	
	汽车驻车制动系统操作错误一处扣5分	10	
	驻车系统制动工作原理分析错误一处扣5分	20	
	工单填写，填写记录字迹潦草或不完整，扣5分	5	
综合表现	能与同学密切合作，积极实践，安全地完成学习活动，具备严谨规范的工作作风	10	
	合计	100	

教师评语：

日期：　　年　　月　　日

【课后测评】

一、填空题

1. 棘轮机构主要由_____、_____、_____、机架、弹簧和制动爪组成。
2. 棘轮机构按棘轮的运动方向可分为_____机构和_____机构。
3. 棘轮机构通常用_____和_____的方法调节棘轮转角的大小。
4. 凸轮式间歇运动机构主要用于传递轴线_____的两部件间的间歇运动。

二、选择题

1. 棘轮机构的主动件是做（　　）运动的。
   A. 等速旋转　　　　B. 等速摆动　　　　C. 往复摆动　　　　D. 直线往复
2. 调整棘轮转角的方法之一是（　　）。
   A. 调整摇杆的长度　B. 调整摇杆的摆角　C. 调整遮板的位置　D. 增加棘轮齿数
3. 自行车后轴上俗称的"飞轮"是（　　）机构。
   A. 棘轮　　　　　　B. 槽轮　　　　　　C. 不完全齿轮　　　D. 凸轮式间歇
4. 下列棘轮机构特点中，不正确的是（　　）。
   A. 传递的动力大　　　　　　　　　　　B. 结构简单
   C. 运动可靠　　　　　　　　　　　　　D. 棘轮转角在很大范围内可调

三、判断题

1. 棘轮机构的主动件在任何时候也不能变成从动件。（　　）
2. 棘轮机构必须具有止回棘爪（制动棘爪）。（　　）
3. 单向式棘轮机构中，棘轮的齿形是对称形的。（　　）
4. 棘轮机构多用于机床及自动机械的进给机构上。（　　）

四、名词解释

棘轮运动机构

模块 4

汽车常用传动机构

单元 1 带 传 动

单元描述：

在发动机上，可以通过带传动驱动各种辅助设备运转，例如空调的压缩机、动力转向油泵、交流发电机等。如果传动带断裂了，或者出现了打滑，都将使相关的辅助设备丧失功能，或使其性能下降，从而影响到汽车的正常使用。通过本单元的学习，掌握带传动的类型和特点，掌握带传动的调试和维护方法，为继续学习汽车发动机原理与构造、汽车制造、汽车维护等课程打下坚实的基础。

素养目标：

1）提升学生职业技能、职业素养。
2）培养学生分析、解决生产实际问题的能力。

知识目标：

1）掌握带传动的类型和特点。
2）能正确分析带传动的常见失效形式。
3）掌握带传动的张紧、安装和维护方法。

技能目标：

1）能判断发动机中传动带是否需要更换。
2）能正确识别发动机中的传动带。

【知识准备】

一、带传动概述

带传动（图 4-1）是一种应用广泛的机械传动，通过中间挠性件（带）传递运动和动力，适用于要求传动平稳、传动比要求不严格的中、小功率且两轴中心距较大的场合，带传动结构简单，成

a)

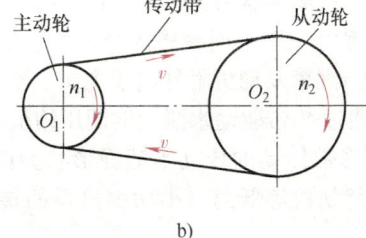

b)

图 4-1 带传动

带传动

本低廉。带的工作速度一般为 5~30m/s，传动比 $i \leqslant 7$，机械效率 η 为 0.94~0.96。

二、带传动的分类与应用

1. 按照传动原理来分类

按照传动原理来分类，可分为摩擦式带传动与啮合式带传动。

（1）摩擦式带传动　摩擦传动依靠传动带与带轮接触表面之间的摩擦力来实现运动和动力的传递。这类传动过载时打滑，能防止机件损坏，但传动精度不够准确，传动效率较低，轴和轴承受力较大，如图 4-2a 所示。

（2）啮合式带传动　啮合式带传动依靠带内侧凸齿或孔与带轮外缘上的齿槽相啮合来实现传递运动和动力的目的。这类传动能避免打滑，平均传动比准确，但对制造安装精度要求较高，如图 4-2b 所示。

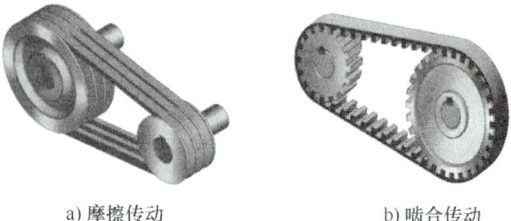

a) 摩擦传动　　　b) 啮合传动

图 4-2　带传动类型

2. 按照带的横截面形状不同分类

按照带的横截面形状不同分类，摩擦式带传动可以分为平带传动、V 带传动、圆形带传动、多楔带传动等。

（1）平带传动　平带的截面形状为矩形，如图 4-3a 所示。带轮轮面相接触的内表面为工作面，主要用于两轴平行、转向相同的较远距离的传动。

平带相较于 V 带较薄，挠曲性和扭转性好，因而适用于高速传动、平行轴间的交叉传动或交错轴间的半交叉传动。老式汽车发动机制冷设备的冷却风扇常和发动机一起由曲轴带轮通过平带驱动，如图 4-4 所示。近年来，平带传动的应用已大为减少，但在多轴传动或高速情况下仍然具有很好的效果。

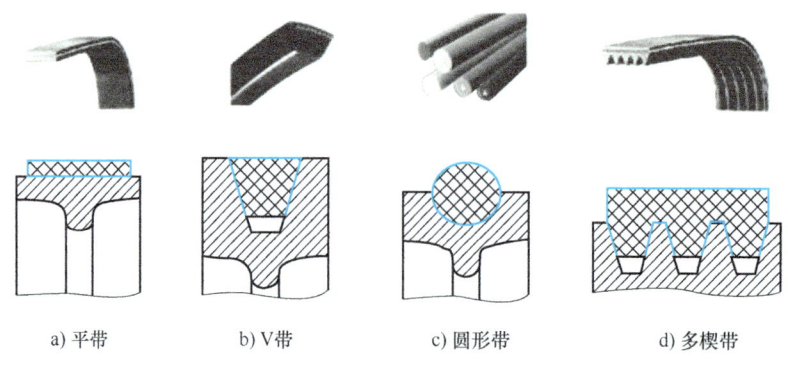

a) 平带　　　b) V 带　　　c) 圆形带　　　d) 多楔带

图 4-3　带的类型

（2）V 带传动　V 带的截面形状为梯形，如图 4-3b 所示。V 带传动以与轮槽相接触的两侧面为工作面，接触面上的摩擦力大于平面摩擦的摩擦力。所以，V 带传动能力强，结构更紧凑，在机械传动中应用更为广泛。汽车发动机附件（发电机、空调压缩机和水泵）常采用两根 V 带驱动，图 4-5 所示的发动机曲轴通过 V 带驱动水泵、空调压缩机和发电机。

（3）圆形带传动　圆形带传动的传动带截面形状为圆形，如图 4-3c 所示。其传递能力较小，即传动功率不大，仅用于缝纫机等低速、小功率机器的传动，试验装置的圆形带传动如图 4-6 所示。圆带一般用皮革制成。

（4）多楔带传动　多楔带传动的特点是在平带的基体下做出很多纵向楔，带轮也做出相应的环形轮槽，如图 4-3d 所示。多楔带轻而薄，工作时弯曲应力和离心应力都小，可使用较小的带轮，减小了传动机构的尺寸。由于多楔带有较大的横向刚度，可用于有冲击载荷的传动。其缺点是制造和安装精度要求较高。多楔带传动相当于平带与多根 V 带的组合，兼有两者的优点，多用于结构要求紧凑的大功率传动中，在汽车中也很常用。图 4-7 所示为汽车发电机传动带。

图 4-4　带传动

图 4-5　发动机上的 V 带传动

图 4-6　试验装置的圆形带传动

图 4-7　汽车发电机传动带

3. 按照带的啮合方式不同分类

按照带的啮合方式不同分类，啮合式带传动可以分为齿孔带传动和同步带传动。

（1）齿孔带传动　齿孔带上的孔与轮上的齿相啮合，可避免带与带轮之间的相对滑动，其主要用于需要精确传动比的场合，如图 4-8 所示。

（2）同步带传动　同步带传动是靠传动带与带轮上的齿相互啮合来传递运动和动力的，如图 4-9 所示。同步带除保持了摩擦式带传动的优点外，还具有传递功率大、传动比准确等优点，多用于要求传动平稳、传动精度较高的场合。例如，在比亚迪、奇瑞、长城等汽车发动机曲轴与凸轮轴间的传动（正时传动）均采用同步带传动，图 4-10 所示为比亚迪 F3 发动机同步带传动。

图 4-8　齿孔带传动

图 4-9　同步带传动

图 4-10　比亚迪 F3 发动机
同步带传动

三、带传动的失效形式

带传动工作时，其主要失效形式有打滑、带的疲劳破坏两种（图 4-11）。

a) 打滑　　　　　　　　　　b) 疲劳破坏

图 4-11　带传动的失效形式

（1）打滑　带传动是靠摩擦力工作的。当初拉力 F_0 一定时，带与带轮接触面间摩擦力的总和有一极限值。当传递的有效圆周力 F 的值超过了带与带轮间的极限摩擦力时，带将在带轮轮面上发生显著的滑动，即发生打滑。打滑将使带传动失效，并会加剧带的磨损，应予以避免，但打滑也可以起到保护其他零件的作用。

（2）带的疲劳破坏　带传动工作时，传动带所受到的应力是交变应力。带在交变应力状态下工作，当应力循环次数达到一定值时，带将发生疲劳破坏，如脱皮、撕裂和拉断，从而使传动失效。

四、带传动的张紧、安装和维护

1. 带传动的张紧装置

带传动工作一段时间后，由于带受长期拉力的作用，会产生塑性变形而松弛，故张紧力随之减小，使其传动能力减低。为保证带传动正常工作能力，应定期检查传动带的张紧力。汽车发动机中的带传动常用的张紧方式是采用张紧轮，如图 4-12 所示。张紧轮一般安装在松边内侧靠近大带轮处，以免减小带轮的包角。

2. 带传动的安装与维护

正确的安装和维护是保证带传动正常工作、延长传动带使用寿命的有效措施，汽车带传动的安装及维护应注意以下几点。

1）安装发动机中传动带时，两带轮的轴线必须保持平行。各带轮端面的中心线，V 带轮、多楔带轮的对应轮槽中心线均应共面且与轴线垂直，否则传动带会被扭曲和加速磨损，降低传动带的寿命，两带轮的相对位置如图 4-13 所示。

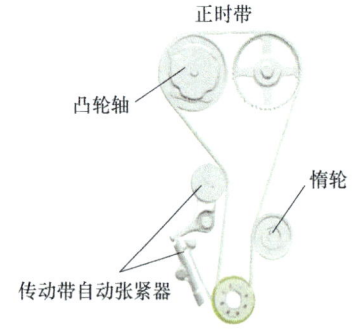

图 4-12　张紧轮方式

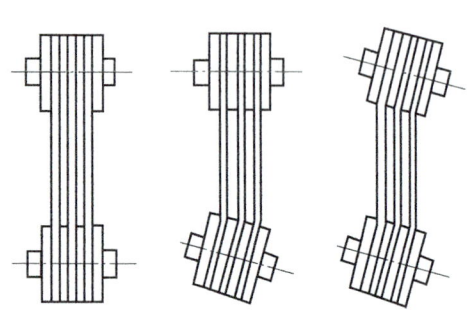

图 4-13　两带轮的相对位置

2）要保证 V 带在轮槽中的正确位置，过高（会使得带与带轮之间的接触面面积不够）和过低（会变成平带传动）都不利于传动带的正常工作。

3）同组使用的 V 带应型号相同、长度相等，不同厂家生产的 V 带、新旧 V 带不能混用。

4）要定期对传动带进行检查，如有一根松弛或损坏，则需更换所有的传动带，不能新、旧传动带并用，避免因传动带的长短不一而受力不均。

【知识拓展】

低碳循环发展　创新引领未来——国际首创生物基衣康酸酯橡胶

传动带最初是由皮革制造的，19 世纪中叶为橡胶所取代。半个多世纪以来，橡胶已由天然橡胶发展到合成橡胶。合成橡胶因其高弹性、绝缘性、气密性、耐油、耐高温或低温等性能，在工农业、国防、交通及日常生活中有广泛的应用。

随着我国产业向高端化、绿色化发展，我国的橡胶生产企业聚焦产业链转型升级需求，以实体经济为支撑，布局新材料领域高端发展，开展先进生产工艺和绿色技术的研发创新。通过低温乳液聚合技术制备的生物基衣康酸酯橡胶，是国际首创的生物基合成橡胶品种，生物基碳含量为 20%~100%。相比传统石油基合成橡胶，每生产 1t 生物基衣康酸酯橡胶产品可减少 CO_2 排放约 1.4t，助力国家"双碳"目标的实现。

目前国内橡胶生产龙头企业已建成多条千吨级生物基衣康酸酯橡胶示范生产线，助力轮胎、传动带、劳保手套等领域绿色低碳发展。如橡胶生产龙头企业京博生产制备的世界首条生物基橡胶传动带，以绿色原料的全链条应用，持续推进全生产过程绿色化。可再生生物基材料的使用可减少下游产品碳足迹，实现高质量发展。生物基衣康酸酯橡胶如图 4-14 所示。

图 4-14　生物基衣康酸酯橡胶

【实践训练】

仪器设备及工具准备

1）设备：汽车发动机。

2）工具：发动机拆装工具套装、扭力扳手等。

操作注意事项

1）实训前检查车辆情况。

2）在示教发动机实物上，观察发动机正时带及其他带传动机构工作传动路线并对带传动机构进行拆装与调试。

3）实训结束后组装完好零部件，并清理场地。

实训内容

根据教师指导和所学知识，正确识别汽车上的带传动机构，然后记录下来。

学院		专业		班级	
姓名		学号		日期	
指导教师					
作业前准备记录					
辅助设备		带传动类型		特点	
发动机散热器冷却风扇 					
空调压缩机 					
水泵 					
动力转向油泵 					

（续）

辅助设备	带传动类型	特点
交流发电机 		

【评价反馈】

评价项目	评价标准	分值	得分
知识准备	熟知发动机带传动的位置	10	
	熟知发动机带传动类型	10	
	熟知发动机带传动装置作用	10	
知识拓展	养成自主学习的习惯，养成良好职业习惯	15	
实践训练	不穿工作服扣 5 分	5	
	实训前不检查实训车辆情况，实训结束后未清理场地，各扣 5 分	10	
	传动带类型识别，每错误一项扣 5 分	20	
	工单填写，填写记录字迹潦草，扣 5 分	5	
	工单填写，填写记录不完整，每项扣 5 分	5	
综合表现	能与同学密切合作，积极实践，安全地完成学习活动，具备严谨规范的工作作风	10	
	合计	100	

教师评语：

日期： 年 月 日

【课后测评】

一、填空题

1. 带传动是以_____作为中间挠性件，靠摩擦力传递运动和动力的一种摩擦传动。
2. 在一般机械传动中，应用最广的带传动是_____。
3. V 带传动是靠带与带轮接触面间的_____力工作的，V 带的工作面是_____面。
4. 带传动中，传动带横截面内的最大拉应力发生在_____；带传动的打滑总是发生在_____。
5. 带传动的最常见的失效形式为_____、_____。

二、选择题

1. 平带可采用（　　）式传动。
   A. 交叉　　　　　　　　B. 半交叉　　　　　　　C. 开口　　　　　　　　D. 前三者中任意形式
2. 在V带传动中，张紧轮应置于（　　）内侧且靠近（　　）处。
   A. 紧边；小带轮　　　　B. 紧边；大带轮　　　　C. 松边；小带轮　　　　D. 松边；大带轮
3. 一组V带中，有一根不能使用了，应（　　）。
   A. 更换掉快要不能用的　　　　　　　　　　　B. 全组更换
   C. 将不能用的更换掉　　　　　　　　　　　　D. 继续使用，直到所有传动带全部失效
4. 带传动正常工作时不能保证准确的传动比是因为（　　）。
   A. 带的材料不符合胡克定律　　　　　　　　　B. 带容易磨损
   C. 带在带轮上打滑　　　　　　　　　　　　　D. 带是弹性体，会导致弹性滑动
5. 带传动中，选择V带的型号是根据（　　）。
   A. 小带轮直径　　　　　　　　　　　　　　　B. 转速
   C. 计算功率和小带轮转速　　　　　　　　　　D. 传递功率

三、简答题

1. 带传动的主要类型有哪些？各有何特点？
2. 带传动的主要失效形式有哪些？
3. 带传动的弹性滑动和打滑是怎样产生的？它们对传动有何影响？是否可以避免？
4. V带修理、更换时，应注意什么？
5. 带传动为什么要张紧？常用的张紧方法有哪几种？在什么情况下使用张紧轮？

单元2　链　传　动

单元描述：

发动机上各种辅助设备（空调器压缩机、动力转向油泵、交流发电机等）的运转，也可以通过链传动驱动。链传动虽然有结构简单、可靠性高等优点，但也需要定期地检查与维护，以确保其正常运行。通过本单元的学习，学生应能了解链传动的主要类型和特点，掌握链传动的工作原理，能够正确分析链传动失效形式且能进行调试和维护，为继续学习汽车发动机原理与构造、汽车制造、汽车维护与维修等知识打下坚实的基础。

素养目标：

1) 提升职业技能、职业素养。
2) 培养学生分析、解决生产实际问题的能力。

知识目标：

1) 了解链传动的主要类型、特点、标准及应用。
2) 掌握链传动的工作原理、传动能力及失效形式等基本知识。

技能目标:

1) 能判断发动机中链传动的类型。
2) 能对发动机中链传动进行拆卸、安装和调试。
3) 了解链传动维修标准与流程。

【知识准备】

一、链传动概述

链传动和带传动一样也是挠性传动,通过中间挠性件(链)来传递运动和动力。链传动兼有啮合传动和挠性传动的特点,传动功率大、工作可靠,主要用于两轴相距较远,工作条件恶劣,不宜采用带传动和齿轮传动的场合。

链传动由主动链轮、从动链轮和跨越在两链轮上的闭合链条组成。当主动链轮 1 旋转时,链条上链节与链轮轮齿的相互啮合传递运动和动力,如图 4-15 所示。

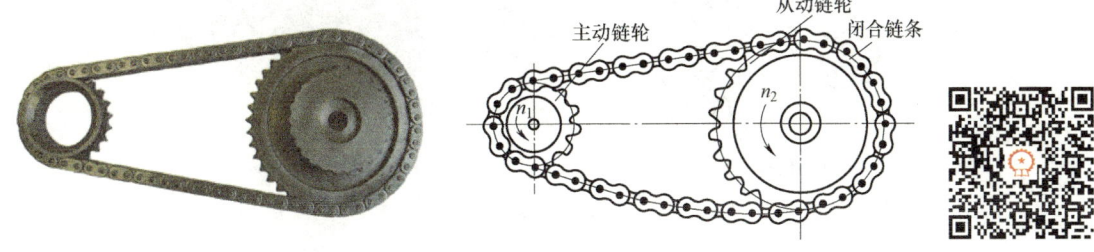

图 4-15 链传动　　　　　　　　　　　链传动

设链传动中主动链轮 1 的齿数为 z_1,转速为 n_1,从动链轮 2 的齿数为 z_2,转速为 n_2。在单位时间内两链轮转过的齿数 n_1z_1 和 n_2z_2 相等,即 $n_1z_1=n_2z_2$,则传动比

$$i=\frac{n_1}{n_2}=\frac{z_2}{z_1}$$

与带传动相比,链传动的优点是:
1) 没有滑动,能保持准确的平均传动比,可做两轴中心距较大的传动,结构轻便。
2) 链条安装时不需要很大的初拉力,故工作时作用在轴上的载荷较小,有利于延长轴承寿命。
3) 对工作条件要求较低,可在恶劣环境下(如高温、多尘、油污、潮湿、易燃及有腐蚀性等环境)可靠工作。
4) 传递功率较大,结构比较紧凑,维护方便。

链传动的主要缺点是:
1) 在两平行轴间只能用于同向回转的传动。
2) 传动平稳性差。运转时不能保持恒定的瞬时传动比,高速运转时不如带传动平稳,且噪声和振动大,磨损后易发生跳齿和脱链。
3) 急速反向转动的性能差,不宜在载荷变化很大和急速反向的传动中应用。

二、链传动的类型

链传动在汽车上主要用作发动机配气机构的正时链条,正时链条主要有滚子链、齿形链两种。

1. 滚子链

滚子链结构较简单、质量小、价格较便宜，已标准化，应用最广，产量最多，如图 4-16a 所示。滚子与套筒间、销轴与套筒间均为可进行相对运动的间隙配合，而套筒与内链板、销轴与外链板间则用过盈配合固定连接，这样可使链节与链轮啮合传动时，滚子在链轮的齿间滚动，以减少链与轮齿的磨损。链板一般制成 8 字形，使各个横截面接近等强度并减小链的质量和运动时的惯性力，滚子链外形如图 4-16b 所示。

当传递大功率时可采用双排链或多排链。多排链承载能力与列数成正比。但由于精度的影响，各列的载荷不易均匀分布，故列数不宜过多，一般最多为 4 排。滚子链的接头形式如图 4-17 所示，当链节数为偶数时，采用如图 4-17a 所示的开口销或图 4-17b 所示的弹簧卡来固定。当链节数为奇数时，需用一个过渡链节，如图 4-17c 所示。过渡链节的弯链板工作时受到附加弯曲应力，因此应尽量避免使用奇数链节。

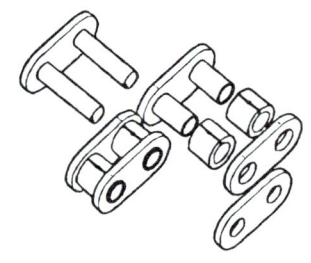
a) 滚子链结构

b) 滚子链外形

图 4-16　滚子链

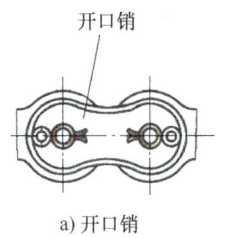
a) 开口销

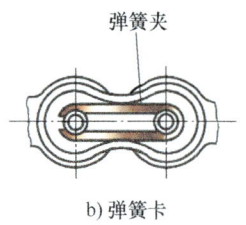
b) 弹簧卡

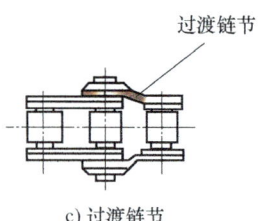
c) 过渡链节

图 4-17　滚子链接头形式

滚子链结构如图 4-18 所示，滚子链的基本参数有链节距 p、滚子外径 d_1，对于多排链还有排距 p_1。其中节距 p 是滚子链的主要参数，节距越大，链条中各部分的尺寸也越大，所能传递的功率也越大。

2. 滚子链链轮

链轮的齿形应能使链轮与链条接触良好、受力均匀，并使链节能顺利地进入和退出与轮齿的啮合。链轮的齿形已有国家标准，并用标准刀具以范成法加工。一般链轮用碳钢、灰铸铁制造，重要的链轮用合金钢制造，齿面要经过热处理，达到一定的硬度要求。小链轮的啮合次数多于大链轮，故小链轮的材料应优于大链轮。

链轮结构有实心式、孔板式、焊接式和组合式 4 种，见表 4-1。

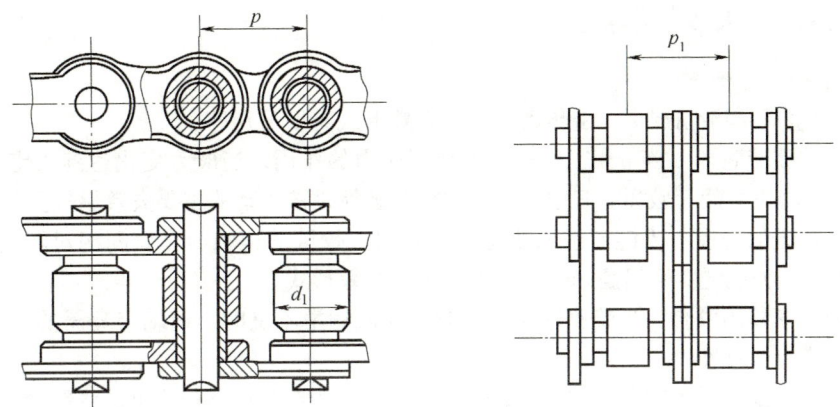

图 4-18 滚子链结构

表 4-1 链轮结构

结构类型	实心式	孔板式	焊接式	组合式
实物				
图例				

3. 齿形链

齿形链又称静音链，其外形如图 4-19 所示，其结构如图 4-20 所示。与滚子链相比，工作平稳、噪声较小、承受冲击载荷能力较强，但结构复杂、较重、价格较贵。常用于高速或运动精度要求较高的传动。

图 4-19 齿形链外形

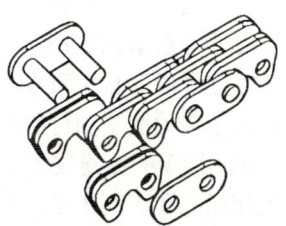

图 4-20 齿形链结构

4. 齿形链链轮

齿形链链轮结构可参照滚子链链轮结构。

三、链传动的失效与维护

1. 链传动的失效形式

在正常的安装和润滑情况下,链传动的主要失效形式有以下几种。

(1) 链板的疲劳破坏　链条在工作过程中受到应力的作用,当应力变化达到一定的循环次数后,链条各零件将发生疲劳破坏。其中,链板的疲劳破坏是链传动的主要失效形式。

(2) 链条铰链的磨损　当链节进入或退出啮合时,铰链的销轴与套筒间相对转动产生磨损,使链条的节距增大而脱链。磨损是开式链传动的主要失效形式。

(3) 销轴与套筒的胶合　当链速过高、载荷很大或润滑不良时,销轴与套筒的工作面上将发生胶合,导致链传动失效。

(4) 链条的拉断　重载或突然过载时,链条受到的拉力超过链条静强度,将被拉断。

2. 链传动的润滑

良好的润滑能缓和冲击、减少磨损、延长使用寿命。正时链条主要有以下两种润滑方式。

(1) 飞溅润滑　在密封容器中,甩油盘将油甩起,沿壳体流入集油处,然后引导至链条上。

(2) 压力润滑　油泵将油喷射至链轮与链条啮合处。

3. 链传动的张紧

链传动是靠链条和链轮的啮合传递运动和转矩的,不需要很大的张紧力。链传动张紧的目的是为了避免链条磨损后,链节距伸长而使松边产生振动、跳齿和脱链。发动机正时链条一般采用张紧器调整,如图 4-21 所示。

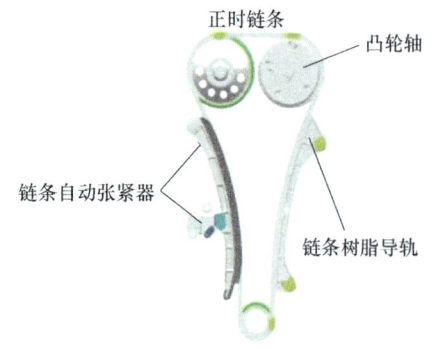

图 4-21　正时链条张紧器

【知识拓展】

中国风机传动链

我国风电产业不断加速升级,在飞速发展的背后,中国已经悄然形成了一条条完整的风电产业链。近年来,风电技术创新进入深水区,通过部件和系统深度融合,中国风电企业自研自制传动链运行表现远超行业平均水平,中国传动链的最高水平跻身全球风电供应链第一梯队,与国际厂商同台竞技。

风机中的传动链是把叶片动能转换为电能的关键装置,风机重大故障中机械传动链占比达到 30%;风机物料成本在机械传动链物料中占比达到 35%。而大风机的传动链需要有更高的发电效率,更高的可靠性,更低的成本、体积和重量。

2017 年前,国内风电行业长期被齿轮断齿、轴承滚道等质量问题所困扰。中国风电龙头企业远景成立自主研发传动链技术团队,解决了传动链基础材料的非金属夹杂问题;应用 EVA 检测技术,检测标准比欧洲最高标准还要高 1 倍。经过严格测试的传动链,同时又在制造运营过程中经受严格的质量管理,能确保 25 年生命周期的可靠性。远景 300m 叶片风机测试如图 4-22 所示。

图 4-22　远景 300m 叶片风机测试

【实践训练】

仪器设备及工具准备
设备：汽车水泵、机油泵、正时齿轮系统。

操作注意事项
1）各零部件应彻底清洗，用压缩空气吹干，油道孔保持畅通。
2）实训前检查车辆情况。
3）实训结束后组装好零部件并清理场地。

实训内容
根据教师指导和所学知识，正确认识汽车上各种辅助设备的链传动装置，然后记录下来。

学院		专业		班级	
姓名		学号		日期	
指导教师					
作业前准备记录					
辅助设备		链传动类型		特点	
水泵 					
机油泵 					
正时齿轮 					

【评价反馈】

评价项目	评价标准	分值	得分
知识准备	熟知发动机链传动的位置	10	
	熟知发动机链传动类型	10	
	熟知发动机链传动装置作用	10	
知识拓展	养成自主学习的习惯，养成良好职业习惯	15	
实践训练	不穿工作服扣 5 分	5	
	实训前不检查实训车辆情况，实训结束后未清理场地，各扣 5 分	10	
	链传动类型识别每错误一项扣 5 分	20	
	工单填写，填写记录字迹潦草，扣 5 分	5	
	工单填写，填写记录不完整，每项扣 5 分	5	
综合表现	能与同学密切合作，积极实践，安全地完成学习活动，具备严谨规范的工作作风	10	
	合计	100	

教师评语：

日期： 年 月 日

【课后测评】

一、填空题

1. 链传动一般应布置在_____平面内，尽可能避免布置在_____平面或_____平面内。

2. 在链传动中，当两链轮的轴线在同一平面时，应将_____边布置在上面，_____边布置在下面。

3. 当链节数为_____数时，必须采用过渡链节连接，此时会产生附加弯矩。

4. 链传动时，链条节数一般取偶数，其目的是为了_____。

5. 链传动张紧的目的是_____。

二、选择题

1. 链传动属于（ ）。
A. 两零件直接接触的啮合传动
B. 两零件直接接触的摩擦传动
C. 带有中间挠性件的摩擦传动
D. 带有中间挠性件的啮合传动

2. 链传动中，对高速、大功率传动场合，宜选用（ ）。
A. 小节距单排链　　　　　　　B. 小节距多排链
C. 大节距多排链　　　　　　　D. 大节距单排链

3. 对链传动进行人工润滑时，润滑油应加在（ ）。
A. 任意位置均可　　　　　　　B. 链条和链轮啮合处
C. 链条的松边上　　　　　　　D. 链条的紧边上

4. 链传动中，链节数最好取（　　）。
A. 偶数　　　　　　B. 奇数　　　　　　C. 链轮齿数的整数倍　D. 质数
5. 链磨损后将会导致（　　）。
A. 脱链　　　　　　B. 销轴的破坏　　　　C. 套筒的破坏　　　　D. 链板的破坏

三、简答题
1. 链传动与带传动相比有哪些优、缺点？
2. 链传动的主要失效形式有哪些？
3. 链传动有哪些类型？适用于汽车的是哪几种？
4. 汽车中哪些设备使用到链传动？

单元3　齿轮传动

单元描述：

齿轮传动是现代机械中广泛应用的一种传动形式，它主要用来传递空间任意两轴之间的运动和动力，并可改变转动速度和转动方向。汽车传动系统就是依靠齿轮传动实现了汽车动力的传递。一些车辆的转向系统也会用到齿轮传动装置。通过本单元的学习，学生应能掌握齿轮传动的类型和特点，了解齿轮传动的正确传动要求，掌握汽车中齿轮传动装置的使用和维护方法。

素养目标：

1) 培养创新意识。
2) 培养学生分析、解决生产实际问题的能力。

知识目标：

1) 了解齿轮传动装置常见失效形式。
2) 掌握齿轮传动的类型和特点。
3) 掌握齿轮传动在汽车传动系统中的应用。

技能目标：

1) 能根据齿轮传动状态判断是否需要维护或更换。
2) 能对齿轮传动装置进行正确的使用和维护。

【知识准备】

一、齿轮传动的概述

齿轮传动由主动齿轮、从动齿轮和支承件等组成，是通过轮齿间直接啮合来传递运动和动力的一种机械传动，在机械中应用非常广泛。

齿轮传动与其他机械传动相比具有以下特点。

优点：
1）能保证瞬时传动比的恒定，传动平稳性好，传递运动准确可靠。
2）传动效率高，一般为 0.97~0.99。
3）传递速度和功率范围大。圆周速度可由很低到 300m/s，传递功率可由很小到 $1.0×10^5$ kW。
4）结构紧凑，工作可靠，使用寿命长。
5）可传递空间任意两轴间的运动和动力。

缺点：
1）传动中会产生冲击、振动和噪声。
2）对制造精度和安装精度要求高，加工成本高。
3）不适合远距离的两轴之间的传动。

二、齿轮传动的分类

齿轮的类型很多，按照一对齿轮传动的传动比是否恒定，可将齿轮传动分为两大类：定传动比齿轮传动和变传动比齿轮传动。汽车应用到的齿轮传动均为定传动比齿轮传动，其齿轮是圆形的，又称为圆形齿轮传动，见表4-2。圆形齿轮传动也是目前应用最广泛的一种。

按照齿轮轮齿的齿廓曲线形状不同，又可分为渐开线齿轮传动、圆弧齿轮传动、摆线齿轮传动等，其中渐开线齿轮制造安装方便，应用最广泛。因此本单元仅讨论圆形渐开线齿轮传动。

按照一对齿轮轴线的相互位置不同，可以分为平面齿轮传动和空间齿轮传动两大类。

1. 平面齿轮传动

平面齿轮传动也称为平行轴齿轮传动，其特点是两个齿轮的轴线相互平行，因此，两轮的相对运动是平面运动。

齿轮机构

表 4-2　圆形齿轮传动的类型

相对运动形式	轴线的相对位置	齿线的形状	啮合方式	图例
平面齿轮传动	平行轴	直齿圆柱齿轮传动	外啮合	
			内啮合	
			齿轮齿条啮合	

（续）

相对运动形式	轴线的相对位置	齿线的形状	啮合方式	图例
平面齿轮传动	平行轴	斜齿圆柱齿轮传动	外啮合	
	斜齿圆柱齿轮传动	人字齿轮传动	外啮合	
空间齿轮传动	相交轴	直齿锥齿轮传动	外啮合	
		斜齿锥齿轮传动	外啮合	
		曲线齿锥齿轮传动	外啮合	
	交错轴	交错轴斜齿轮传动	外啮合	
		蜗杆传动	外啮合	
		准双曲面齿轮传动	外啮合	

1）平面齿轮传动按轮齿与齿轮轴线的相对关系，包括直齿圆柱齿轮传动、平行轴斜齿圆柱齿轮传动和人字齿齿轮传动3种。其中，人字齿齿轮可以看成是由两个螺旋角大小相等、方向相反的斜齿圆柱齿轮组成的。

2）根据两个齿轮的啮合方式不同，平面齿轮传动又分为外啮合传动、内啮合传动和齿轮与齿条传动。

2. 空间齿轮传动

空间齿轮传动的特点是两个齿轮的轴线不平行，所以两轮的相对运动是空间运动。包括相交轴齿轮传动和交错轴齿轮传动两种。

锥齿轮传动属于相交轴齿轮传动，它的轮齿分布在圆锥体的表面。按照轮齿的方向不同分为直齿圆锥传动和曲齿圆锥传动。

交错轴齿轮传动又可分为交错轴斜齿轮传动、蜗杆传动和准双曲面齿轮传动3种。其中交错轴斜齿轮传动的轴线可以在空间交错成任意角度；蜗杆传动和准双曲面齿轮传动的轴线一般互相交错垂直。

按照齿轮的工作条件不同，可以分为开式传动和闭式传动两种。开式齿轮传动齿轮裸露在外，故不能防尘且润滑不良，因此，轮齿易磨损、寿命短，用于低速或低精度的场合，如水泥搅拌机齿轮、卷扬机齿轮等。闭式齿轮传动齿轮安装在密闭的箱体内，因此密封条件好，且易于保证良好的润滑，使用寿命长，用于较重要的场合，如汽车变速器齿轮、减速器齿轮。

三、渐开线齿廓

渐开线的形成如图4-23所示，在平面上，当一条直线 BK 沿着一圆周纯滚动时，其上任意一定点 K 的运动轨迹 AK 称为该圆的渐开线。该圆称为基圆，半径用 r_b 表示。直线 BK 称为渐开线的发生线，渐开线 AK 所对的基圆圆心角 θ_K 称为渐开线的展角。

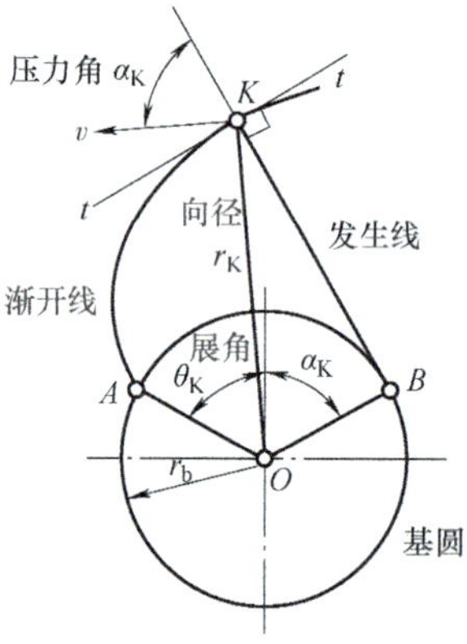

由图4-24可知，渐开线齿轮齿廓的两侧是由形状相同、方向相反的两个渐开线曲面组成的。齿轮轮廓只是渐开线上的某一段，渐开线的形状取决于基圆的大小，基圆越大渐开线越平直；基圆越小渐开线越弯曲。基圆内没有渐开线。渐开线上各点的压力角各不相同，通常采用的压力角为分度圆上的压力角，其值为20°。若采用渐开线齿轮传动，当中心距稍有变化时不会影响其正常传动，这种特性称为传动的可分离性。

图 4-23 渐开线的形成

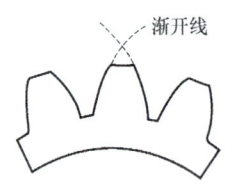

图 4-24 齿轮轮廓

四、渐开线标准直齿圆柱齿轮传动

1. 渐开线标准直齿圆柱齿轮的几何要素

图4-25所示为直齿圆柱齿轮的一部分，图4-25a为外齿轮，图4-25b为内齿轮，图4-25c为齿条。齿轮各部分的名称和符号如下。

（1）轮齿和齿槽　齿轮上的每一个用于啮合的凸起部分，均称为轮齿。在齿轮圆周上均匀分布的轮齿总数称为齿数，用 z 表示。齿轮上相邻轮齿之间的空间，称为齿槽。

（2）齿顶圆和齿根圆　通过齿轮所有轮齿顶部的圆，称为齿顶圆，其直径和半径分别用 d_a 和 r_a 表示。通过齿轮所有齿槽底部的圆，称为齿根圆，其直径和半径分别用 d_f 和 r_f 表示。

（3）齿厚、齿槽宽和齿距　在任意半径 r_K 的圆周上，一个轮齿两侧齿廓之间的弧长，称为该圆上的齿厚，用 s_K 表示。一个齿槽两侧齿廓之间的弧长，称为该圆上的齿槽宽，用 e_K 表示。相邻

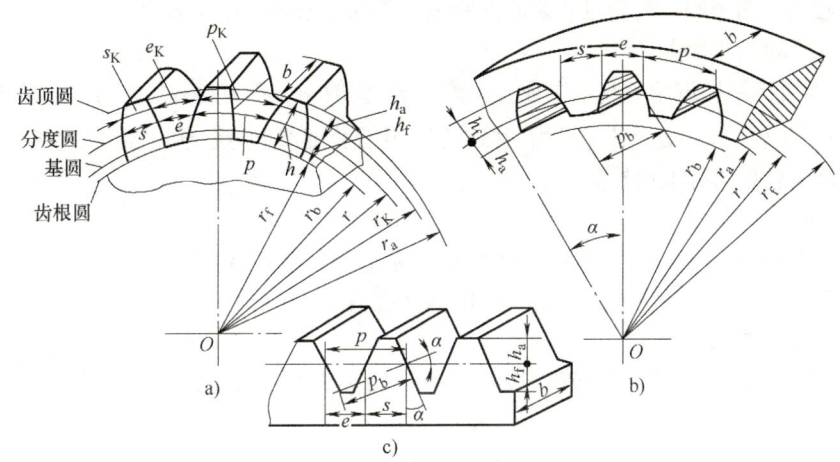

图 4-25 齿轮各部分的名称和符号

两齿同侧齿廓间的弧长，称该圆上的齿距，用 p_K 表示。齿距等于齿厚与齿槽宽之和，即 $p_K = s_K + e_K$。

（4）模数和标准模数 由齿距定义可知 $\pi d_K = p_K z$，则 $d_K = \dfrac{p_K z}{\pi}$，令 $m_K = \dfrac{p_K}{\pi}$，则 $d_K = m_K z$。

m_K 称为该圆上的模数，单位为 mm。为了便于设计、制造和互换，规定一个特定圆上的模数为标准模数，用 m 表示。标准模数见表 4-3。模数是设计和制造齿轮的一个重要参数，模数的大小直接反映出轮齿的大小。

表 4-3 标准模数系列（GB/T 1357—2008） 单位：mm

第一系列	1	1.25	1.5	2	2.5	3	4	5	6
	8	10	12	16	20	25	32	40	50
第二系列	1.125	1.375	1.75	2.25	2.75	3.5	4.5	5.5	(6.5)
	7	9	11	14	18	22	28	36	45

注：1. 优先选用第一系列，其次选用第二系列，括号内的模数尽可能不用。
2. 本表适用于渐开线圆柱齿轮，对斜齿轮是指法向模数。

（5）标准压力角 渐开线齿廓上各点的压力角是不同的。为了便于设计和制造，将在特定圆上的压力角规定为标准值，这个标准值称为标准压力角。我国规定的标准压力角为 20°。

（6）分度圆 在齿轮上人为取一个特定圆，使这个圆上具有标准模数，并使该圆上的压力角也为标准值，此圆称为分度圆，其直径和半径用 d 和 r 表示。为了简便，分度圆上的所有参数的符号不带下标，如分度圆上的模数为 m，直径为 d，压力角为 α 等。

分度圆位于齿顶圆与齿根圆之间，是计算轮齿各部分尺寸的基准圆，$d = mz$。当齿数一定时，模数大的齿轮，其分度圆直径就大，轮齿也大，齿轮的承载能力也就大。

（7）齿顶和齿根 介于分度圆和齿顶圆之间的部分称为齿顶。介于分度圆和齿根圆之间的部分称为齿根。

（8）齿顶高、齿根高和齿高 齿顶的径向距离称为齿顶高，用 h_a 表示。齿根的径向距离称为齿根高，用 h_f 表示。

齿顶圆与齿根圆之间的径向距离，称为齿高，用 h 表示。齿高是齿顶高与齿根高之和，即 $h = h_a + h_f$。

（9）齿宽 齿轮的有齿部分沿齿轮轴线方向度量的宽度称为齿宽，用 b 表示。

（10）中心距　两个圆柱齿轮轴线之间的距离，称为中心距，用 a 表示。

2. 标准齿轮的基本参数

渐开线标准直齿圆柱齿轮的基本参数有：齿数 z、模数 m、压力角 α、齿顶高系数 h_a^*、顶隙系数 c^*。如果一个齿轮的 m、α、h_a^*、c^* 均为标准值，并且分度圆上的齿厚 s 与齿槽宽相等 e，即 $s=e=p/2=m\pi/2$，该齿轮称为标准齿轮。

我国规定的标准值：

1）对于正常齿制 $h_a^*=1$，$c^*=0.25$；对于短齿制 $h_a^*=0.8$，$c^*=0.3$。
2）压力角以齿轮分度圆上的压力角 $\alpha=20°$ 为标准值。
3）模数 m 标准参照表 4-3。

因此，当确定了齿轮模数 m 和齿数 z 后，齿轮的齿顶高 h_a、齿根高 h_f 和齿高 h 可以表示成

$$h_a = h_a^* m$$
$$h_f = (h_a^* + c^*)m = h_a + c$$
$$h = (2h_a^* + c^*)m = 2h_a + c$$

其中，$c=c^*m$，称为径向间隙（顶隙）。

3. 标准齿轮的几何尺寸计算

标准直齿圆柱齿轮的所有尺寸均可用上述 5 个参数来表示，表 4-4 为外啮合标准直齿圆柱齿轮各部分尺寸的几何计算公式。

表 4-4　外啮合标准直齿圆柱齿轮各部分尺寸的几何计算公式

名称	符号	计算公式
分度圆直径	d	$d=mz$
基圆直径	d_b	$d_b=d\cos\alpha$
齿顶高	h_a	$h_a=h_a^*m$
齿根高	h_f	$h_f=(h_a^*+c^*)m$
齿高	h	$h=h_f+h_a$
顶隙	c	$c=c^*m$
齿顶圆直径	d_a	$d_a=d+2h_a$
齿根圆直径	d_f	$d_f=d-2h_f$
齿距	p	$p=\pi m$
齿厚	s	$s=p/2=\pi m/2$
齿槽宽	e	$e=p/2=\pi m/2$
标准中心距	a	$a=m(z_1+z_2)/2$

图 4-25b 所示为一圆柱内齿轮，内齿轮的齿廓是内凹的渐开线。其特点是：齿厚相当于外齿轮的齿槽宽，而齿槽相当于外齿轮的齿厚；内齿轮的齿顶圆小于分度圆，齿根圆大于分度圆。

图 4-25c 所示为一齿条，当外齿轮的齿数增加到无穷多时，齿轮上的圆变为互相平行的直线，渐开线齿廓就变成直线齿廓，这种齿轮的一部分就是齿条。齿条无论在分度线上还是与其平行的其他直线上，齿距 p 均相等，即 $p=\pi m$；在分度线上 $s=e$；齿廓上各点处的压力角均相等，标准值

为20°。齿轮齿条传动在汽车上多用于轿车转向器,是以齿轮为主动件,齿条为从动件。

4. 渐开线直齿圆柱齿轮啮合传动

一对齿轮啮合传动时,必须保证两轮间相邻的各对轮齿逐一啮合,不得出现传动中断、轮齿撞击、齿廓重叠等现象。

(1) 正确啮合条件　为保证传动时不出现两齿廓不重叠或侧隙过大而引起的卡死或冲击现象,两轮的基圆齿距必须相等,由此可得齿轮副的正确啮合条件如下。

① 两齿轮的模数必须相等,$m_1 = m_2$。

② 两齿轮分度圆上的齿形角必须相等,$\alpha_1 = \alpha_2$。

(2) 连续传动条件　为了保证一对渐开线齿轮能够连续传动,必须做到前一对啮合轮齿在脱离啮合之前,后一对轮齿已经进入啮合。在啮合过程中同时参与啮合的轮齿的对数称为重合度,用 ε 表示,它反映了齿轮传动的连续性。ε 大,表明同时参与啮合轮齿的对数多,每对齿的载荷小,载荷变动量也小,传动平稳。因此,ε 是衡量齿轮传动质量的指标之一。

从理论上讲,$\varepsilon = 1$ 能保证齿轮连续传动。但因齿轮制造和安装的误差,实际上必须使 $\varepsilon > 1$。在一般机械制造中,要求 $\varepsilon > 1.1 \sim 1.4$。

5. 渐开线直齿圆柱齿轮传动比

一对渐开线直齿圆柱齿轮的传动比可表达为

$$i = \frac{\omega_1}{\omega_2} = \frac{r_2}{r_1} = \frac{d_2}{d_1} = \frac{m_2 z_2}{m_1 z_1} = \frac{z_2}{z_1}$$

五、斜齿圆柱齿轮传动

在直齿圆柱齿轮啮合时,齿面的沿齿宽方向的接触线是平行于齿轮轴线的直线。因此,轮齿是沿整个齿宽同时进入啮合、同时脱离啮合的,致使轮齿所承受的载荷沿齿宽突然加上、突然卸下。所以,直齿轮传动的平稳性较差,容易产生冲击和噪声,不适用于高速和重载的传动中。因此在高速、重载传动场合常采用渐开线斜齿圆柱齿轮传动。

1. 斜齿轮齿廓

斜齿圆柱齿轮齿廓曲面的形成和直齿圆柱齿轮相似,如图4-26所示,当平面 S 沿基圆柱做纯滚动时,与平面母线 NN 成一倾斜角 β_b 的斜直线 KK' 在空间所走过的轨迹为一个渐开线螺旋面,该螺旋面即为斜齿圆柱齿轮的齿廓曲面,β_b 称为基圆柱上的螺旋角。

2. 斜齿轮几何参数

从斜齿轮的齿廓形成过程可见,斜齿轮的轮齿为螺旋面,所以垂直于齿轮轴线的端面和垂直于齿廓螺旋面的法面上的齿形不同,参数也不同。因此,斜齿轮的几何参数有端面参数和法向参数两组。端面上的参数用下标 t 表示,法面上的参数用下标 n 表示,如图4-27所示。标准斜齿圆柱齿轮的基本参数包括:法向模数 m_n、齿数 z、法向压力角 α_n、法向齿顶高系数 h_{an}^*、法向顶隙系数 c_n^* 和螺旋角 β,各法面也同样对应端面相同的参数。

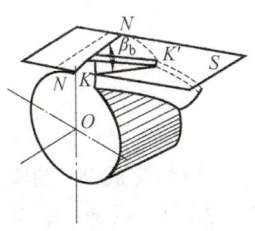

图4-26　斜齿圆柱齿轮齿廓曲面的形成

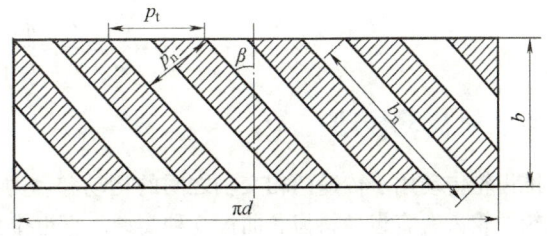

图4-27　法向齿距与端面齿距

3. 斜齿轮旋向判别

斜齿轮按其齿廓渐开螺旋面的旋向,可分为右旋和左旋,如图 4-28 所示。将斜齿轮轴线垂直放置时,斜齿轮可见部分的螺旋线右高左低时为右旋,左高右低为左旋。再根据主动斜齿轮的旋向,可采用左右手定则判定齿轮旋转方向:左旋用左手,右旋用右手,四指弯曲的方向为主动斜齿轮的转动方向,大拇指指向即为主动斜齿轮所受轴向力的方向。

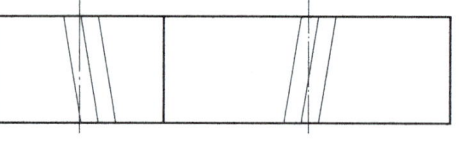

图 4-28 斜齿轮旋向

4. 斜齿轮几何尺寸计算

表 4-5 为标准斜齿圆柱齿轮各部分尺寸的几何计算公式。

表 4-5 标准斜齿圆柱齿轮各部分尺寸的几何计算公式

名称	符号	计算公式
法向模数	m_n	由斜齿轮承载能力确定,并按表 4-3 取为标准值
端面模数	m_t	$m_t = m_n/\cos\beta$
法向压力角	α_n	$\alpha_n = 20°$
螺旋角	β	β 一般取 $8° \sim 20°$
齿顶高	h_a	$h_a = m_n$
齿根高	h_f	$h_f = 1.25 m_n$
全齿高	h	$h = h_a + h_f$
分度圆直径	d	$d = m_t z = z m_n / \cos\beta$
齿顶圆直径	d_a	$d_a = d + 2h_a$
齿根圆直径	d_f	$d_f = d - 2h_f$
中心距	a	$a = \frac{1}{2}(d_1 + d_2) = \frac{m_n}{2\cos\beta}(z_1 + z_2)$

5. 斜齿轮传动的正确啮合条件

一对外啮合斜齿圆柱齿轮的正确啮合条件是:

1) 齿轮副的法向模数相等,$m_{n1} = m_{n2} = m$。
2) 法向压力角相等,$\alpha_{n1} = \alpha_{n2} = \alpha$。
3) 螺旋角大小相等,旋向相反,$\beta_1 = -\beta_2$(内啮合时 $\beta_1 = \beta_2$)。

6. 斜齿轮传动比

一对正确安装的斜齿轮,齿轮的传动比可表达为

$$i = \frac{\omega_1}{\omega_2} = \frac{r_2}{r_1} = \frac{m_{n2} z_2}{m_{n1} z_1} = \frac{z_2}{z_1}$$

六、锥齿轮传动

锥齿轮传动用于传递两相交轴之间的运动和动力,最常见的是两轴相交成 90° 的锥齿轮传动。锥齿轮的轮齿有直齿、斜齿和曲齿 3 种类型。直齿锥齿轮易于制造,适用于低速、轻载传动场合。曲线齿锥齿轮传动平稳,承载能力强,常用于高速、重载传动的场合,但其设计和制造较为复杂。

斜齿锥齿轮则应用较少。在汽车中，锥齿轮传动一般用做汽车的驱动桥齿轮传动，其中曲线齿锥齿轮用于主减速机构传动，而直齿锥齿轮用做差速器齿轮传动。

1. 锥齿轮齿廓

锥齿轮齿廓的形成与圆柱齿轮相似，其不同点在于用基圆锥代替了基圆柱。因此锥齿轮的轮齿分布在圆锥体上，其轮齿一端大一端小，齿厚由大端到小端逐渐变小，模数和分度圆也随之变化，如图 4-29 所示。

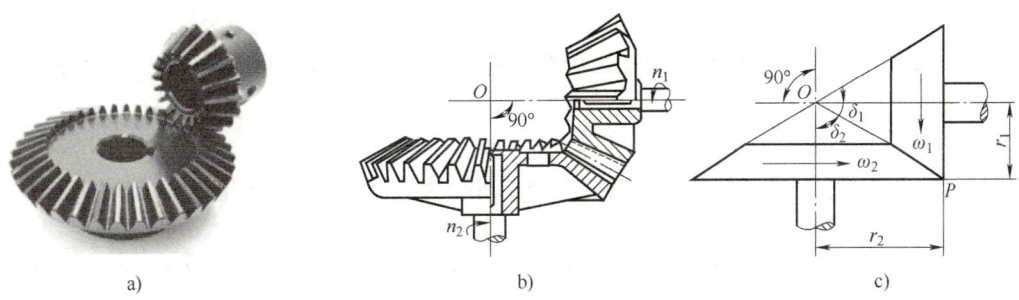

图 4-29 直齿锥齿轮传动

2. 锥齿轮的几何参数

对于直齿锥齿轮，为便于尺寸计算和测量，标准规定以大端参数为标准值，即锥齿轮基本参数：模数 $m=1$、压力角 $\alpha=20°$、齿顶高系数 $h_a^*=1$、顶隙系数 $c^*=0.2$ 等，均指大端参数。锥齿轮的几何尺寸，如分度圆直径、齿顶圆直径、齿根圆直径和齿高等，也均为大端的端面尺寸。

3. 锥齿轮正确啮合条件

由于一对锥齿轮的运动可以看成是 2 个锥顶共点的圆锥体互做纯滚动，这 2 个锥顶共点的圆锥体就是节圆锥。因此，直齿锥齿轮的正确啮合条件有以下几个。

1）两轮的大端模数相等，$m_1=m_2=m$。
2）两轮压力角相等，$\alpha_1=\alpha_2=\alpha$。
3）两轴交角为 90°，$\delta_1+\delta_2=90°$。

4. 锥齿轮传动比

图 4-29c 所示为一对正确安装的标准锥齿轮，其分度圆锥与节圆锥重合，两齿轮的分度圆锥角分别为 δ_1 和 δ_2，大端分度圆半径分别为 r_1、r_2，齿数分别为 z_1、z_2。两齿轮的传动比为

$$i=\frac{\omega_1}{\omega_2}=\frac{n_1}{n_2}=\frac{z_2}{z_1}=\frac{r_2}{r_1}=\frac{\overline{OP}\sin\delta_2}{\overline{OP}\sin\delta_1}$$

因 $\delta_1+\delta_2=90°$，则

$$i=\tan\delta_1=\cot\delta_2$$

七、蜗杆传动

蜗杆传动用来传递空间两交错轴之间的运动与动力。一般两轴夹角之和为 90°。蜗杆传动由蜗杆与蜗轮组成，一般蜗杆为主动件、蜗轮为从动件，做减速运动。蜗杆传动在汽车上主要用于转向器。

1. 蜗杆传动的特点

相较于其他齿轮传动，蜗杆传动的优缺点如下。

优点：

1）传动比大、结构紧凑。在一般传动中，$i=10\sim80$，在分度机构中（只传递运动）i 可达 1000。

2）传动平稳、噪声低。蜗杆齿是连续不间断的螺旋齿，它与蜗轮轮齿啮合时是连续不断的。蜗杆轮齿无啮入和啮出的过程，因此工作平稳，冲击、振动和噪声小。

3）具有自锁性。蜗杆的导程角小于啮合副的当量摩擦角，即只能蜗杆带动蜗轮，而蜗轮不能带动蜗杆。

缺点：

1）效率低。蜗杆蜗轮在啮合处有较大的相对滑动，因此磨损大、发热量大、效率低。一般传动效率 $\eta = 0.7 \sim 0.8$。

2）成本高。为减少蜗杆传动啮合处的摩擦和磨损，控制发热和防止胶合，蜗轮常采用青铜材料制造，成本较高。

2. 蜗杆传动的类型

蜗杆传动种类繁多，按蜗杆轮齿的旋向分类，可分为右旋蜗杆和左旋蜗杆，旋向判断方法和斜齿轮的旋向判断方法相同。

按蜗杆头数分类，可分为单头蜗杆或多头蜗杆。蜗杆上只有一条螺旋线的称为单头蜗杆，即蜗杆转一周，蜗轮转过一个齿；蜗杆上有两条螺旋线，称为双头蜗杆，即蜗杆转一周，蜗轮转过两个齿。依此类推，设蜗杆头数为 z_1（一般取 $z_1 = 1 \sim 4$），蜗轮齿数为 z_2，传动比为

$$i = \frac{n_1}{n_2} = \frac{z_2}{z_1}$$

按蜗杆形状分类，可分为圆柱蜗杆传动、环面蜗杆传动、锥蜗杆传动，如图 4-30 所示。其中圆柱蜗杆传动应用最广。圆柱蜗杆按螺旋齿面在相同剖面内其齿廓曲线形状不同，又分为阿基米德蜗杆（ZA 蜗杆），法向直廓蜗杆（ZN 蜗杆）和渐开线蜗杆（ZI 蜗杆）。其中，以阿基米德蜗杆加工最简便，在机械传动中应用广泛，如图 4-31 所示。

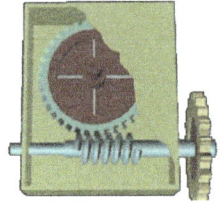
a）圆柱蜗杆传动

b）环面蜗杆传动

c）锥蜗杆传动

图 4-30 蜗杆传动类型

3. 蜗杆传动旋转方向的判定

蜗杆蜗轮螺旋方向的判定法可以用右手法则判定，如图 4-32 所示，右手手心对着自己，4 个手指顺蜗杆蜗轮轴线方向摆放，齿向与右手拇指指向一致，为右旋蜗杆或蜗轮，反之为左旋蜗杆或蜗轮。

蜗杆蜗轮传动旋转方向可利用左右手定则来判定，如图 4-33 所示，蜗轮的旋转方向与蜗杆的旋转方向有关，而且与蜗杆的螺旋方向有关。当蜗杆是右旋时，用右手；当蜗杆是左旋时，用左手。用四指弯曲表示蜗杆的旋转方向，大拇指伸直代表蜗杆轴线，与大拇指的指向相反，为蜗轮的旋转方向。

图 4-31 阿基米德蜗杆

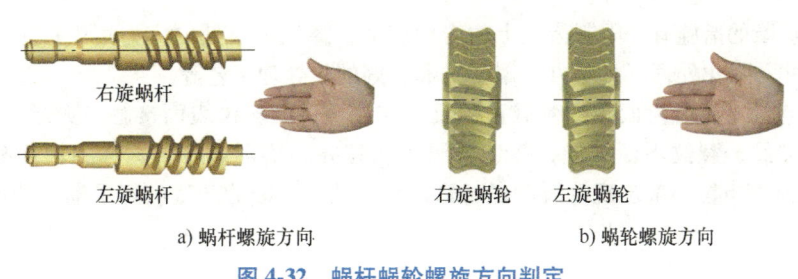

a) 蜗杆螺旋方向　　　　　　　b) 蜗轮螺旋方向

图 4-32　蜗杆蜗轮螺旋方向判定

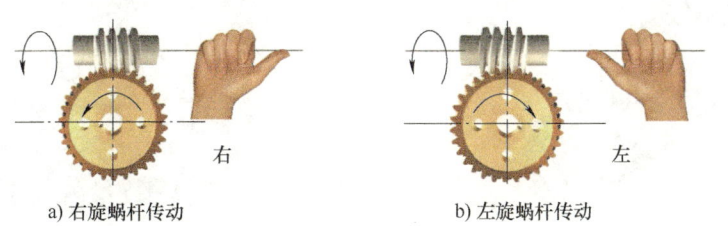

a) 右旋蜗杆传动　　　　　　　b) 左旋蜗杆传动

图 4-33　蜗杆蜗轮旋转方向判定

4. 蜗杆传动的几何参数

蜗杆传动的几何参数（图 4-34）是以中间平面上的参数与尺寸为基准，即通过蜗杆轴线并垂直于蜗轮轴线的平面。中间平面上的基本参数有蜗杆的轴面参数（下角标为 a1）m_{a1}、α_{a1}，蜗轮的端面参数（下角标为 a2）m_{a2}、α_{a2} 等。

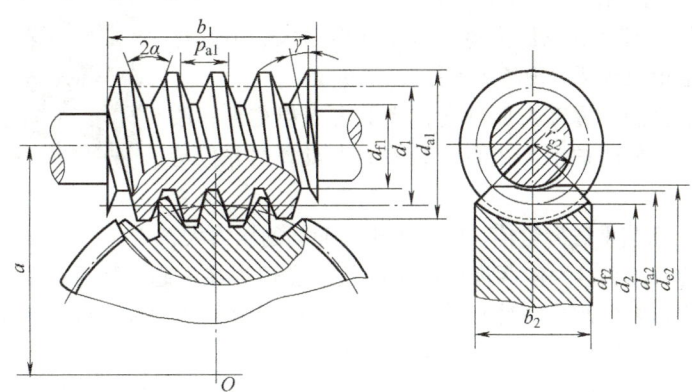

图 4-34　蜗杆传动的几何参数

5. 蜗杆传动的正确啮合条件

蜗杆传动的正确啮合条件有以下几条。
1）中间平面内，蜗杆轴面模数与蜗轮端面模数相等，$m_{a1} = m_{a2} = m$。
2）中间平面内，蜗杆轴面压力角与蜗轮端面压力角相等，$\alpha_{a1} = \alpha_{a2} = \alpha$。

八、齿轮传动的失效形式

齿轮传动是由轮齿啮合来传递运动和动力的，因此，齿轮传动失效主要发生在轮齿上，轮齿失效主要有以下 5 种形式。

（1）轮齿折断　轮齿折断是指齿轮上一个或多个齿的整体或局部断裂，如图 4-35 所示。轮齿的折断有两种形式：过载折断和疲劳折断。过载折断是严重过载或受到强烈冲击载荷时发生的突然折断；疲劳折断是在载荷的多次重复作用下，弯曲应力超过疲劳极限时，齿根处将产生疲劳裂纹，并逐步扩展，最终导致轮齿的折断。

防止轮齿折断的措施有：限制齿根上的弯曲应力；降低齿根处的应力集中；选用合适的齿轮参数和几何尺寸；强化处理（如喷丸、碾压）和良好的热处理工艺等。

（2）齿面点蚀　轮齿齿面在交变载荷的反复作用下，当轮齿表面接触应力超过允许限度时，表面发生微小裂纹，裂纹不断扩展，产生金属小颗粒并剥落形成麻坑，称为齿面疲劳点蚀，如图 4-36 所示。疲劳点蚀一般出现在齿根表面靠近节线处，点蚀的产生破坏了渐开线的完整性，从而引起振动和噪声。

图 4-35　轮齿折断

图 4-36　齿面点蚀

防止齿面点蚀的措施：限制齿面接触应力；提高齿面硬度；降低齿面的表面粗糙度；采用黏度高的润滑油等。

（3）齿面磨损　齿面磨损是指在开式齿轮传动中，灰尘、沙粒及铁屑等进入齿面间，在轮齿间相互滚碾，使齿面产生磨损，从而导致渐开线齿形被破坏、轮齿变薄、齿侧间隙增大、引起噪声和系统振动，甚至轮齿折断的现象，如图 4-37 所示。

防止齿面磨损的措施：提高齿面硬度；降低表面粗糙度；改善工作条件；采用适当的防护罩；在润滑油中加入减磨剂并保持润滑油的清洁等。

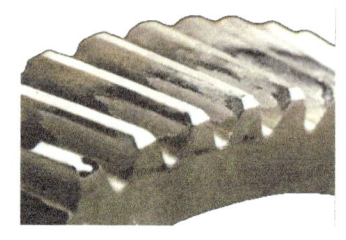

图 4-37　齿面磨损

（4）齿面胶合　高速重载齿轮传动中，由于齿面间的压力大，润滑效果差，产生的摩擦热过大使两齿面间某些接触点熔焊在一起，随后被撕开，从而使齿面上滑动速度较大的齿顶和齿根处产生沿相对滑动方向的撕裂痕迹的现象，称为齿面胶合，如图 4-38 所示。低速重载的齿轮在油膜遭到破坏时也发生胶合现象。

防止齿面胶合的措施：提高齿面硬度；采用黏度较大或抗胶合性能好的润滑油，降低齿面表面粗糙度等。

（5）齿面塑性变形　齿面塑性变形是指在重载作用下，当齿面硬度不够时，齿面上可能产生局部的塑性变形，使齿廓失去正确的齿形的现象，如图 4-39 所示，塑性变形会影响齿轮的正确啮合。这种失效常在过载严重和起动频繁的传动中出现。

防止齿面塑性变形的措施：保证良好的润滑；降低表面粗糙度；选用屈服强度较高的材料等。

图 4-38　齿面胶合

图 4-39　齿面塑性变形

九、齿轮传动的润滑

润滑对于齿轮传动十分重要，尤其是高速齿轮传动。润滑不仅可以减小齿轮啮合处的摩擦发热、减轻磨损，还可以起到降低噪声、冷却、防锈、改善齿轮的工作状况等作用，以延缓轮齿失效、延长齿轮的使用寿命。

车辆中的齿轮传动均为闭式传动，它们的润滑方式有浸油润滑和喷油润滑两种，如图 4-40 所示。

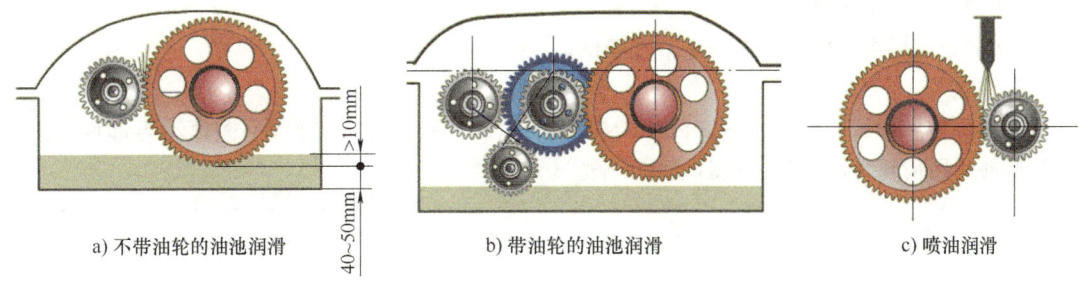

a) 不带油轮的油池润滑　　　b) 带油轮的油池润滑　　　c) 喷油润滑

图 4-40　齿轮润滑方式

1) 当齿轮的圆周速度 $v \leq 12 \mathrm{m/s}$ 时，通常采用浸油润滑。将大齿轮浸入油池中，浸入油中的深度为 1~2 个齿高。在多级齿轮传动中，对于未浸入油池内的齿轮，可采用油轮将油带到未浸入油池内的齿轮齿面上。

2) 当齿轮圆周速度 $v > 12 \mathrm{m/s}$ 时，可采用喷油润滑。即用液压油泵将具有一定压力的润滑油经喷油器喷到啮合的齿面上。

【知识拓展】

加长型双圆弧齿轮滚刀

齿轮是航空航天、汽车、机器人等领域中的关键基础零部件，经过多年的快速发展，我国齿轮产业规模不断扩大，并在部分高端产品的研发和产业化方面取得突破，创新能力明显增强，目前已基本形成了门类齐全、能够满足装备制造业主机及总成系统配套需求的生产体系。

中国齿轮龙头企业太原工具厂自主研发、设计、制造的产品"加长型双圆弧齿轮滚刀"（图 4-41）获得 2024 年度国产数控机床行业最高奖"春燕奖"。

该加长型双圆弧齿轮滚刀是采用高性能高速钢制造，大直径加长结构设计，产品表面进行涂层处理，应用在高速数控滚齿机上，齿形精度高，切削平稳，排屑顺畅，刀齿不易磨损，加工效率高。其齿形由齿顶非工作段、凸齿工作段、过渡段、凹齿工作段 4 段圆弧组成，其中凸齿工作段与凹齿工作段为工作圆弧，使凸圆弧齿廓与凹圆弧齿廓相啮合，以增大相对曲率半径，提高接触强度，大大提高了齿轮传动的承载能力和传动平稳性。

图 4-41　加长型双圆弧齿轮滚刀

该滚刀增加容屑槽排数，切削线速度可达 100m/min，串刀次数达 6~15 次。其主要加工材质为中碳钢锻件或铸件，广泛应用于矿山、冶金、化工、石油机械、起重运输机械及高速传动的减速机部件加工。该加长型双圆弧齿轮滚刀处于国内最高水平，国外尚无同类产品，它的出现进一步提高了我国齿轮制造技术水平和制造能力。

【实践训练】

仪器设备及工具准备

1) 设备：汽车减速器、差速器等拆解模型。
2) 工具：拆装工具套装、扭力扳手等。

操作注意事项

1) 各零部件应彻底清洗，压缩空气吹干，油道孔保持畅通。
2) 实训前检查车辆情况。
3) 实训结束后组装好零部件，并清理场地。

实训内容

根据教师指导和所学知识，拆装汽车转向器、机械式变速器、减速器、差速器等部件，正确判定各部件所用齿轮传动类型，然后记录下来。

学院		专业		班级	
姓名		学号		日期	
指导教师					
作业前准备记录					

部件	齿轮传动类型	特点
转向器 		
机械式变速器 		
差速器 		

(续)

部件	齿轮传动类型	特点
减速器		

【评价反馈】

评价项目	评价标准	分值	得分
知识准备	熟知各种齿轮传动的类型和特点	10	
	熟知不同齿轮传动在汽车中的应用	10	
知识拓展	养成自主学习的习惯，养成良好职业习惯	10	
实践训练	不穿工作服、不穿工作鞋、不戴工作帽，每项扣5分	15	
	实训前不检查实训车辆情况，实训结束后未清理场地，各扣5分	10	
	工量具（设备）选择不当，每次扣2分	5	
	齿轮传动类型判断或特点描述错误一项扣5分	20	
	工单填写，填写记录字迹潦草或不完整，每项扣5分	10	
综合表现	能与同学密切合作，积极实践，安全地完成学习活动，具备严谨规范的工作作风	10	
	合计	100	

教师评语：

日期： 年 月 日

【课后测评】

一、填空题

1. 由渐开线的形成可知，离基圆越远的点，相应的_____。
2. 当齿数一定时，模数越大，则齿轮的几何尺寸就_____。
3. 硬齿面是指齿面硬度大于_____的齿面，软齿面是指齿面硬度不大于_____的齿面；一对齿轮传动中，_____齿面硬度更高。
4. 齿轮的主要失效形式有_____、_____、_____、_____、_____。
5. 斜齿圆柱齿轮的基本参数的标准值取在其_____面。

二、选择题

1. 一对齿轮安装后，其啮合角在数值上始终与（　　）相等。
   A. 分度圆上的压力角　　　　B. 节圆上的压力角
   C. 基圆上的压力角　　　　　D. 齿顶圆上的压力角
2. 一对渐开线直齿圆柱齿轮的啮合线相切于（　　）。

A. 两节圆　　　　B. 两基圆　　　　C. 两分度圆　　　　D. 两齿根圆

3. 圆柱齿轮传动，当齿轮直径不变，而减小模数时，可以（　　）。

A. 提高轮齿的弯曲强度　　　　B. 提高轮齿的接触强度

C. 提高轮齿的静强度　　　　　D. 改善传递的平稳性

4. 以下几点中哪个不是齿轮传动的优点：（　　）。

A. 传动精度高　　B. 传动效率高　　C. 结构紧凑　　D. 成本低

5. 蜗杆蜗轮的中间平面（主平面）是指（　　）。

A. 通过蜗轮轴线并与蜗杆轴线垂直的平面　　B. 通过蜗杆轴线并与蜗轮轴线垂直的平面

C. 通过蜗杆轴线的任一平面　　　　　　　　D. 通过蜗轮轴线的任一平面

三、简答题

1. 渐开线标准圆柱齿轮正确啮合的条件和齿轮连续传动的条件分别是什么？
2. 渐开线是怎样形成的？渐开线齿廓啮合有哪些主要特性？

四、综合题

1. 已知一标准直齿圆柱齿轮的齿数 $z = 25$，齿顶圆直径 $d_a = 135 \text{mm}$，$h_a^* = 1$，$c^* = 0.25$，试求齿轮的模数。

2. 图 4-42 所示为斜齿圆柱齿轮传动的转动方向及螺旋线方向，当以齿轮 2 为主动轮时，试画出齿轮 1 的转动方向和作用在齿轮 2 上的轴向力的作用线和方向。

3. 试分析图 4-43 蜗杆传动中，蜗杆、蜗轮的转向及所受分力的方向。

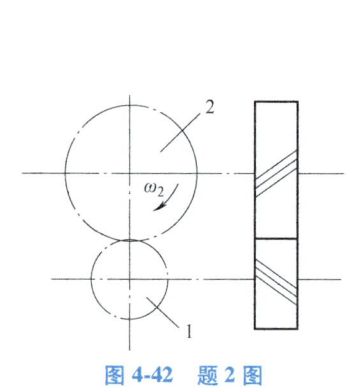

图 4-42　题 2 图

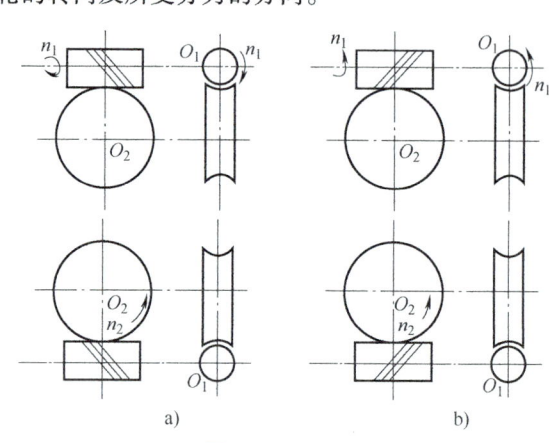

图 4-43　题 3 图

单元 4　轮　系

单元描述：

在实际的机械系统中，一对齿轮传动往往难以满足工作要求。为了获得大传动比或变速、变向，通常需要用若干个彼此啮合的齿轮组成传动机构，比如汽车中的变速器、差动器等。这种由一系列齿轮所组成的齿轮传动系统称为齿轮系，简称轮系。通过本单元的学习，学生应能了解轮系的类型和特点，掌握轮系转向的判定方法，掌握轮系传动比的计算方法，为学习汽车底盘、自动变速器等课程打下坚实的基础。

模块 4　汽车常用传动机构

> **素养目标：**
> 1) 树立科技创新的意识。
> 2) 提高学生的团队意识。

> **知识目标：**
> 1) 了解轮系的分类和应用。
> 2) 掌握轮系传动比的计算方法。
> 3) 掌握从动轮转向的判定方法。

> **技能目标：**
> 1) 能分析汽车机械系统中轮系的类型。
> 2) 能正确判断汽车机械系统中轮系的传动方向与速度。
> 3) 能正确分析轮系中产生故障的原因。

【知识准备】

一、轮系的功用

轮系可以由各种类型的齿轮——圆柱齿轮、锥齿轮、蜗杆蜗轮等组成，一对齿轮传动可以视为最简单的轮系。汽车上，轮系主要应用在变速器、主减速器、差速器中，起到的作用有以下几个方面。

1. 实现变速与换向传动

汽车变速器（图 4-44）中的轮系可以在主动轴转速不变的情况下获得多种转速，实现变速和换向。换档时，变速器切换中间轴上的主动齿轮，通过大小不同的齿轮组合与动力输出轴结合，从而改变驱动轮的转矩和转速。当主动齿轮与两个齿轮啮合时，实现倒档，此时其中一个齿轮不影响传动比数值大小，只改变转向（这种齿轮称为惰轮）。

2. 实现结构紧凑的大功率传动

涡轮发动机减速器（即行星减速器）采用内啮合齿轮以提高空间的利用率和减小行星减速器的径向尺寸，可在结构紧凑的条件下，实现大功率传动，如图 4-45 所示。

图 4-44　变速器

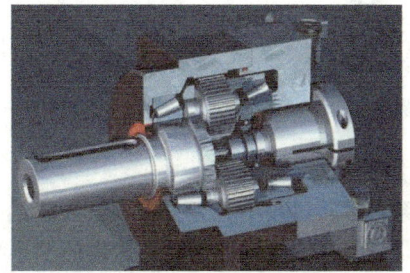

图 4-45　行星齿轮减速器

3. 减速增矩

主减速器中的轮系如图 4-46 所示，主减速器依靠一对或多对齿数少的齿轮带动齿数多的齿轮来实现降低转速，增大转矩的目的。采用锥齿轮传动则可以改变转矩旋转方向，将来自传动轴的运动和动力再次减速、增矩后传递至与其相交的两半轴。

4. 实现运动的分解

差速器通常与主减速器装配在一起，现在广泛采用的是对称锥齿轮式差速器，如图 4-47。其主要作用是按实际的运行情况将来自传动轴的运动和动力分配给两个车轮，实现运动的分解。

图 4-46　主减速器

图 4-47　差速器

二、轮系的类型

根据运转时轮系中各齿轮轴线的相对位置是否变动，可以分为定轴轮系、周转轮系和复合轮系。

1. 定轴轮系

当轮系运动时，各齿轮几何轴线的位置均固定不变，则称为定轴轮系，又称普通轮系。定轴轮系根据轮系中各齿轮轴线是否相互平行又分为平面定轴轮系和空间定轴轮系。其中，平面定轴轮系是由轴线互相平行的圆柱齿轮组成的，如图 4-48a 所示；空间定轴轮系是包含有相交轴齿轮传动或交错轴齿轮传动等在内的定轴轮系，如图 4-48b 所示。

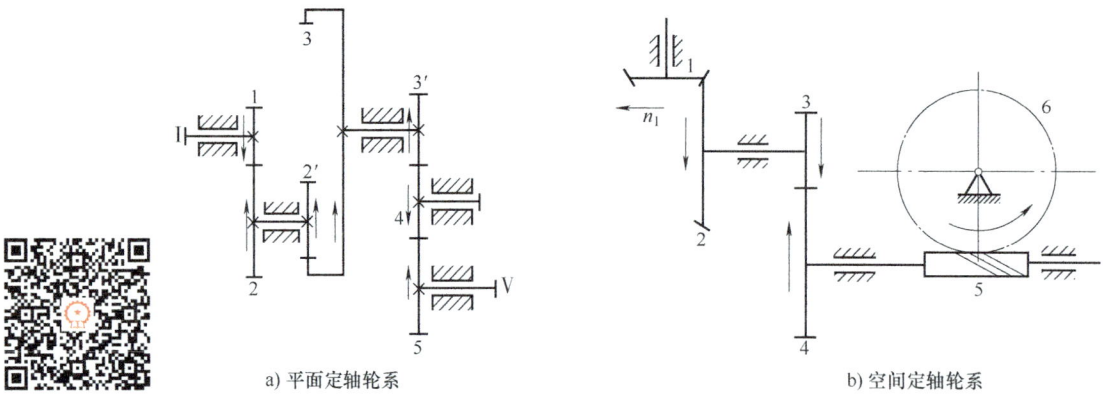

轮系

a) 平面定轴轮系　　　　　　　　　　　　b) 空间定轴轮系

图 4-48　定轴轮系

2. 周转轮系

轮系在运转过程中，至少有一个齿轮的几何轴线相对于机架不是固定不变的，即其轴线不固定，而是绕某一固定轴线回转，这样的轮系称为周转轮系。

图 4-49 所示的轮系在运转时，齿轮 1 和齿轮 3 的轴线重合且相对于机架固定，故齿轮 1 和齿轮 3 称为太阳轮。而齿轮 2 绕自身轴线回转的同时，又随着构件 H 一起绕着固定轴线 O_H 做周转运动，因为齿轮 2 像太阳系的行星一样，既有自转也有公转，故称其为行星轮。支持行星轮的回转构件 H 称为行星架或系杆。行星轮、行星架、太阳轮是组成周转轮系的基本构件。由于太阳轮和

行星架围绕着固定轴线旋转,所以一般将它们作为运动的输入和输出构件。周转轮系根据其自由度的数量又可以分为行星轮系和差动轮系。

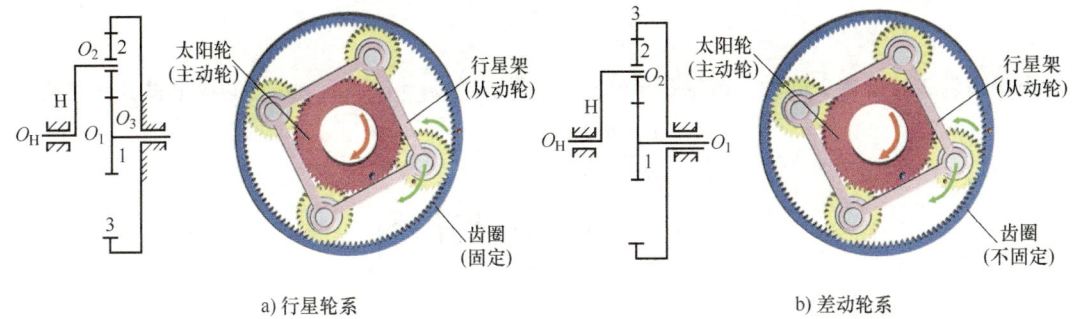

a) 行星轮系　　　　　　　　　　　　b) 差动轮系

图 4-49　周转轮系

（1）行星轮系　行星轮系机构自由度为1,如图4-49a所示。行星轮系有一个太阳轮固定不动,因此为确定该轮系的运动,只需要给定轮系中一个构件以独立的运动规律。

（2）差动轮系　差动轮系机构自由度为2,如图4-49b所示。差动轮系太阳轮与齿圈的转速均不为0,因此确定该轮系的运动,需要给定轮系中两个构件以独立的运动规律。

3. 复合轮系

在实际应用中,经常将定轴轮系和周转轮系或者几个基本周转轮系组合在一起使用,这种组合轮系称为复合轮系,又称混合轮系,如图4-50所示。

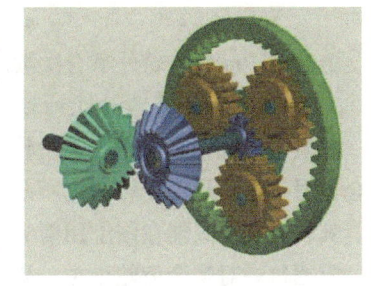

图 4-50　复合轮系

三、定轴轮系传动比计算

计算定轴轮系的传动比,不仅需要确定传动比数值的大小,而且要确定首末齿轮转向的异同。

1. 平面定轴轮系传动比计算

由前一单元知识可知,在平面定轴轮系中一对齿轮传动,若主动齿轮为1,从动齿轮为2,其传动比 i_{12} 大小为

$$i_{12}=\frac{n_1}{n_2}=\frac{\omega_1}{\omega_2}=\frac{z_2}{z_1}$$

对轮系来说,其传动比是指轮系中运动输入齿轮与运动输出齿轮的角速度或转速之比。若轮系中运动输入齿轮为1,运动输出齿轮为 k,则轮系传动比 i_{1k} 大小可表示为

$$i_{1k}=\frac{n_1}{n_k}=\frac{\omega_1}{\omega_k}$$

以图4-48a为例,如果一对相互啮合的齿轮为内啮合,则两轮转向相同时,此时传动比为"+";如果一对相互啮合的齿轮为外啮合,则两轮转向相反,此时传动比为"-"。因此,计算该轮系的传动比 i_{15} 时,可依次分别先求出轮系中各对齿轮的传动比(含大小和方向),即

$$i_{12}=\frac{n_1}{n_2}=\frac{\omega_1}{\omega_2}=-\frac{z_2}{z_1}$$

$$i_{2'3}=\frac{n_{2'}}{n_3}=\frac{\omega_{2'}}{\omega_3}=+\frac{z_3}{z_{2'}}$$

$$i_{3'4}=\frac{n_{3'}}{n_4}=\frac{\omega_{3'}}{\omega_4}=-\frac{z_4}{z_{3'}}$$

$$i_{45}=\frac{n_4}{n_5}=\frac{\omega_4}{\omega_5}=-\frac{z_5}{z_4}$$

由于齿轮 2 与齿轮 2′同轴，齿轮 3 与齿轮 3′同轴，故 $\omega_2=\omega_{2'}$，$\omega_3=\omega_{3'}$。以上各式连乘可得

$$i_{15}=\frac{n_1}{n_5}=\frac{n_1}{n_2}\frac{n_{2'}}{n_3}\frac{n_{3'}}{n_4}\frac{n_4}{n_5}=i_{12}i_{2'3}i_{3'4}i_{45}$$

$$=\left(-\frac{z_2}{z_1}\right)\left(+\frac{z_3}{z_{2'}}\right)\left(-\frac{z_4}{z_{3'}}\right)\left(-\frac{z_5}{z_4}\right)$$

$$=(-1)^3\frac{z_2 z_3 z_4 z_5}{z_1 z_{2'} z_{3'} z_4}$$

上式表明：定轴轮系传动比大小等于该轮系中各对齿轮传动比的连乘积；也等于该轮系各对啮合齿轮中，所有从动轮齿数的连乘积与所有主动轮齿数的连乘积之比。将轮系传动比计算推广到一般概念，令定轴轮系中齿轮 1 的轴为输入轴，齿轮 k 的轴为输出轴，那么该平面定轴轮系的传动比 i_{1k} 为

$$i_{1k}=\frac{n_1}{n_k}=\frac{\omega_1}{\omega_k}=(-1)^m\frac{\text{所有从动齿轮齿数乘积}}{\text{所有主动齿轮齿数乘积}}$$

上式中，m 为齿轮外啮合次数。

2. 空间定轴轮系传动比计算

在空间定轴轮系中含有锥齿轮或蜗杆蜗轮等齿轮传动。这些齿轮的几何轴线不相互平行，其啮合齿对于主、从动轮转向无所谓相同或相反，因而不能用 $(-1)^m$ 来确定轮系中各齿轮的转向关系。其转向关系只能在图上用箭头确定。

根据每一对啮合齿轮中主、从动轮转向可在图上用箭头判断各齿轮的转向关系，如图 4-48b 所示，一对圆柱齿轮外啮合时，其转向箭头方向相反；内啮合时，其转向箭头方向相同。一对锥齿轮转向箭头同时指向啮合节点或同时背离啮合节点。蜗杆蜗轮转向箭头按左、右手定则确定。当轮系中运动输入齿轮转向已知时，其余各轮转向均可求出。

由于一对齿轮传动（无论是圆柱齿轮传动、锥齿轮传动还是蜗杆蜗轮传动），若主动齿轮为 1，从动齿轮为 2，其传动比 i_{12} 大小均为

$$i_{12}=\frac{n_1}{n_2}=\frac{\omega_1}{\omega_2}=\frac{z_2}{z_1}$$

因此，空间定轴轮系传动比等于该轮系中各对齿轮传动比的连乘积；也等于该轮系各对啮合齿轮中，所有从动轮齿数的连乘积与所有主动轮齿数的连乘积之比，即

$$\text{空间定轴轮系传动比}=\frac{\text{所有从动齿轮齿数乘积}}{\text{所有主动齿轮齿数乘积}}$$

四、周转轮系传动比计算

在周转轮系中，由于行星轮既围绕其轴线"自转"，又随着行星架"公转"，运动较复杂，因此不能直接用定轴轮系传动比的计算方法计算周转轮系的传动比。但行星轮相对行星架旋转，并且行星架本身也在运动，可以根据相对运动原理，利用反转法（转化机构法），假想使行星架变为固定不动，并保持周转轮系中各个构件之间的相对运动不变，则周转轮系就转化成为一个假想的

定轴轮系，便可计算周转轮系传动比。

原周转轮系如图4-51a所示，给整个周转轮系减一个公共角速度"ω_H"，使它绕行星架的固定轴线回转，这时行星架的角速度为$\omega_H-\omega_H=0$，行星架相对静止不动，周转轮系转化成定轴轮系。这种经过转化所得的假想的定轴轮系就称为转化机构或转化轮系，如图4-51b所示。

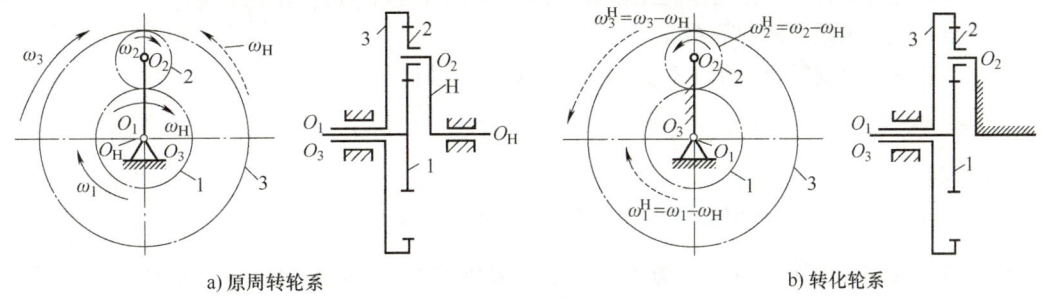

a) 原周转轮系　　　　　　　　　　b) 转化轮系

图4-51　周转轮系传动比计算

由图4-51可知，轮系转化前后机构中各构件角速度变化情况见表4-6。

表4-6　轮系转化前后各构件角速度

构件	原周转轮系角速度	转化轮系角速度
太阳轮1	ω_1	$\omega_1^H=\omega_1-\omega_H$
行星齿轮2	ω_2	$\omega_2^H=\omega_2-\omega_H$
太阳轮3	ω_3	$\omega_3^H=\omega_3-\omega_H$
行星架H	ω_H	$\omega_H^H=\omega_H-\omega_H=0$

注：表中右上方角标"H"，表示各构件相对行星架的角速度。

由于转化轮系为定轴轮系，且为平面定轴轮系，若转化轮系中太阳轮1为主动轮，太阳轮3为从动轮，则其传动比为

$$i_{13}^H=\frac{\omega_1^H}{\omega_3^H}=\frac{\omega_1-\omega_H}{\omega_3-\omega_H}=-\frac{z_2}{z_1}\frac{z_3}{z_2}=-\frac{z_3}{z_1}$$

根据已知条件就可以求周转轮系中任何两个构件的传动比。将此式推广即得周转轮系传动比计算的一般公式。设ω_1和ω_k分别为周转轮系中任意两个齿轮1和k的角速度，则两齿轮与行星架H的角速度之间的关系为

$$i_{1k}^H=\frac{\omega_1^H}{\omega_k^H}=\frac{\omega_1-\omega_H}{\omega_k-\omega_H}=(-1)^m\frac{齿轮1\sim k间所有从动轮齿数乘积}{齿轮1\sim k间所有主动轮齿数乘积}$$

上述公式应特别注意以下几点。

1）齿轮1为轮系中的首轮，即主动轮，齿轮k为轮系中的末轮。

2）公式中1、k和H的轴线应该是相互平行的，不平行时不能用这个公式；k可以是太阳轮，也可以是行星轮。

3）公式中ω_1、ω_k和ω_H均为代数值，传动比正负号的判断可以依据齿轮间外啮合次数，也可以依据画箭头的方法来判断。

五、复合轮系传动比计算

复合轮系由基本周转轮系与定轴轮系或者由几个周转轮系组成。因此对复合轮系进行传动比

计算时，不能将其整体作为单纯的定轴轮系或单纯的周转轮系看待，需要将其中的定轴轮系部分与周转轮系部分分开来处理。可以由以下几步分析。

1）分析轮系的结构组成。找出复合轮系中所有单纯周转轮系部分，剩下者则为单纯定轴轮系部分。
2）对各单纯周转轮系部分与单纯定轴轮系部分分别列出相应的传动比计算式。
3）找出各基本轮系之间的关系。
4）联合求解，得到复合轮系中有关构件的转速与传动比。

【知识拓展】

我国高寒动车组齿轮传动技术获重大突破

中国高铁在技术、规模、速度等方面均处于世界领先地位，拥有世界上规模最大、运营里程最长的高速铁路网络。

我国幅员辽阔，东北三省部分地区冬季极端最低温度达零下40℃，全年温差达到80℃，如何保证动车在极寒和冰雪等极端恶劣环境下也能高速奔跑成了一个难题。

针对这一问题，国产CRH380B高寒动车组（图4-52）采用了高寒适应性设计，"抗寒能力"武装到了牙齿，特别是在齿轮传动技术方面获得重大突破。低温对于高铁齿轮箱是一种严峻的考验，甚至会导致轴温升高、轴承失效等严重后果，造成行车安全隐患，以往的高寒动车组齿轮箱技术一直被德国公司垄断。CRH380B高寒动车组齿轮箱专门进行了设计优化和仿真分析，采用耐低温性能更加优良的齿轮和箱体材料，保证轴承在低温工况的可靠性。

图4-52　CRH380B高寒动车组

现在，"高寒动车组家族"成员众多，新型高寒智能动车组也更加耐低温、耐冰雪。250km/h～400km/h各个速度等级的高寒动车组的齿轮箱都由戚墅堰研究所独家提供，且均由戚墅堰研究所自主创新设计、生产并试验验证。

【实践训练】

仪器设备及工具准备

1）设备：汽车机械式变速器、差速器。
2）工具：拆装工具套、扭力扳手等。

操作注意事项

1）各零部件应彻底清洗，用压缩空气吹干，油道孔保持畅通。
2）实训前检查车辆情况。
3）实训结束后组装好零部件，并清理场地。

实训内容

根据教师指导和所学知识，拆装汽车机械式变速器、减速器、差速器，正确判定各部件轮系的类型，计算变速器各档的传动比并记录。

学院		专业		班级	
姓名		学号		日期	
指导教师					
作业前准备记录					

部件	轮系类型	传动比
机械式变速器 		
减速器 		
差速器 		

【评价反馈】

评价项目	评价标准	分值	得分
知识准备	熟知轮系作用、类型及组成	10	
	熟知轮系传动比的计算方法	10	
知识拓展	养成自主学习的习惯，养成良好职业习惯	10	
实践训练	不穿工作服、不穿工作鞋、不戴工作帽，每项扣5分	15	
	实训前不检查实训车辆情况，实训结束后未清理场地，各扣5分	10	
	工量具（设备）选择不当，每次扣2分	5	
	轮系类型判断或传动比错误一项扣5分	20	
	工单填写，填写记录字迹潦草或不完整，每项扣5分	10	

评价项目	评价标准	分值	得分
综合表现	能与同学密切合作，积极实践，安全地完成学习活动，具备严谨规范的工作作风	10	
	合计	100	

教师评语：

日期： 年 月 日

【课后测评】

一、填空题

1. 由_____组成的传动系统称为轮系。
2. 在轮系中，_____的轮系称为定轴轮系；_____的轮系称为周转轮系。
3. 定轴轮系的传动比是指_____之比。
4. 轮系中加入惰轮，只会改变轮系_____，而不会改变轮系的_____。
5. 在周转轮系中，_____轮系的两太阳轮都是运动的。

二、选择题

1. 在齿轮轮系中，若至少一个齿轮的几何轴线绕另一齿轮固定几何轴线转动，则该轮系称为（　　）。
   A. 行星轮系　　　B. 太阳轮系　　　C. 周转轮系　　　D. 定轴轮系
2. 行星轮系的自由度为（　　）；差动轮系的自由度为（　　）。
   A. 0　　　B. 1　　　C. 2　　　D. 3
3. 定轴轮系传动比大小的计算方法为（　　）。
   A. 所有从动轮齿数的连乘积/所有主动轮齿数的连乘积
   B. 所有主动轮齿数的连乘积/所有从动轮齿数的连乘积
   C. 所有大齿轮齿数的连乘积/所有小齿轮齿数的连乘积
   D. 视情况选以上3种计算方法
4. 图 4-53 所示的轮系属于（　　）。
   A. 空间定轴轮系　　　　　　　　B. 差动轮系
   C. 周转轮系　　　　　　　　　　D. 平面定轴轮系
5. 在计算图 4-53 所示轮系中齿轮 1 和齿轮 4 之间的传动比 i_{14} 时，在计算结果中（　　）。
   A. 应加 "−" 号
   B. 应加 "+" 号
   C. 不加符号，但应在图上标出从动轮 4 的转向为逆时针
   D. 不加符号，但应在图上标出从动轮 4 的转向为顺时针

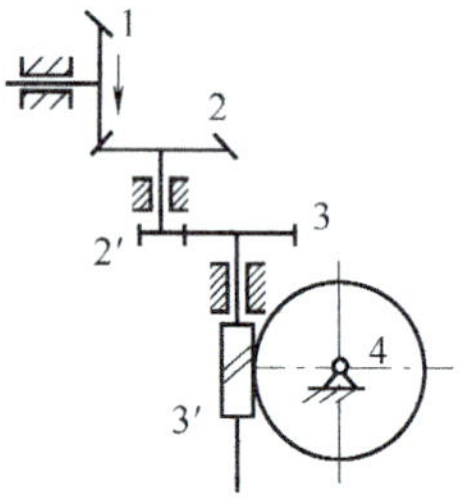

图 4-53　选择题题 4 图

三、简答题

1. 图 4-54 所示的行星轮系中，各轮的齿数为：$z_1 = 27$、$z_2 = 17$、$z_3 = 61$。已知 $n_1 = 6000\text{r/min}$，求传动比 i_{1H} 和行星架 H 的转速 n_H。

2. 图 4-55 所示的轮系中，已知各轮齿数为 $z_1 = 15$，$z_2 = 25$，$z_{2'} = 15$，$z_3 = 30$，$z_{3'} = 15$，$z_4 = 30$，$z_{4'} = 2$（右旋蜗杆），$z_5 = 60$。求该轮系的传动比 i_{15}，并判断蜗轮 5 的转向。

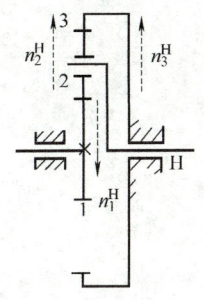

图 4-54　简答题题 1 图

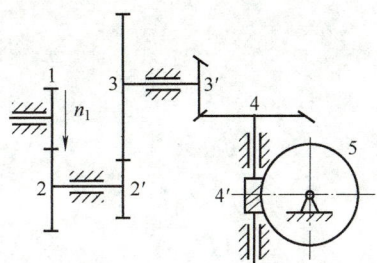

图 4-55　简答题题 2 图

模块 5

汽车支撑类零部件

单元 1　轴

单元描述：

采用前置后驱或四轮驱动的车辆，发动机一般放在汽车的前面，发动机的动力通过离合器（手动档）、变速器，最后由传动轴传递给后桥驱动轮或前后驱动轮，驱动汽车行驶，如图 5-1 所示。传动轴在汽车结构中承担动力传递的作用。通过本单元的学习，学生应能掌握汽车上应用的轴的结构及特点，了解轴上零件的装拆和轴的结构工艺，了解如何既能节约材料和减小质量，又能提高轴的强度和刚度，为汽车轻量化发展做出贡献。

图 5-1　传动轴在汽车中的位置

素养目标：

1) 培养学生自主学习、独立思考和解决问题的能力。
2) 提高学生的沟通协调能力和团队合作精神。

知识目标：

1) 能够分清不同类型的轴的结构及特点。
2) 明确汽车上不同轴的应用。
3) 明确汽车上轴的定位和固定。

技能目标：

1) 能够区分汽车上应用的轴的类型及特点。
2) 能够正确拆装与调整汽车上的轴。

【知识准备】

轴是汽车上的重要零件之一，对汽车各种运动功能的实现发挥着重要的作用。其主要功用是支承旋转的机械零件，如齿轮、带轮、链轮、离合器等，并传递运动和动力。轴的工作状况直接影响机器的质量。轴类零件在汽车上的应用非常广泛，如图5-2所示为轴在荣威RX5湿式双离合变速器上的应用。

图5-2　荣威RX5湿式双离合变速器

一、轴的分类

1. 根据承受载荷的不同，轴可分为心轴、传动轴和转轴。

（1）心轴　只承受弯矩的轴称为心轴，心轴只用来支承转动零件，而不传递动力，如图5-3所示。心轴可以是转动的，如图5-3a所示的铁路机车车轮转动车轴；也可以是固定不动的，如图5-3b所示的自行车前轮固定心轴。

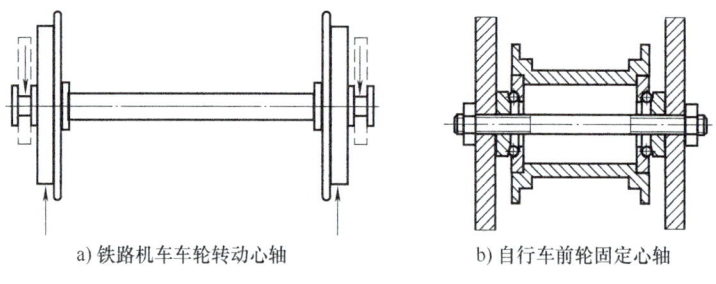

a) 铁路机车车轮转动心轴　　　b) 自行车前轮固定心轴

图5-3　心轴

（2）传动轴　只传递转矩而不承受弯矩（或承受很小的弯矩）的轴称为传动轴，图5-4a所示的汽车转向中间轴，图5-4b所示的变速器与汽车前桥、后桥连接的前、后轴就是传动轴。

（3）转轴　既支承转动零件又传递动力，也就是既承受弯矩又承受转矩的轴称为转轴，它是最常见的一种轴，如图5-5a所示的汽车发动机中的曲轴、图5-5b所示的汽车发动机中的凸轮轴、图5-5c所示的汽车变速器的输入轴及输出轴、图5-5d所示的汽车主减速器的输入轴等。

2. 根据轴线的几何形状不同，轴还可分为直轴、曲轴和软轴。

（1）直轴　直轴分为光轴和阶梯轴。图5-6a所示的光轴形状简单、加工容易，应力集中少，主要用来传递动力和运动，如活塞销轴和传动轴。图5-6b所示的阶梯轴便于轴上零件的装拆和固定，阶梯轴的各轴段截面的直径不同，而且便于轴上零件的装拆和固定，应用最为广泛，如变速器轴。

（2）曲轴　曲轴的轴线不在一条直线上，用于回转运动与直线往复运动的相互转换，属于专用零件，如图5-7所示的汽车发动机内部的曲轴。

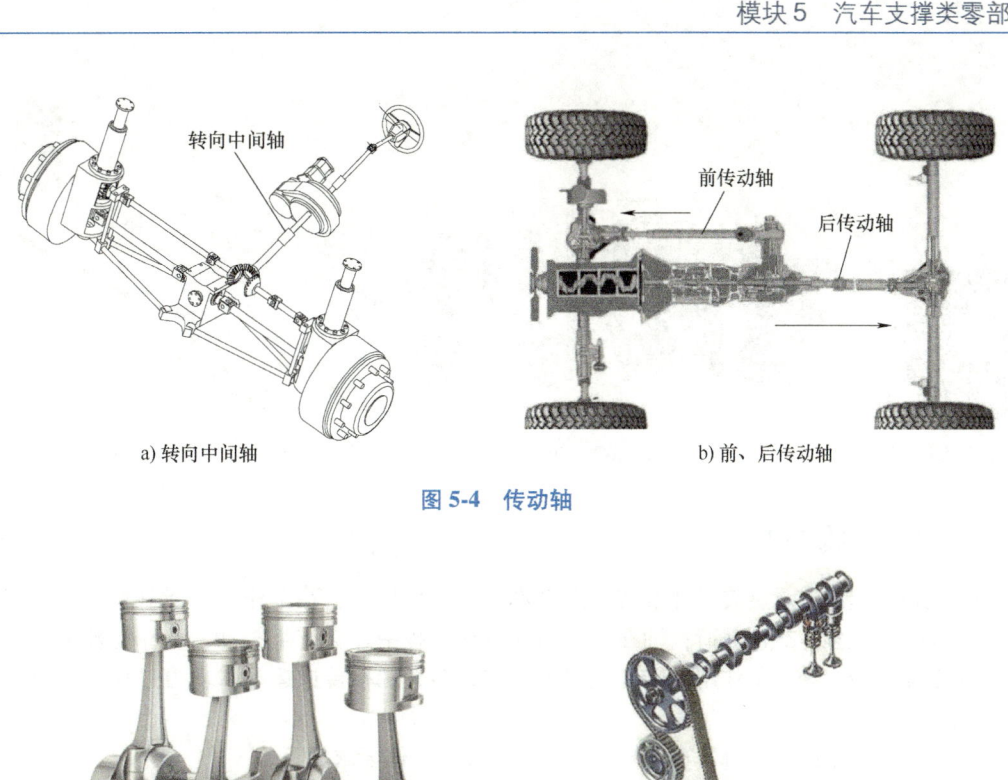

a) 转向中间轴   b) 前、后传动轴

图 5-4 传动轴

a) 曲轴   b) 凸轮轴

c) 变速器的输入轴及输出轴   d) 主减速器的输入轴

图 5-5 转轴

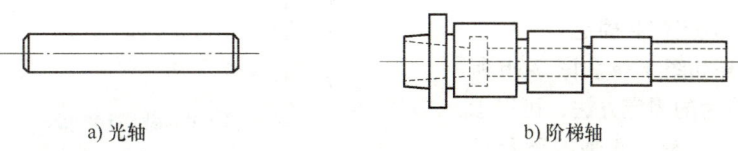

a) 光轴   b) 阶梯轴

图 5-6 直轴

（3）软轴 软轴由几层紧贴在一起的钢丝层构成，挠性好，能在轴线弯曲的状态下灵活地把转矩和旋转运动传到任何位置，如图 5-8 所示的换档拉锁轴。

曲轴

图 5-7　曲轴

图 5-8　换档拉锁轴

二、轴的结构要求

轴在机械上起着支承旋转零件及传递运动和动力的作用，它在工作时会受到弯矩、转矩或弯扭的复合作用，且多为交变载荷；轴在汽车高速运动过程中还会产生振动，从而使轴承承受冲击载荷；由于受机械运动冲击作用及转动惯量的影响，多数轴在传递运动和动力过程中会承受一定的过载载荷。

轴的结构要求轴的各部分具有合理的形状和尺寸，具体要求如下。

1）轴的结构要简单，便于加工，轴上零件要易于装拆。
2）轴和轴上零件要有准确的工作位置（定位）。
3）轴与轴上零件的连接要牢固可靠。
4）轴的结构要有助于改善受力情况，减少应力集中。

三、轴的定位和固定

零件在轴上的固定或连接方式随零件的作用而异，轴的结构不同则固定方法也不同。一般情况下，为了保证零件在轴上的工作位置固定，应在轴的轴向和周向对零件加以定位和固定。

1. 轴向定位和固定

零件的轴向定位与固定主要是为了保证零件有准确的定位和可靠的固定，以使其具有确定的安装位置，并能承受轴向力的同时而不产生轴向位移。常用轴肩、轴环、轴套、轴端挡圈、定位套筒和圆螺母等进行轴上轴向定位和固定。轴上零件定位和固定的方法主要取决于轴向力的大小。受轴向力大时，常用轴肩、轴环等方式定位和固定；受中等轴向力时，可用轴套、圆螺母和轴端挡圈定位和固定；当受力较小时，可用弹性挡圈、紧定螺钉等方式定位和固定。

1）轴肩和轴环如图 5-9a 和图 5-9b 所示。这是一种最常用的固定方法，可以承受较大的轴向力。齿轮和联轴器就是分

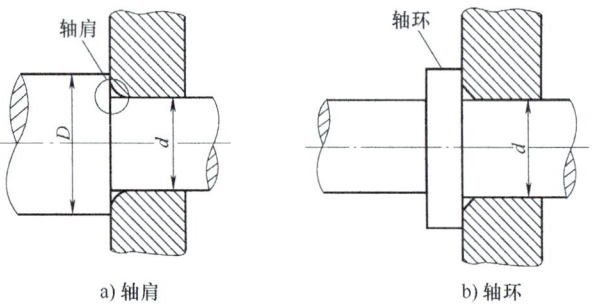

a）轴肩　　　b）轴环

图 5-9　轴肩和轴环

别靠轴环和轴肩进行轴向固定的。轴肩和轴环结构简单可靠，能承受较大的轴向力，广泛用于齿轮、带轮、联轴器、轴承等的轴向定位。用轴肩或轴环固定零件时，常采用其他辅件来防止零件向另一个方向移动，如采用圆螺母定位。

2）轴套如图 5-10 所示。轴套结构简单，定位可靠，调整方便，一般适用于轴上零件间距较小且非高速场合的轴向定位。

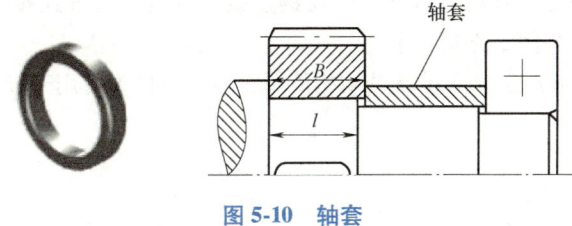

图 5-10　轴套

3）轴端挡圈如图 5-11 所示。轴端挡圈用于轴端零件的固定，工作可靠，用于轴端零件的轴向定位，需要防松固定措施。

4）圆螺母和止动垫圈如图 5-12 所示。圆螺母通常位于轴的中部和端部。为了防止螺母松脱，可采用双螺母或加止动垫圈。

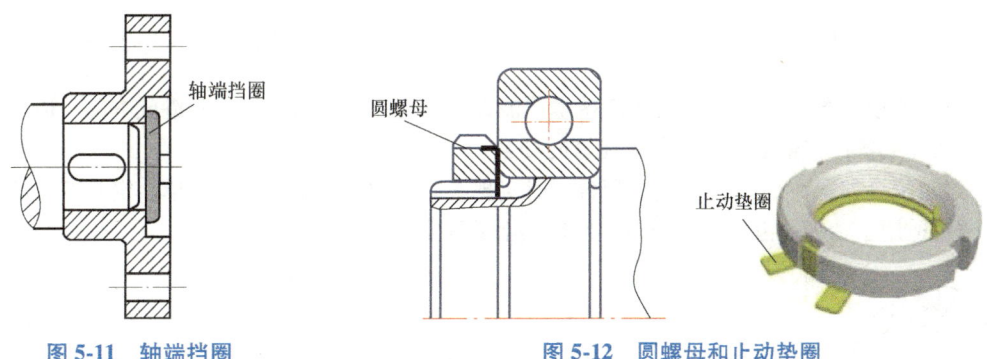

图 5-11　轴端挡圈　　　　　　图 5-12　圆螺母和止动垫圈

5）弹性挡圈如图 5-13 所示。弹性挡圈结构简单，装拆方便，适用于轴向力不大而轴上零件之间的距离较大的场合，常用于对轴承的定位。

6）紧定螺钉如图 5-14 所示。紧定螺钉结构简单，只能承受很小的轴向力，适用于转速很低或仅为防止零件偶然沿轴向移动的场合。

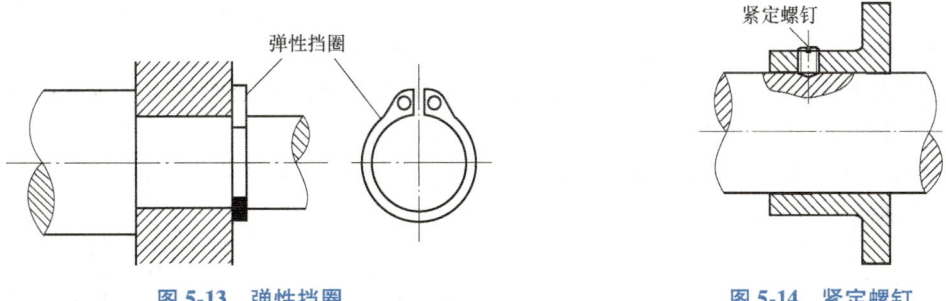

图 5-13　弹性挡圈　　　　　　图 5-14　紧定螺钉

7）圆锥面如图 5-15 所示。这种方式装拆方便，适用于轴端、高速、冲击及对中性要求较高的场合，可兼做周向固定，常与轴端挡圈一同使用，实现零件的双向定位。

2. 周向定位和固定

零件在轴上进行周向定位和固定是为了传递运动和转矩，防止轴上零件与轴

轴的周向定位

产生相对转动，轴和轴上零件必须可靠地沿周向固定。

固定方式的选择要根据传递转矩的大小和性质、轮毂与轴的对中精度要求、加工的难易等因素来决定。常用的周向固定的方法有键连接、花键连接、过盈配合等连接形式，这种连接称为轴毂连接。具体的周向定位与固定方式如下。

1）平键连接如图5-16所示。平键联结结构简单，装拆方便，可用于较高精度、较高转速及受冲击或变载荷作用的场合。

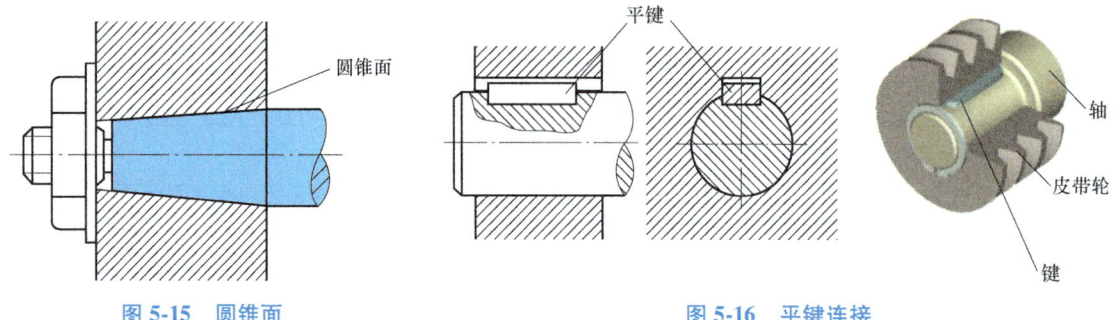

图5-15　圆锥面　　　　　　　　　　图5-16　平键连接

2）花键连接如图5-17所示。花键连接承载能力强，定心及导向性好，制造成本高，适用于对中性要求较高或零件在轴上移动时导向性好的场合。

3）过盈配合如图5-18所示。过盈配合同时实现周向和轴向固定，结构简单，定心好，承载能力强，通常适用于轴承、齿轮、轮毂等零件在轴上的固定。

图5-17　传动轴上的伸缩花键　　　　　图5-18　过盈配合

4）成形连接如图5-19所示。成形连接装拆方便，对中性好，能传递比平键更大的转矩，由光滑非圆剖面的轴头与零件相应的毂孔进行连接，加工复杂，主要用于静连接。

5）销连接如图5-20所示。销连接同时实现周向和轴向固定，承载能力较小，通常用于固定不太重要、传递载荷不大，且同时需要周向或轴向固定的零件。

6）螺钉连接如图5-21所示。螺钉连接结构简单，只能承受很小的载荷，不宜用于高速场合，通常用于传递载荷较小的场合。

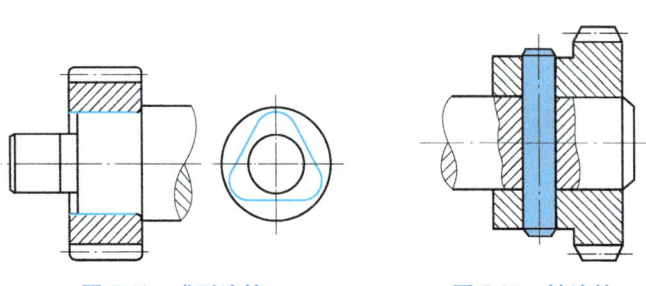 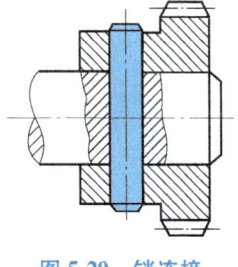 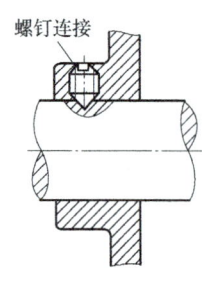

图5-19　成形连接　　　　图5-20　销连接　　　　图5-21　螺钉连接

四、轴上零件的装拆和轴的结构工艺性

阶梯轴的阶梯应保证零件能顺利地装拆。图 5-22 所示的阶梯轴，它的直径从轴端到中间逐段增大，可依次从右端将齿轮、套筒、滚动轴承、轴承盖和联轴器安装到轴上；另一滚动轴承安装在轴的左端，同时轴的端面应有倒角。

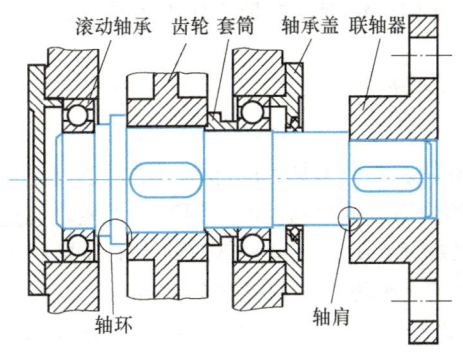
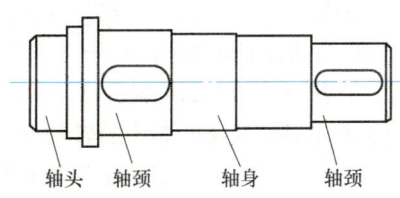

图 5-22 阶梯轴

轴的结构工艺性指轴的结构形式应便于加工和装配轴上的零件，且生产效率高、成本低。一般轴的结构越简单，其工艺性越好。因此，在满足使用要求的前提下，轴的结构形式应尽量简化，具体做法如下。

1) 为了便于装配零件并去掉毛刺，轴端应制出 45°的倒角，如图 5-23a 所示。

2) 轴上需要磨削的轴段，为了磨削方便，在轴颈或轴头与轴肩过渡处应留有砂轮越程槽，如图 5-23b 所示。

3) 轴上切制螺纹时，应有便于车刀退出的螺纹退刀槽，如图 5-23c 所示。

4) 为了减少加工时使用车刀的规格数量和换刀次数，最好将一根轴上所有的圆角半径取成同样大小，所有的倒角取成同样的尺寸，所有的退刀槽取成同样宽度。

5) 沿轴的长度方向需铣制几个键槽时，最好将这些键槽都开在轴的同一根母线上，键槽的宽度尽可能统一，以便于铣削的同时减少装夹工件的时间。

6) 为了使轴的各段有较好的同心度，轴两端面上的中心孔应有一定的表面粗糙度及合适的尺寸。

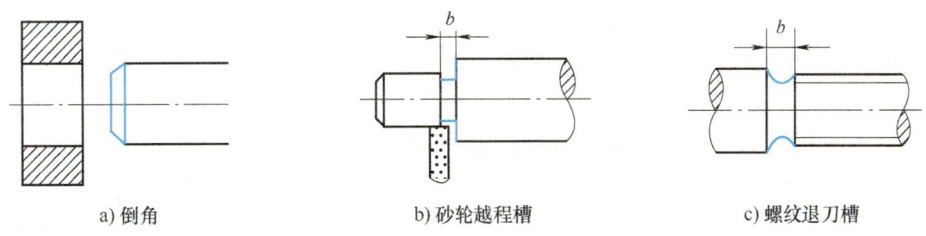

图 5-23 倒角、砂轮越程槽和螺纹退刀槽

【知识拓展】

轴类零件的激光熔覆修复技术

激光熔覆也称激光熔敷或激光包覆，是一种新的表面改性技术。它通过在基材表面添加熔覆材料，并利用高能密度的激光束使之与基材表面薄层一起熔凝的方法，在基层表面形成冶金结合

的添料熔覆层。大型工业纪录片《钢铁脊梁》中，钢铁"医生"就是通过轴类零件的激光熔覆修复技术对 52.3t 的旧轴进行修复，恢复其功能。

激光熔覆特点：熔覆层稀释度低但结合力强，与基体呈冶金结合，可显著改善基体材料表面的耐磨、耐蚀、耐热、抗氧化或电气特性，从而达到表面改性或修复的目的，满足材料表面特定性能要求的同时可大量节约材料的成本。与堆焊、喷涂、电镀和气相沉积相比，激光熔覆具有稀释度小、组织致密、涂层与基体结合好、适合熔覆材料多、粒度及含量变化大等特点，因此激光熔覆技术应用前景十分广阔。

从当前激光熔覆的应用情况来看，其主要应用于 3 个方面。

1）对材料的表面改性，如燃气轮机叶片、轧辊、齿轮等。

2）对产品的表面修复，如转子、模具等。有关资料表明，修复后的部件强度可达到原强度的 90%以上，其修复费用不到重置价格的 1/5，更重要的是缩短了维修时间，解决了大型企业重大成套设备连续可靠运行所必须解决的转动部件快速抢修难题。另外，对关键部件表面通过激光熔覆超耐磨、抗蚀合金，可以在零部件表面不变形的情况下大大提高零部件的使用寿命；对模具表面进行激光熔覆处理，不仅可以提高模具强度，还可以降低 2/3 的制造成本，缩短 4/5 的制造周期。

3）激光增材制造。通过同步送粉或送丝的方式，进行逐层的激光熔覆，进而获得具有三维结构的零部件。该技术又可称为激光熔化沉积、激光金属沉积、激光直接熔化沉积等。

课后调研：请通过阅读书籍或者互联网搜索，调研一种最新的轴类零件的加工工艺，并与同学分享。

【实践训练】

仪器设备及工具准备

1）设备：发动机台架 4 台。

2）工具：轴系总成拆装用套筒、棘轮扳手、指针式扭力扳手、预调式扭力扳手、梅花扳手、接杆、塑料锤、撬棍等常用工具和专用工具、量具若干套。

操作注意事项

1）会使用实训指导用书，实训过程中注意安全。

2）实训前检查发动机台架及相关工具的情况。

3）实训结束后整理设备工具，并清理场地。

实训内容

完成汽车发动机曲轴飞轮组的拆装与检测，并记录相关数据。

学院		专业		班级	
姓名		学号		日期	
指导教师					

一、准备工作

项目内容	情况记录
1. 工量具及仪器准备	
2. 实训指导书准备	
3. 检查发动机台架	

(续)

二、操作过程

要求：使用实训指导书和查阅维修手册，掌握汽车发动机曲轴飞轮组的拆装与检测步骤，在任务实施过程中注意安全及操作规范

1. 曲轴轴向间隙检测

测量数值：_____，查维修手册，标准值为_____

如果数据不在标准值范围内，维修方法是：_____

2. 曲轴主轴承轴颈及径向间隙的检测

径向间隙标准值为_____，主轴颈标准值为_____

项目测量及结果	第一道	第二道	第三道	第四道	第五道
			试验记录		
曲轴主轴承间隙/mm					
曲轴轴颈Ⅰ/mm					
曲轴轴颈Ⅱ/mm					
曲轴轴颈/mm					
结果判断及处理			□维修曲轴	□更换曲轴	□更换轴瓦

【评价反馈】

评价项目	评价标准	分值	得分
知识准备	熟知汽车发动机曲轴飞轮组的结构组成	10	
	熟知汽车发动机曲轴飞轮组的拆装与检测项目	10	
知识拓展	养成自主学习的习惯，养成良好职业习惯	20	
实践训练	不穿工作服、不穿工作鞋、不戴工作帽，每项扣1分	3	
	实训前不检查汽车发动机情况，实训结束后未清理场地，各扣5分	10	
	工量具（设备）每少准备一件扣1分	5	
	工量具（设备）选择不当，每次扣2分	4	
	实训指导书使用，每操作失误1次扣2分	4	
	项目测量结果，每错误1个扣0.5分	19	
	工单填写，填写记录字迹潦草或不完整，每项扣1分	5	
综合表现	能与同学密切合作，积极实践，安全地完成学习活动，具备严谨规范的工作作风	10	
	合计	100	

教师评语：

日期： 年 月 日

【课后测评】

一、填空题

1. 根据承受载荷的不同，轴可分为_____、_____和_____。
2. 根据轴线的几何形状不同，轴可分为_____、_____和_____。
3. 为了保证零件在轴上的工作位置固定，应在轴的_____和_____对零件加以定位和固定。
4. 轴上需要磨削的轴段，为了磨削方便，在轴颈或轴头与轴肩过渡处应留有_____。
5. 轴上切制螺纹时，应有便于车刀退出的_____。

二、选择题

1. 只承受弯矩的轴称为（　　）。
   A. 心轴　　　　　B. 传动轴　　　　C. 转轴
2. 只传递转矩而不承受弯矩（或承受很小的弯矩）的轴称为（　　）。
   A. 心轴　　　　　B. 传动轴　　　　C. 转轴
3. （　　）由几层紧贴在一起的钢丝层构成，挠性好，能在轴线弯曲的状态下灵活地把转矩和旋转运动传到任何位置。
   A. 直轴　　　　　B. 曲轴　　　　　C. 软轴
4. 为了便于装配零件并去掉毛刺，轴端应制出（　　）的倒角。
   A. 30°　　　　　B. 45°　　　　　C. 60°
5. 沿轴的长度方向需铣制几个键槽时，最好将这些键槽都开在轴的同一根（　　）上，键槽的宽度尽可能统一，以便于铣削的同时减少装夹工件的时间。
   A. 母线　　　　　B. 中心线　　　　C. 直线

三、简答题

轴上零件的轴向定位和固定方法有哪些？

单元2　轴　　承

单元描述：

轴承是支承轴颈的部件，有时也用来支承轴上的回转零件，它是机械中的重要组成部分。汽车发动机常用到的轴瓦是什么轴承，是什么材料制成的？通过本单元的学习，学生应能够掌握不同类型的轴承的结构及工作原理，了解汽车上不同轴承的类型及其应用，能够为汽车正确选用合适的轴承打下基础。

素养目标：

1）培养学生严谨、敬业的工作作风。
2）提高学生的爱岗敬业精神，提升职业素养。

模块 5　汽车支撑类零部件

> **知识目标：**
>
> 1）能够掌握不同类型的轴承的结构及工作原理。
> 2）了解汽车上不同轴承的类型及其应用。

> **技能目标：**
>
> 1）能够区分汽车上应用的轴承的类型及特点。
> 2）能够为汽车正确选用合适的轴承。
> 3）能够正确拆装与调整汽车上的轴承。

【知识准备】

汽车上广泛应用轴承，图 5-24 所示为汽车上应用的部分轴承。

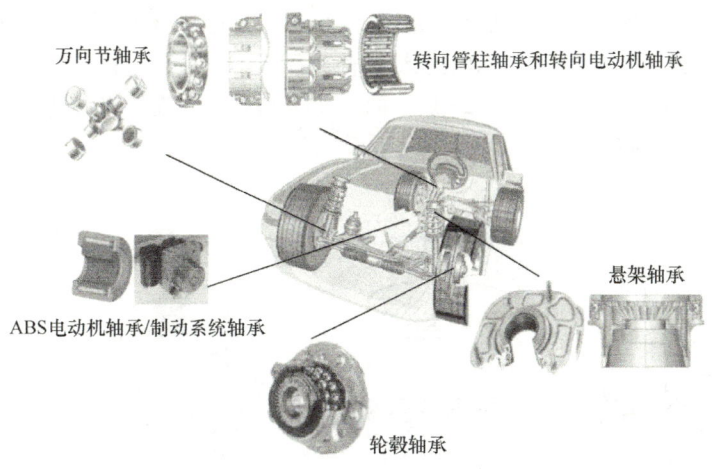

图 5-24　汽车上应用的部分轴承

轴承的主要功用是：支承轴及轴上零件并保持轴的旋转精度；减少旋转轴与支承之间的摩擦和磨损。根据轴承工作时其支承处相对运动表面的摩擦性质，轴承分为滑动摩擦轴承和滚动摩擦轴承两大类，分别简称为滑动轴承和滚动轴承。滚动轴承具有一系列优点，在机械传动中得到广泛的应用；滑动轴承在高速、高精度、重载、结构上要求剖分等场合显示出它的优异性能，内燃机、汽轮机等机械中都采用滑动轴承。

一、滑动轴承

滑动轴承具有结构简单、制造及装拆方便、成本低、承载能力较大、运转平稳、旋转精度高、使用寿命长、噪声小等优点，其缺点是维护复杂、对润滑条件要求高等。

滑动轴承常用于以下场合：有较大的冲击和振动载荷；对轴的支承位置要求特别精确；根据装配要求必须采用剖分结构；径向尺寸特别小；在特殊条件下工作，如在水或腐蚀性介质中工作等。

1. 滑动轴承的结构形式

根据所受的载荷方向，滑动轴承可分为径向滑动轴承、止推滑动轴承、径向止推滑动轴承，如图 5-25 所示。

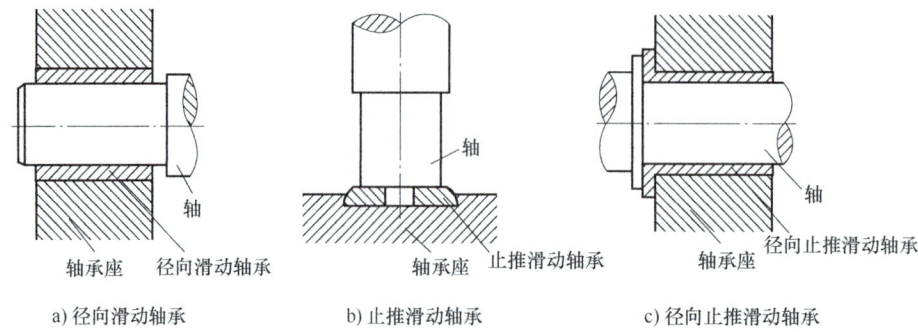

a) 径向滑动轴承　　　　b) 止推滑动轴承　　　　c) 径向止推滑动轴承

图 5-25　滑动轴承的类型

（1）径向滑动轴承　径向滑动轴承主要承受径向载荷，结构形式有整体式、剖分式、自动调心式、间隙可调式和多油楔式几种。

1) 整体式径向滑动轴承，又称轴套，如图 5-26 所示，分为不带挡边和带挡边两种，如图 5-27a 和图 5-27b 所示。整体式径向滑动轴承结构简单、成本低廉，但拆装不便，轴颈只能从端部装入，轴承座用螺栓与机座连接。图 5-28 所示的汽车发动机活塞连杆组中连杆小头处用的就是不带挡边的整体式径向滑动轴承。

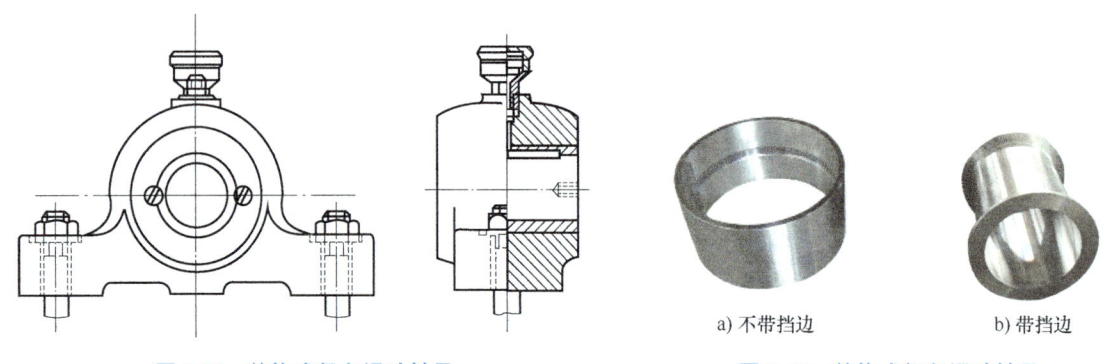

图 5-26　整体式径向滑动轴承　　　　图 5-27　整体式径向滑动轴承

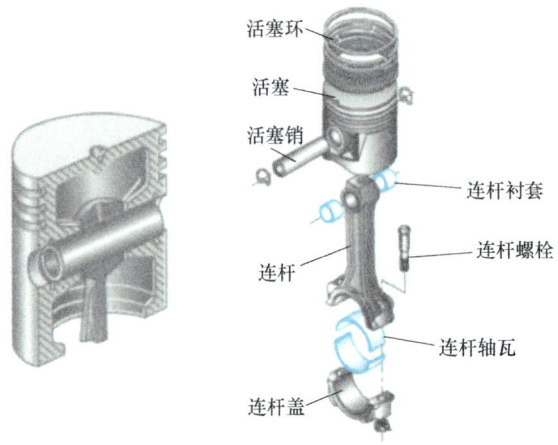

图 5-28　汽车发动机活塞连杆组

2) 剖分式径向滑动轴承，又称轴瓦，图5-29 所示是一种普通的剖分式径向滑动轴承，它由轴承座、轴承盖、剖分的上、下轴瓦和连接螺栓等组成。它也分为不带挡边和带挡边两种，如图5-30a和图5-30b 所示。在上、下轴瓦的剖分面处加工有定位唇，便于装配时定位；轴瓦上开有油孔和油沟，以便将润滑油引入轴承，并布满工作表面。这种轴承装拆方便，应用广泛，轴承中直接支承轴颈的零件是轴瓦，常用于汽车发动机连杆大头（图5-28）和曲轴主轴颈等处。

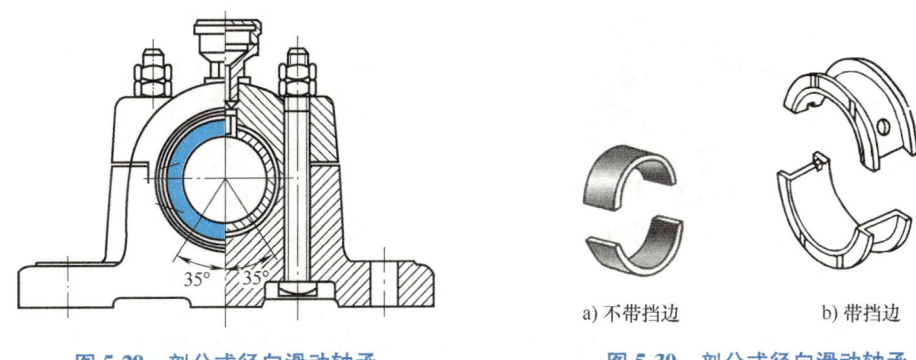

图5-29　剖分式径向滑动轴承　　　　　　　图5-30　剖分式径向滑动轴承

a) 不带挡边　　b) 带挡边

（2）止推滑动轴承　止推滑动轴承可承受轴向载荷，有端面止推滑动轴承和环形止推滑动轴承两种结构。

1) 端面止推滑动轴承。端面止推滑动轴承分为实心端面止推滑动轴承和空心端面止推滑动轴承。实心端面止推滑动轴承由于工作时中心和边缘的磨损程度不同，导致轴端中心的载荷过于集中，而采用空心端面止推滑动轴承即可避免这种现象出现。

2) 环形止推滑动轴承。环形止推滑动轴承分为单环止推滑动轴承和多环止推滑动轴承。环形止推滑动轴承可以承受双向轴向载荷，其中多环止推滑动轴承承载能力较大。环的数目根据载荷的大小确定。环形轴承的轴瓦和壳体必须采用剖分式方可安装。

在汽车发动机中，为了保证曲轴的轴向定位，承受离合器等引起的轴向推力，并防止轴产生轴向窜动，通常在轴颈和端面安装止动垫片。止动垫片按结构分为环形止动垫片、半圆形止动垫片和翻边轴瓦（半圆止动垫片与轴瓦做成一体）3种形式，如图5-31 所示。过去常用带翻边的轴承，现在比较广泛采用的是单独的推力轴承环或半圆止动垫片。

a) 环形止动垫片　　b) 半圆形止动垫片　　c) 翻边轴瓦

图5-31　止动垫片

（3）径向止推滑动轴承　径向止推滑动轴承可以同时承受径向载荷和轴向载荷。轴向载荷由其中的环形止推块或止推轴瓦承受，径向载荷则由其中的轴瓦承受。

2. 轴瓦的结构形式和材料

滑动轴承可分解为轴承座体和轴瓦两大部分。轴瓦是滑动轴承的主要元件，是与轴颈直接接触的部分，由于轴瓦与轴颈的工作表面之间有一定的相对滑动速度，因此从摩擦、磨损、润滑和导热等方面都对轴瓦的结构和材料提出了要求，其结构设计是否合理对轴承性能影响很大。

（1）轴瓦的结构形式　常用的轴瓦与轴承的结构形式相对应，有整体式（图 5-32a）和剖分式（图 5-32b）两种结构。对于大型的轴承，为了既能改善轴承的摩擦性能，提高其承载能力，又能节省贵重的合金材料，常在轴瓦内表面上再浇铸或轧制一薄层轴承合金，这层轴承合金称为轴承衬，有轴承衬的轴瓦在工作时是轴承衬与轴颈直接接触，轴瓦只起支承作用。为了使轴承衬贴附牢固，常在瓦背上制出各种形式的沟槽。

a) 整体式轴瓦　　　　　　　　b) 剖分式轴瓦

图 5-32　轴瓦

（2）轴瓦的定位和固定　为了保证轴瓦在轴承座中不会发生轴向移动和周向转动，轴瓦必须进行可靠的定位和固定。整体式轴瓦可以采用过盈配合，也可以采用螺钉固定和销钉固定。剖分式轴瓦可以采用空心套管和凸缘来定位和固定。

（3）油孔、油沟及油室　为了使摩擦表面得到润滑，轴瓦一般均开设有油孔、油沟及油室，如图 5-33 所示，以便向轴承加注润滑油。油沟的作用是将润滑油导入轴瓦中，其一般开在轴瓦的正上方。油孔应开在非承载区，而不能开在承载区，若开在承载区将导致润滑油难以进入承载区。油沟的作用是方便润滑油进入轴承并均布到整个工作表面。

对一些重型机械的滑动轴承，为保证对轴承的稳定供油和增大油量以达到改善轴承的散热的目的，常常在轴瓦上开设油室。油室也应开在非承载区。油室可以覆盖整个非承载区，也可以布置在轴瓦的两侧。为防止轴瓦沿轴承座轴向窜动，轴瓦两边应制有凸缘。

图 5-33　轴瓦的油孔、油沟

二、滚动轴承

汽车的自动变速器具有操作容易、驾驶舒适等优点，采用多种滚动轴承来支承轴和轴上的零件，如图 5-34 所示。

滚动轴承和滑动轴承的作用相同，都用于支承轴和轴上的转动零件，它与滑动轴承的根本区别是以滚动摩擦代替了滑动摩擦。由于滚动轴承具有效率高、起动灵敏、润滑简便和易于互换等优点，在汽车中得到了广泛的应用。

1. 滚动轴承的结构及特性

（1）滚动轴承的结构　滚动轴承由外圈、内圈、滚动体和保持架组成，如图 5-35 所示。内圈装在轴颈上随轴一起转动，外圈装在机座或零件的轴承座孔内不动；但也有外圈转动、内圈不动的使用情况。滚动体是滚动轴承的核心元件，当内、外圈转动时，滚动体在内、外圈的滚道中滚动。滚动体的形状有球形、圆柱形、圆锥形、球面形和滚针形等，如图 5-36 所示。保持架将滚动体均匀隔开，使其沿圆周均匀分布，减小滚动体之间的摩擦和磨损。

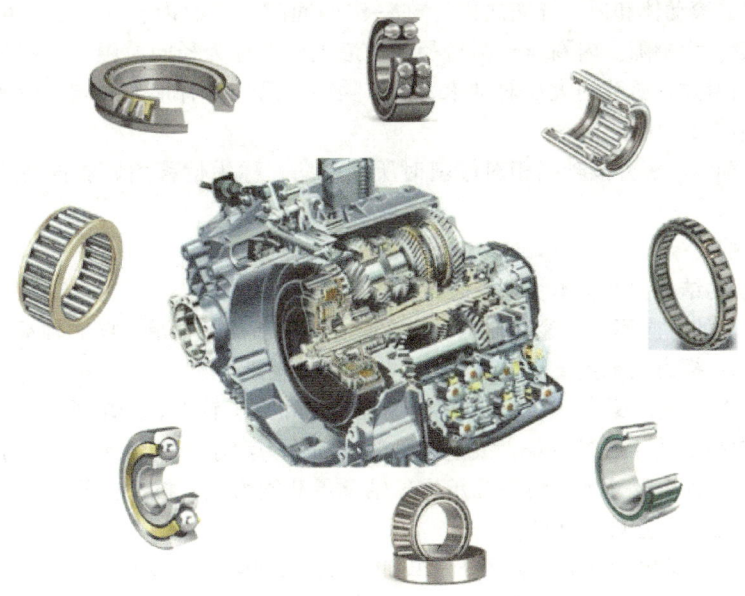

图 5-34　滚动轴承在汽车自动变速器中的应用

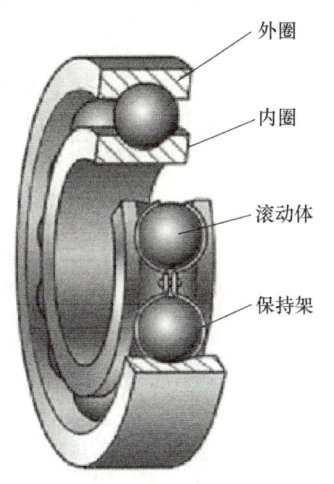

图 5-35　滚动轴承的结构

轴承类型

a) 球形　　b) 圆柱形　　c) 圆锥形　　d) 球面形　　e) 滚针形

图 5-36　滚动体的类型

（2）滚动轴承的结构特性

1）接触角。滚动体和外圈接触处的法线与轴承的径向平面（垂直于轴承轴心线的平面）的夹角 α，称为该滚动轴承的公称接触角。α 越大，轴承承受轴向载荷的能力越大。

2）游隙。有的滚动体和内、外圈之间存在一定的间隙，因而内、外圈之间可以产生相对位移。其最大位移量称为游隙。内圈与外圈沿径向的最大位移称为径向游隙；内圈与外圈沿轴向的最大位移称为轴向游隙。游隙的大小对轴承寿命、噪声、温升等有很大影响，应按使用要求进行游隙的选择或调整。

3）偏移角。轴承内、外圈轴线相对倾斜时所夹锐角，称为偏移角。能自动适应角偏移的轴承，称为调心轴承。

2. 滚动轴承的类型

常用滚动轴承的结构图及基本特性见表5-1。

1）按承受载荷的方向不同，滚动轴承可分为向心轴承和推力轴承。向心轴承主要承受径向载荷，如深沟球轴承；推力轴承主要受轴向载荷，如推力球轴承。

2）按照滚动体的形状不同，滚动轴承可分为球轴承和滚子轴承。球轴承的滚动体为球，极限速度大、承载能力和承受冲击能力弱。滚子轴承的滚动体为滚子，极限速度小、承载能力和承受冲击能力强。在同样外形尺寸下，滚子轴承比球轴承承载能力强、抗冲击能力强；而球轴承则具有制造方便、价格低廉、运转灵活的优点。

3）按照滚动体的列数，滚动轴承可分为单列轴承、双列轴承和多列轴承。

4）按照工作时能否调心，滚动轴承可分为调心轴承和非调心轴承。

表5-1 常用滚动轴承的结构图及基本特性

轴承名称	结构图	简图及承载方向	标准编号	基本特性
调心球轴承		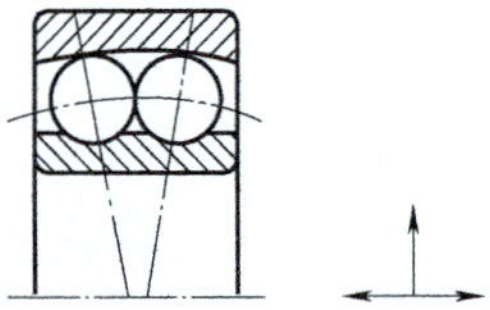	GB/T 281	外圈滚道表面是以轴承中点为中心的球面，能自动调心，一般不宜承受纯轴向载荷
调心滚子轴承		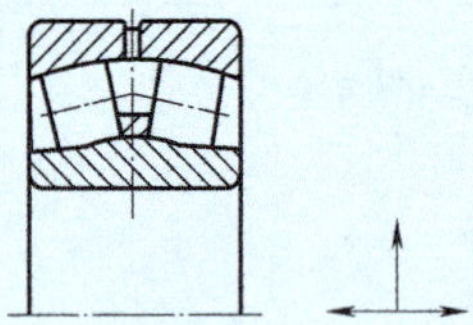	GB/T 288	性能、特点与调心球轴承相同，但具有较大的径向承载能力
圆锥滚子轴承		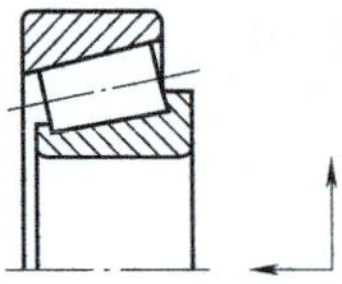	GB/T 297	可以同时承受径向载荷及轴向载荷，外圈可分离，安装时可调整轴承的游隙，一般成对使用
双列深沟球轴承		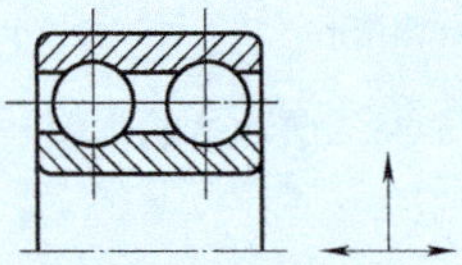	—	主要承受径向载荷，也可同时承受一定的双向轴向载荷，它比深沟球轴承的承载能力大

（续）

轴承名称		结构图	简图及承载方向	标准编号	基本特性
推力球轴承	单向			GB/T 301	只能承受单向轴向载荷，极限转速很低，轴线必须与轴承座底面垂直，载荷必须与轴线重合，以保证钢球载荷的均匀分配
	双向		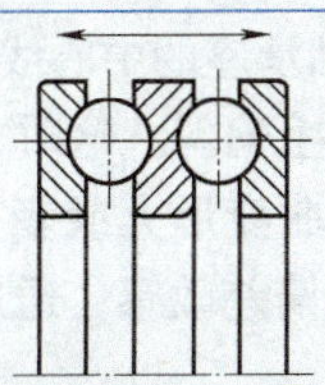	GB/T 301	可承受双向轴向载荷，用于轴向载荷大、极限转速不高的场合
深沟球轴承			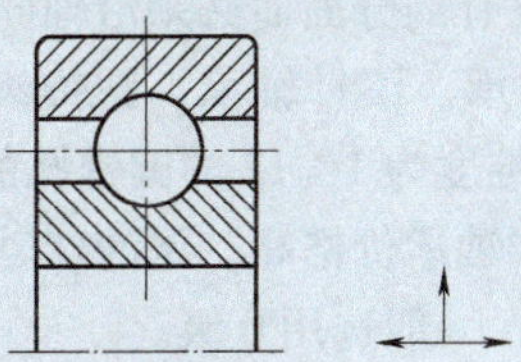	GB/T 276	主要承受径向载荷，也可同时承受小的轴向载荷。在高转速时，可用来承受纯轴向载荷。可大量生产，价格最低，应用最广泛
锁口在外圈的角接触球轴承			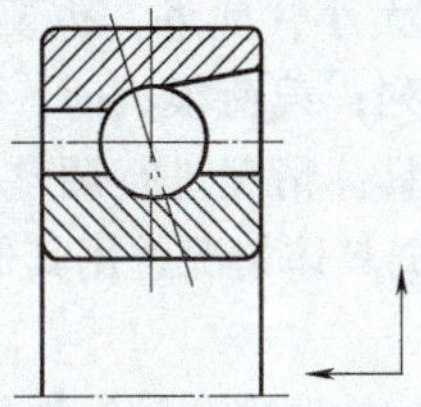	GB/T 292	可以同时承受径向载荷及轴向载荷，也可单独承受轴向载荷，能在较高转速下正常工作，一般成对使用
推力圆柱滚子轴承			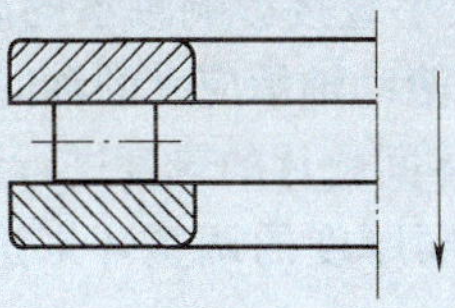	GB/T 4663	能承受很大的单向轴向载荷，不允许有角偏差，极限转速低
外圈无挡边圆柱滚子轴承			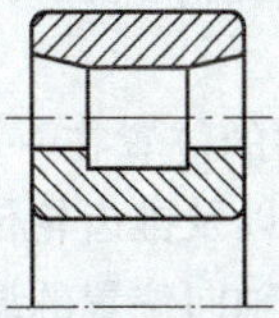	GB/T 283	外圈（或内圈）可以分离，故不能承受轴向载荷，通常用于承受纯径向载荷的场合
滚针轴承			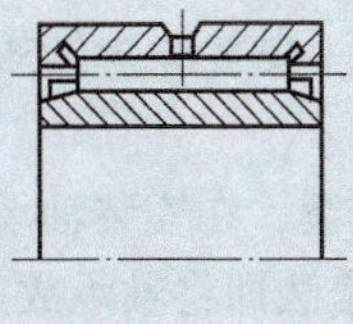	GB/T 5801	有较大的径向承载能力，外圈或内圈可以分离，不能承受轴向载荷，适用于径向安装位置受限制的重载低速场合

3. 滚动轴承的选择

选择滚动轴承时先选择类型，再选择尺寸。正确选择滚动轴承类型时应考虑以下 5 个主要因素。

1）轴承所受的载荷。轴承所受的载荷的大小、方向和性质是选择轴承类型的主要依据。

2）轴承的转速。转速较高、载荷较小或要求旋转精度较高时，宜选用球轴承；转速较低，载荷较大或有冲击载荷时，宜选用滚子轴承；工作转速较高时，若轴向载荷不是很大，可采用角接触球轴承承受纯轴向载荷。

3）轴承的调心性能。当轴的中心线与轴承座的中心线不重合而有角度误差时，或因轴受力弯曲或倾斜时，会造成轴承的内、外圈轴线发生偏斜。这时，应采用有一定调心性能的调心球轴承或调心滚子轴承。对于支点跨距大、轴的弯曲变形大或多支点轴，也可考虑选用调心轴承。圆柱滚子轴承、滚针轴承和圆锥滚子轴承对角度偏差敏感，适用于轴承与轴承座孔能保证同心、轴的刚度较高的地方。

4）轴承的安装和拆卸。当轴承座没有剖分面而必须沿轴向安装和拆卸轴承部件时，应优先选用内外圈可分离的轴承（如圆柱滚子轴承、滚针轴承、圆锥滚子轴承等）。当轴承在长轴上安装时，为了便于装拆，可以选用其内圈孔锥度为 1∶12 的圆锥孔的轴承。

5）经济性要求。一般滚子轴承比球轴承价格高，深沟球轴承价格最低，常被优先选用。轴承精度越高，则价格越高，若无特殊要求，一般选用 0 级。

当类型确定后，还要考虑选择哪个尺寸系列。尺寸系列包括直径系列和宽度系列。选择轴承的尺寸系列时，主要考虑轴承承受载荷的大小，此外，也要考虑结构的要求。就直径系列而言，载荷很小时，一般可以选择超轻或特轻系列；载荷很大时，可考虑选择重系列；一般情况下，可先选用轻系列或中系列，待校核后再根据具体情况进行调整。对于宽度系列，一般情况下可选用正常系列，若结构上有特殊要求时，可根据具体情况选用其他系列。

4. 滚动轴承组合结构的调整

滚动轴承组合结构的调整包括轴承间隙的调整和轴组件位置的调整。

（1）轴承间隙的调整　轴承间隙的大小直接影响轴承的旋转精度、轴承寿命和传动零件工作的平稳性。通常采用如下的调整措施保证滚动轴承应有的轴向间隙。

1）调整垫片。靠加减轴承端盖与箱体间垫片的厚度进行调整。

2）调整环。在端盖与轴承间设置不同厚度的调整环来进行调整，调整环的厚度在装配时确定，这种调整方式适用于嵌入式端盖。

3）可调压盖。利用端盖上的调整螺钉推动轴承外圈可调压盖移动滚动轴承外圈进行调整，调整后用螺母锁紧。

（2）轴组件位置的调整　轴上安装的零件的位置在一些场合也要求有精确的轴向位置，例如蜗轮蜗杆的传动中蜗轮和蜗杆的轴向位置调整以及锥齿轮传动中的两个锥齿轮的轴向位置调整等。一般采用增减垫片等方法来实现对轴上零件的轴向位置的调整。

5. 滚动轴承的装拆

滚动轴承是精密零件，其安装与拆卸均应按有关的规范进行，避免损坏和降低精度。可见，滚动轴承的组合结构设计应利于轴承的装拆。安装和拆卸轴承的力应直接加在配合的套圈端面，不能通过滚动体传递。

1）轴承的安装。由于内圈与轴的配合较紧，在安装轴承时可采用冷压法和热套法进行。冷压法即利用专用的压套压装轴承的内外圈；热套法即将轴承放入油池加热至 80~100℃ 然后套装在轴上。轴承的安装可以仅安装轴承的内圈或同时安装轴承的内、外圈。

2）轴承的拆卸。轴承的拆卸应采用专用的拆卸工具（轴承顶拔器）或压力机进行拆卸，如

图5-37所示。其中，内、外圈可分离的轴承，其外圈的拆卸可用压力机、套筒或螺钉顶出，也可以用专用设备拉出。为了便于拆卸，轴上定位轴肩的高度应小于轴承内圈的高度。

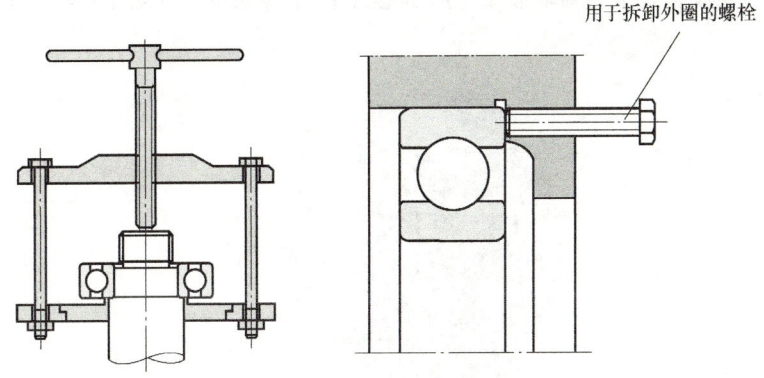

图5-37 轴承的拆卸

6. 滑动轴承与滚动轴承的比较

滑动轴承与滚动轴承的比较见表5-2，供选择轴承类别时参考。由于滚动轴承具有摩擦阻力小、易于起动、效率高、润滑简便和互换性好的优点，所以应用广泛；而滑动轴承除了用于简单和成本要求低的场合外，主要用于滚动轴承难以满足支承的场合，如高速、高精度、重载荷、要求剖分结构等场合，此外，在低速而带有较大冲击的机器中也常采用滑动轴承。

表5-2 滑动轴承与滚动轴承的比较

比较项目	滚动轴承	滑动轴承	
		非液体摩擦	液体摩擦
工作时的摩擦因数及一对轴承的效率	$f' = 0.0015 \sim 0.1$ $\eta = 0.95 \sim 0.97$	$f' = 0.008 \sim 0.1$ $\eta = 0.95 \sim 0.97$	$f' = 0.001 \sim 0.1$ $\eta = 0.995 \sim 0.999$
适应工作速度、噪声工作情况	低中速，噪声较大，适用于经常起动的场合	低速，无噪声，不宜频繁起动	中高速，无噪声，不宜频繁起动（静压轴承除外）
旋转精度	较高	较低	一般较高
承受冲击振动能力	较差	较好	好
外廓尺寸	径向大，轴向小	径向小，轴向大	
维护	对灰尘敏感，需密封，润滑简单，耗油量小，不需要经常照料	不需要密封，但需润滑装置，耗油量较多，需经常照料	

【知识拓展】

磁悬浮轴承

磁悬浮轴承，是利用磁力作用将转子悬浮于空中，使转子与定子之间没有机械接触，如图5-38所示。其原理是磁力线与磁浮线垂直，轴心与磁浮线是平行的，所以转子就固定在运转的轨道上，利用几乎是无负载的轴心往反磁浮线方向顶撑，形成整个转子悬空，在固定运转轨道上。

与传统的滚动轴承、滑动轴承以及油膜轴承相比，磁悬浮轴承不存在机械接触，转子可以运行到很高的转速,具有机械磨损小、能耗低、噪声小、寿命长、无须润滑、无油污染等优点,特别适用于高速、真空、超净等特殊环境中。磁悬浮事实上只是一种辅助功能,并非是独立的轴承形式,具体应用还得配合其他的轴承形式,例如磁悬浮+滚珠轴承、磁悬浮+含油轴承、磁悬浮+汽化轴承等。

图 5-38 磁悬浮轴承

课后调研:请通过阅读书籍或者互联网搜索,调研滚动轴承是如何加工出来的,并与同学分享。

【实践训练】

仪器设备及工具准备
1)设备:活塞连杆组 4 套。
2)工具:汽车专用拆装工具、轴承顶拔器等。

操作注意事项
1)会使用实训指导用书,实训过程中注意安全。
2)实训前检查活塞连杆组及工具的情况。实训结束后整理设备工具,并清理场地。

实训内容
掌握汽车发动机活塞连杆组拆装,能够用轴承顶拔器拆卸活塞连杆组上的轴承,识别其轴承类型并记录,完成任务工单的填写。

学院		专业		班级	
姓名		学号		日期	
指导教师					

一、准备工作

项目内容	情况记录
1. 拆装工具及设备准备	
2. 实训指导书准备	
3. 检查活塞连杆组	

（续）

二、操作过程

1. 汽车发动机活塞连杆组的轴承类型为：_____、_____

	轴承类型	特点	图片
2. 写出各轴承类型，并附图加以说明			

【评价反馈】

评价项目	评价标准	分值	得分
知识准备	熟知汽车发动机活塞连杆组的结构组成	10	
	熟知汽车发动机活塞连杆组轴承的类型及拆装方法	10	
知识拓展	养成自主学习的习惯，养成良好职业习惯	20	
实践训练	不穿工作服、不穿工作鞋、不戴工作帽，每项扣1分	3	
	实训前不检查活塞连杆组情况，实训结束后未清理场地，各扣5分	10	
	工量具（设备）每少准备一件扣1分	5	
	工量具（设备）选择不当，每次扣2分	10	
	实训指导书使用，每操作失误1次扣2分	8	
	活塞连杆组轴承的类型记录，每错误1个扣2分	4	
	工单填写，填写记录字迹潦草扣2分	2	
	工单填写，填写记录不完整，每项扣1分	8	
综合表现	能与同学密切合作，积极实践，安全地完成学习活动，具备严谨规范的工作作风	10	
	合计	100	

教师评语：

日期： 年 月 日

【课后测评】

一、填空题

1. 根据滑动轴承所能承受载荷的方向，将主要承受径向载荷的滑动轴承称为_____，主要承受轴向载荷的滑动轴承称为_____。

2. 径向滑动轴承有_____和_____等形式。

3. 滚动轴承主要由_____、_____、_____和_____组成。
4. 滚动轴承按照滚动体的形状不同可分为_____和_____两类。

二、选择题

1. 滑动轴承通常应用于（　　）的情形。
   A. 低速、重载、精度不高　　　　　　B. 高速、重载、高精度
   C. 轻载、中速
2. 滑动轴承的寿命取决于（　　）的寿命。
   A. 轴承座　　　　B. 轴承盖　　　　C. 轴瓦
3. 滚动轴承采用不同的滚动体，其承受载荷的能力也不一样，（　　）滚动体能够承受较大的径向载荷。
   A. 球形　　　　B. 圆柱形　　　　C. 圆锥形　　　　D. 球面形
4. 高速时应优先选用（　　）。
   A. 深沟球轴承　　B. 圆柱滚子轴承　　C. 圆锥滚子轴承　　D. 推力球轴承
5. 可同时承受径向载荷和轴向载荷的滚动轴承是（　　）。
   A. 向心推力轴承　　B. 推力轴承　　C. 向心轴承　　D. 球轴承

模块 6

汽车连接类零部件

单元 1　键、销及螺纹连接

单元描述：

汽车的机械部分通常由若干零部件组成，而零部件间需要有一定形式的连接才能构成具有一定功能的机构。如汽车变速器内部有许多齿轮和转轴，轴与轴上的齿轮采用键连接实现传动，在汽车上根据结构与功能不同，键连接有多种形式，各有特点。在发动机的内部结构中有销、螺纹等连接形式，本单元将学习键、销、螺纹的种类、特点及作用，为继续学习汽车构造与维修等知识打下坚实的基础。

素养目标：

1) 培养学生爱岗敬业、严谨认真的职业态度。
2) 树立学生的责任意识。
3) 培养学生的团队意识和协作能力。

知识目标：

1) 掌握键连接的作用、特点、类型和应用。
2) 熟知销的作用、分类、特点和应用。
3) 熟知螺纹的类型、特点和应用。

技能目标：

1) 能正确进行汽车各种类型键的拆装。
2) 能正确进行螺纹连接的预紧与防松。
3) 能正确分清螺纹连接、键和销的类型及在汽车上的应用。

【知识准备】

一、键的连接与应用

1. 键的作用与特点

键连接主要用于轴与轴上零件，如齿轮、带轮、联轴器（图 6-1）之间的周向固定，用以传递转矩，其中有的键连接也兼有轴向固定或轴向导向的作用。

2. 键的类型

键是标准件，它可以分为平键、半圆键、楔键、花键及切向键等几类。平键连接和半圆键连接构成松键连接，楔键和切向键连接构成紧键连接，除此以外还有花键连接。

（1）平键连接　平键是矩形截面的连接键，其两侧面是工作面，上表面与轮毂上的键槽底部之间留有间隙，键的上、下表面为非工作面。工作时靠键与键槽侧面的挤压来传递转矩。平键连接具有结构简单、装拆方便、对中性好等优点,因而应用广泛,如图 6-2 所示。

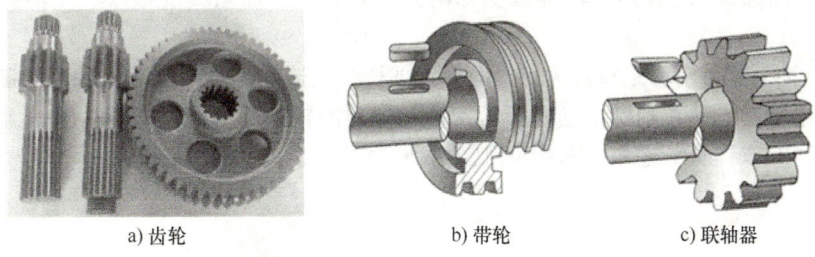

a) 齿轮　　　　　　　　b) 带轮　　　　　　　　c) 联轴器

图 6-1　齿轮、带轮、联轴器

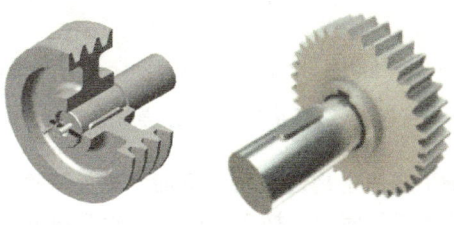

图 6-2　平键连接

1) 普通平键。普通平键在键连接中应用最为普遍,按端部结构不同分为圆头普通平键(A型)、平头普通平键(B型)和单圆头普通平键(C型),如图 6-3 所示。普通平键对中性良好,装拆方便,适用于高速、高精度和承受载荷、冲击的场合,但不能实现轴上零件的轴向定位。

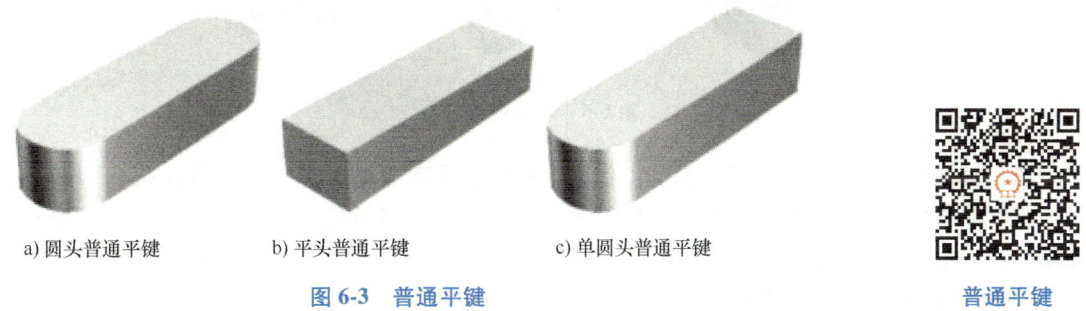

a) 圆头普通平键　　　　　b) 平头普通平键　　　　　c) 单圆头普通平键

图 6-3　普通平键　　　　　　　　　　　　　　　　　**普通平键**

2) 导向平键。导向平键用于轮毂与轴间需要有相对滑动的动连接(图 6-4)。导向平键用螺钉固定在轴上的键槽中,轮毂沿键的侧面轴向滑动。为便于拆装,制有起键螺孔。导向平键用于轮毂沿轴向移动距离较小的场合,如变速器中的滑移齿轮,当轮毂的轴向移动距离较大时宜采用滑键连接。

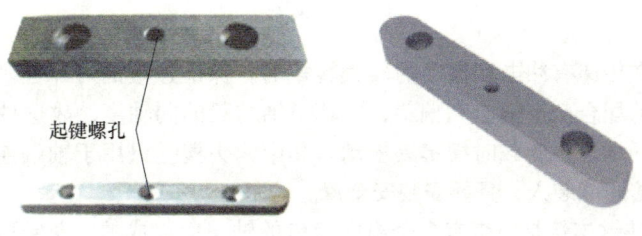

起键螺孔

图 6-4　导向平键连接

导向平键装拆方便，对零件对中性无影响，容易制造，作用可靠，多用于高精度连接。但其只能圆周固定，易窜动（轴向），不能承受轴向力。其要求表面粗糙度值小、光洁程度高、摩擦小，否则寿命短。

3) 滑键。轴上零件滑移距离越大，导向平键越长，制造越困难，这时宜采用滑键。滑键固定在轮毂上，轮毂带动滑键在轴槽中轴向滑动，轴上应冲出较长的键槽。滑键在轮毂上固定可采用不同方式，主要有双钩头滑键和单圆钩头滑键两种结构形式，如图 6-5 所示。

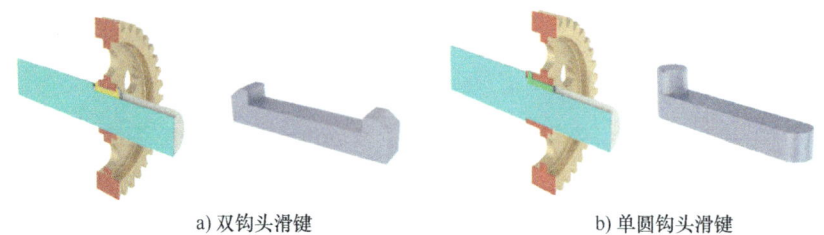

a) 双钩头滑键　　　　　　　　　b) 单圆钩头滑键

图 6-5　滑键连接

（2）半圆键连接　半圆键工作面也是键的两个侧面。轴上键槽用与半圆键半径相同的盘状铣刀铣出，因此半圆键在槽中可绕其几何中心摆动，以适应轮毂槽底面的斜度。半圆键连接的结构简单，制造和装拆方便，但由于轴上键槽较深，对轴的强度削弱较大，故一般多用于轻载连接，尤其是用于锥形轴端与轮毂的连接中，如图 6-6 所示。

图 6-6　半圆键连接

（3）楔键连接　楔键的上下表面是工作面，键的上表面和轮毂键槽底面均具有 1∶100 的斜度。装配时将楔键打入，使楔键楔紧在轴和轮毂的键槽中，楔键的上、下表面受挤压，工作时，靠键、轴、毂之间的摩擦力及键受到的偏压来传递转矩，同时能承受单方向的轴向载荷。楔键连接用于静连接。楔键分为普通楔键和钩头楔键，如图 6-7 所示。

a) 普通楔键　　　　　　　　　b) 钩头楔键

图 6-7　楔键

楔键连接优点：在传递有冲击和振动的较大转矩时，保证连接的可靠性。楔键连接缺点：键在楔紧后，轴和轮毂的配合产生偏心和偏斜，破坏了轴与毂的同轴度，故这种连接主要用于对中精度要求不高和低速的场合，变载时楔键易松动。其中钩头楔键只用于轴端连接，若在轴中间使用，键槽要比键长 2 倍才能装入，且要安装安全罩。

（4）花键连接　花键连接是由带有多个纵向键齿的轴与毂组成的，花键可视为由多个平键组成，键齿侧面为工作面，如图 6-8 所示。

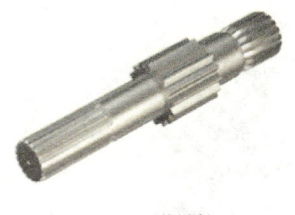  

a) 花键轴　　　　　　b) 花键毂　　　　　　c) 花键连接

图 6-8　花键连接

花键连接齿数多，受力均匀，键槽较浅，应力集中小，对轴和毂的强度削弱小，对中性和导向性好，适用于载荷较大、定心精度要求较高的静连接和动连接中。但是花键结构复杂，加工需专门的刀具和设备，成本较高。

按齿型不同，花键连接可分为矩形花键连接和渐开线花键连接。

1) 矩形花键。端平面上外花键的键齿或内花键的键槽的两侧齿形为相互平行的直线且对称于轴平面的花键称为矩形花键（图 6-9）。花键通常要进行热处理，表面硬度应高于 40HRC，由于制造时轴和毂上的接合面都要经过磨削，这样就能消除热处理引起的变形。矩形花键具有定心精度高、定心稳定性好、应力集中较小、承载能力较大的特点，故应用广泛。

2) 渐开线花键。键齿在圆柱（或圆锥）面上且齿形为渐开线的花键称为渐开线花键（图 6-10）。渐开线花键又分为圆柱直齿渐开线花键、圆锥直齿渐开线花键和圆柱斜齿渐开线花键。

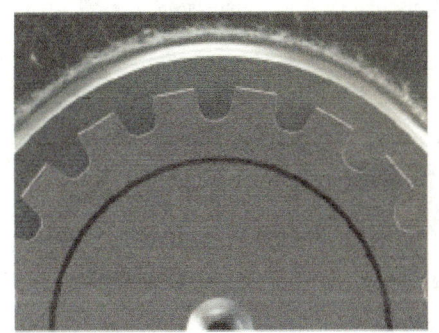 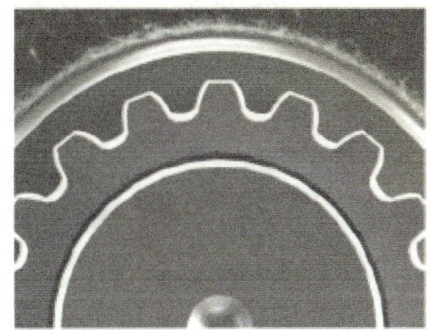

图 6-9　矩形花键　　　　　　　　　　　图 6-10　渐开线花键

渐开线花键连接工艺性较好，制造精度较高，花键齿的齿根强度高，应力集中小，故承载能力大，使用寿命长；渐开线花键的定心方式为齿形定心，定心精度高，当键齿受载时，在齿面压力的作用下能自动平衡定心，有利于各齿均匀承载。

（5）切向键连接　切向键由两个斜度为 1∶100 的普通楔键组成。装配时两个楔键分别从轮毂一端打入，使其两个斜面相对，共同楔紧在轴与轮毂的键槽内。其上、下两面（窄面）为工作面，切向键连接的工作原理是靠工作面的挤压来传递转矩。一个切向键只能传递一个方向的转矩，传递双向转矩时，须用互成 120°～130° 角的两个键。切向键的键槽对轴的强度削弱较大，另外，切向键连接还使装在轴上的零件与轴产生偏心，故切向键连接适用于对中性和运动精度要求不高、低速、重载且轴的直径大于 100mm 的场合。切向键连接如图 6-11 所示。

3. 键连接在汽车上的应用

汽车带轮与轴的配合中，曲轴颈上通常会使用平键进行装配，汽车的中间轴上会用半圆键进行装配，花键连接适用于定心精度要求高、载荷大，或经常要求滑动的连接，如汽车传动轴万向节叉、汽车半轴、变速器中同步器等部位的连接，如图 6-12 所示。

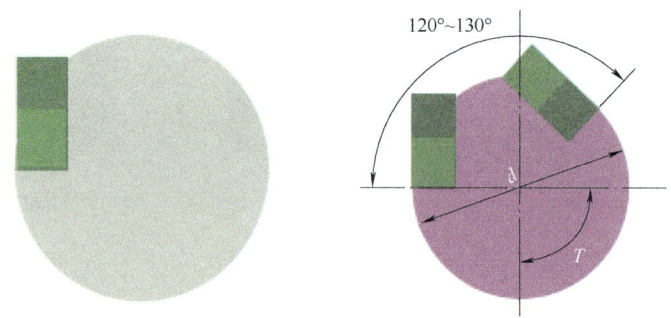

图 6-11 切向键连接

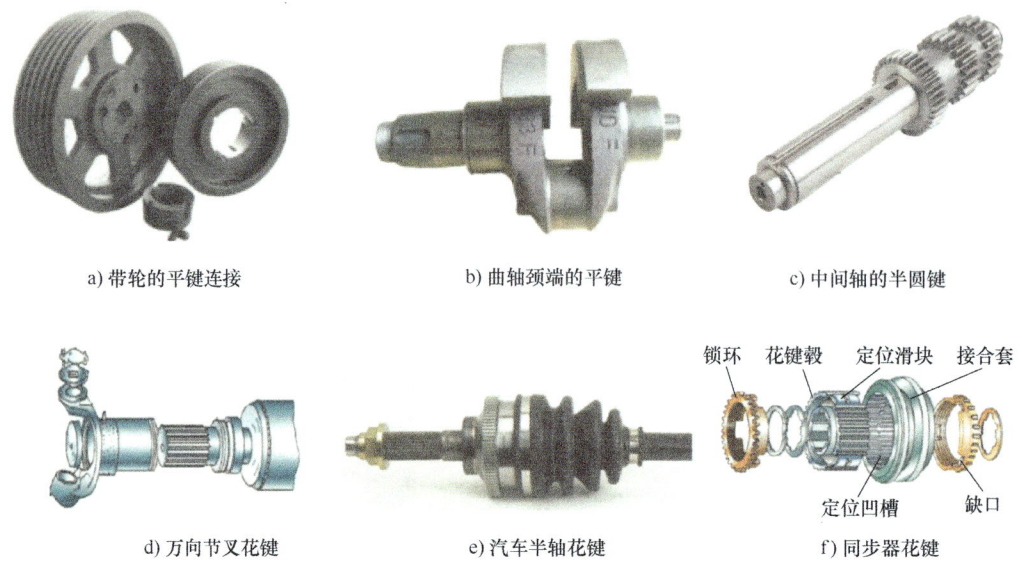

图 6-12 连接在汽车上的应用

4. 键连接失效形式及原因分析

（1）平键连接失效形式及原因分析

1）键的工作面被压溃、被挤压破坏。键的两侧面是工作面，靠键同键槽侧面的挤压进行工作。如果键的工作面太粗糙，受力不均匀和强度不够，键的工作面之间存在间隙，则键在脉动挤压应力作用下会逐渐磨损，出现松动等现象，如图 6-13a、图 6-13b 所示。

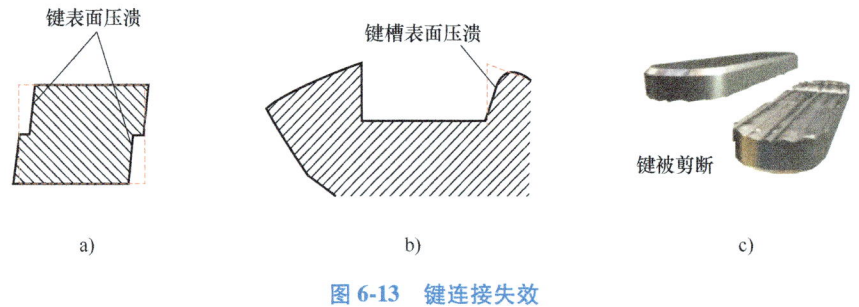

图 6-13 键连接失效

2) 键被剪断。若键的设计宽度和长度不够，在严重过载的情况下，键承受的剪应力会超过最大极限应力，或因周期性剪应力超过疲劳极限使键被剪断，如图6-13c所示。

(2) 花键连接失效形式及原因分析　花键连接的理想状态为可以长时间定心、精度高、对中性好、正常传递转矩而不出现松动和轴向窜动。如果花键连接发生故障，则不能正常传递转矩，会出现松动、花键轴断裂等现象，如图6-14所示。花键连接失效原因主要有以下几个。

1) 内外花键齿工作面磨损，传动失效。

2) 由于花键连接存在着间隙，在脉动载荷和振动作用下，内外键齿间发生相对运动，出现摩擦磨损。当磨损增大到一定量时，由于间隙增大，冲击加剧，最终导致整个连接失效。

3) 内外花键齿出现剪切断裂，机构停止工作。由于瞬间的工作载荷过大，出现突然断裂；或者由于脉动应力幅过大，出现疲劳破坏。

4) 内外花键齿出现变形，缝隙增大。瞬间或长期的应力集中，导致键齿变形。

5) 花键轴出现断裂，键连接失效。

6) 瞬间工作转矩过大，花键轴扭转刚度太小，花键轴出现扭曲或断裂。

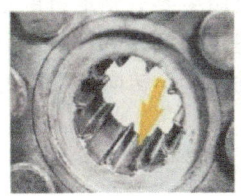
a) 花键轴套磨损

b) 花键轴套损坏

c) 花键轴断裂

图6-14　花键连接失效

二、销的连接及应用

1. 销的作用

销连接通常用来固定零件间的相互位置，起定位作用；也可用于轴与轮毂的连接，可以传递不大的转矩；还可以作为安全装置中的过载剪断元件。

2. 销的分类

(1) 按结构形状分类　按结构形状分类，销有圆柱销、圆锥销、槽销、销轴和开口销等。如图6-15所示。

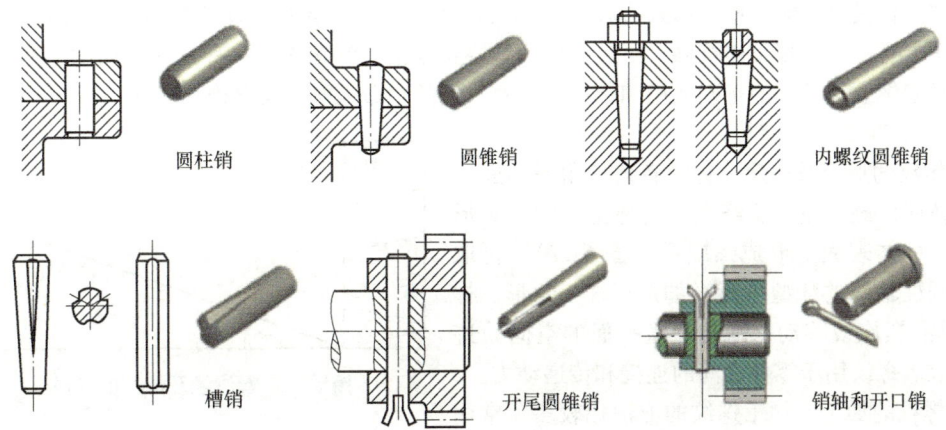

图6-15　销的分类

圆柱销——利用过盈配合固定，多次拆卸会降低定位精度和可靠性。

圆锥销——常用的锥度为1∶50，装配方便，定位精度高，多次拆卸不会影响定位精度。

开尾圆锥销——适用于有冲击、振动的场合。在装入销孔后，把末端开口全部撑开，能保证销不松脱。若被连接零件的锥孔未打通或为了装拆方便，也可用一段带有螺杆的螺纹圆柱销或螺纹圆锥销。

槽销——槽销上有碾压或模锻出的3条纵向沟槽，能承受振动和变载荷。

销轴——用于两零件铰接处，形成铰链连接。

开口销——一种防松零件，不但能用于六角开槽螺母的防松，还可防止有孔销轴等的脱落。

（2）按用途分类　按用途分类，销有定位销、连接销、安全销。

定位销——主要用于零件间位置定位，常用作组合加工和装配时的主要辅助零件。

连接销——主要用于零件间的连接或锁定，可传递不大的载荷。

安全销——主要用于安全保护装置中的过载剪断元件。

3. 销在汽车上的应用

销因其良好的性能在汽车上有较多的应用，销在汽车上的应用主要有发动机的活塞销、制动鼓开口销、转向节主销等，如图6-16所示。其中活塞销的作用是连接活塞和连杆，并传递两者之间作用力；制动鼓开口销的作用是防止制动鼓轴承调整螺母松动脱落；转向节主销的作用是铰接前轴及转向节，使转向节绕着主销摆动，以实现车轮的转向。

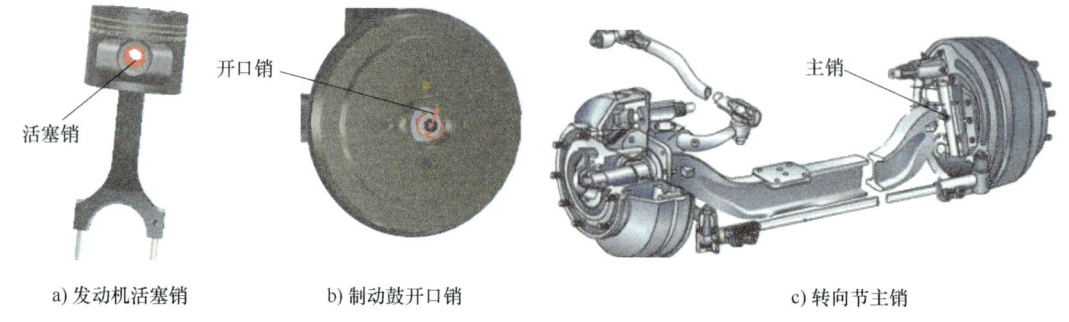

a) 发动机活塞销　　b) 制动鼓开口销　　c) 转向节主销

图6-16　销在汽车上的应用

三、螺纹的连接及应用

螺纹连接件具有拆装方便、形式多样、运用灵活等优点，因此在汽车上得到广泛应用。一辆普通的汽车上有上千个螺纹连接件，所起的作用重要且复杂。汽车作为一种高速运动的交通工具，如果不重视起螺纹连接件的正确使用和维护，将对人们的生命、财产安全构成威胁。

1. 螺纹的基本知识

（1）螺纹的形成及用途　将一直角三角形的底边与一圆柱体底面圆周重合，绕在圆柱体上，则三角形的斜边在圆柱体表面上形成螺旋线（图6-17）。再取一个通过圆柱轴线的牙型平面（如矩形、三角形、梯形），使其沿螺旋线移动，则此牙型平面的空间轨迹即构成螺纹。螺纹用于零件之间的连接和传递动力。

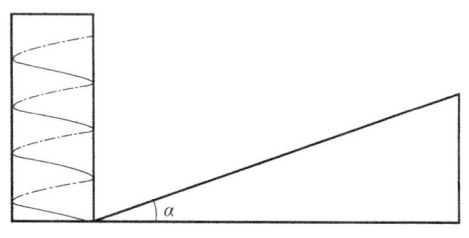

图6-17　螺纹线及螺纹的形成

（2）螺纹的加工　加工螺纹的方法比较多，常用车床加工，通常用丝锥、板牙加工直径较小的螺纹，如图6-18所示。

　　　a) 车床加工外螺纹　　　b) 车床加工内螺纹　　　c) 板牙加工外螺纹　　　d) 丝锥加工内螺纹

图 6-18　螺纹加工方法

（3）螺纹的主要参数

1）牙型。在通过螺纹轴线的剖面上，螺纹的轮廓形状称为螺纹牙型。在轴向截面内，螺纹牙型两侧边的夹角称为牙型角。

2）公称直径。螺纹直径如图 6-19 所示。

螺纹大径 d：与外螺纹牙顶或内螺纹牙底相切的假想圆柱或圆锥的直径，是螺纹的公称直径。

螺纹小径 d_1：与外螺纹牙底或内螺纹牙顶相切的假想圆柱或圆锥的直径。

螺纹中径 d_2：一个假想圆柱或圆锥的直径，该圆柱或圆锥的母线通过牙型上的沟槽和凸起宽度相等。

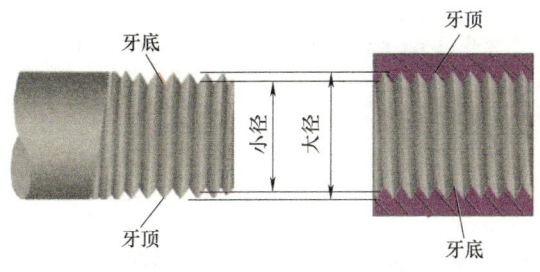

图 6-19　螺纹直径

3）螺距和导程。相邻两牙在中径线上对应两点间的轴向距离称为螺距 P。同一条螺旋线相邻两牙在中径线上对应两点间的轴向距离称为导程 P_h。P 与 P_h 之间的关系为：$P_h=nP$，n 为螺纹的线数。

4）线数。形成螺纹的螺旋线数目。

5）旋向。螺纹的旋进方向，螺纹旋向判定方法：当螺纹的轴线垂直于水平面放置时，螺纹向右上方倾斜上升，为右旋螺纹，反之则为左旋螺纹，一般常用右旋螺纹。螺纹旋向如图 6-20 所示。

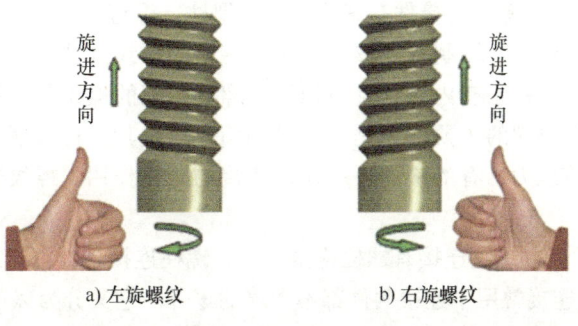

　　　　　　　　a) 左旋螺纹　　　　　　　　b) 右旋螺纹

图 6-20　螺纹旋向

螺纹的牙型、公称直径、螺距、线数和旋向称为螺纹的五大要素，只有上述 5 个要素完全相同的螺纹才能旋合在一起。

（4）螺纹的类型　在圆柱或圆锥外表面上所形成的螺纹称为外螺纹，如图6-21a所示，在圆柱或圆锥内表面上所形成的螺纹称内螺纹，如图6-21b所示。

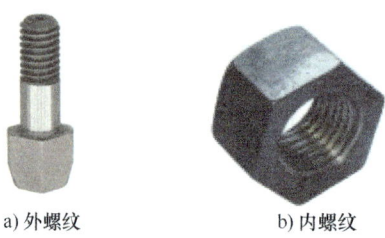

a) 外螺纹　　　　b) 内螺纹

图6-21　外螺纹和内螺纹

根据螺纹螺旋线旋绕方向的不同，螺纹可分为右旋螺纹和左旋螺纹。按螺旋线的数目不同，又可分成单线螺纹（沿一条螺旋线所形成的螺纹）和多线螺纹（沿两条或两条以上的螺旋线所形成的螺纹）。

按螺纹牙型不同，常用的螺纹有三角形螺纹、矩形螺纹、梯形螺纹和锯齿形螺纹，如图6-22所示。

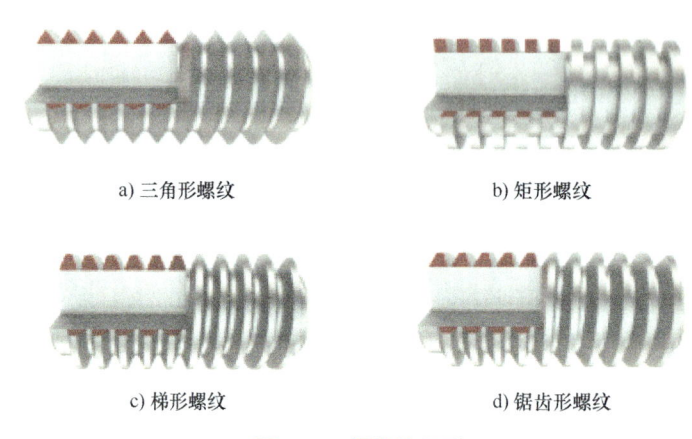

a) 三角形螺纹　　　　b) 矩形螺纹

c) 梯形螺纹　　　　d) 锯齿形螺纹

图6-22　螺纹的牙型

（5）螺纹连接件的基本类型

1）螺纹连接件。常用的螺纹连接件有螺栓、双头螺柱、螺钉、螺母等。一端制有外螺纹且头上无槽的螺纹制件称为螺栓；一端制有外螺纹且头上有槽的螺纹制件称为螺钉；两端均制有外螺纹的螺纹制件称为双头螺柱；制有内螺纹且与螺栓、螺柱相配的螺纹制件称为螺母；紧定螺钉属于无头螺钉。连接件之间垫圈的主要作用是保护接触面，防止其在拧紧螺母时被擦伤，并可扩大接触面积以减小表面的挤压力；有的垫圈还起螺纹连接的防松作用。螺纹连接件的类型如图6-23所示。

2）螺纹连接基本类型。螺纹连接有螺栓连接、双头螺柱连接、螺钉连接和紧定螺钉连接等。

① 螺栓连接。螺栓连接常用于连接两件都不太厚的零件。它又分为以下两种情况。

一是普通螺栓连接，如图6-24a所示。被连接件的孔无须切制螺纹，所以结构简单、装拆方便，应用广泛。

二是铰制孔螺栓连接，如图6-24b所示。孔与螺栓杆之间没有间隙，常采用基孔制过渡配合。

铰制孔螺栓连接能精确固定被连接件的相对位置,并能承受横向载荷,但螺栓制造成本较高,对孔的加工精度要求也较高。

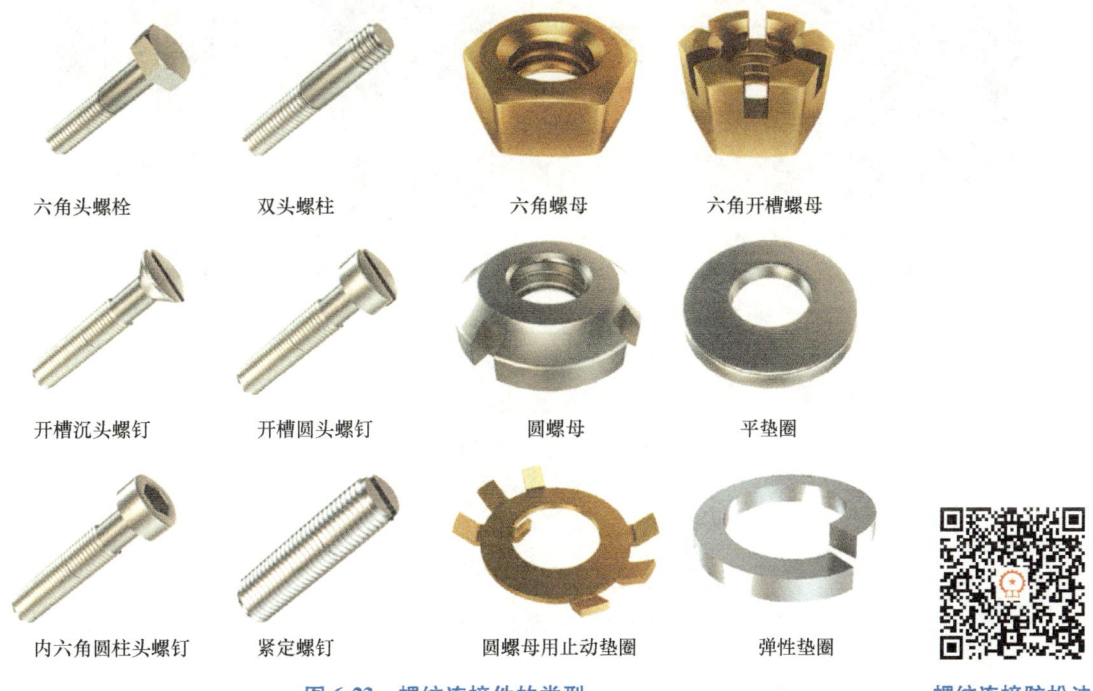

图 6-23 螺纹连接件的类型

螺纹连接防松法

a) 普通螺栓连接

b) 铰制孔螺栓连接

图 6-24 螺栓连接

螺纹连接特点

② 双头螺柱连接。双头螺柱连接是将一个较薄零件和一较厚零件连接在一起,较薄的零件钻成通孔,而较厚的零件上做成不穿通的螺孔(内螺纹),连接时,将螺柱的一端拧入较厚零件的螺孔中,另一端穿过较薄的零件上的通孔,套上垫圈,再用螺母拧紧,如图 6-25 所示。

③ 螺钉连接。螺钉连接的 2 个零件同双头螺柱连接的相同。较厚的零件上加工成螺纹孔(多为不通孔),较薄的零件上加工成光孔,将螺钉穿过光孔而旋入螺孔,靠螺钉头部压紧,将两被连接零件连在一起。螺钉连接多用于受力不大的情况下,如图 6-26 所示。

④ 紧定螺钉连接。紧定螺钉连接(图 6-27)利用拧入零件螺纹孔中的螺纹末端顶住另一零件的表面或顶入另一零件上的凹坑中,以固定两个零件的相对位置。这种连接方式结构简单,有的可任意改变零件在周向或轴向的位置,便于调整,如电器开关旋钮的固定。

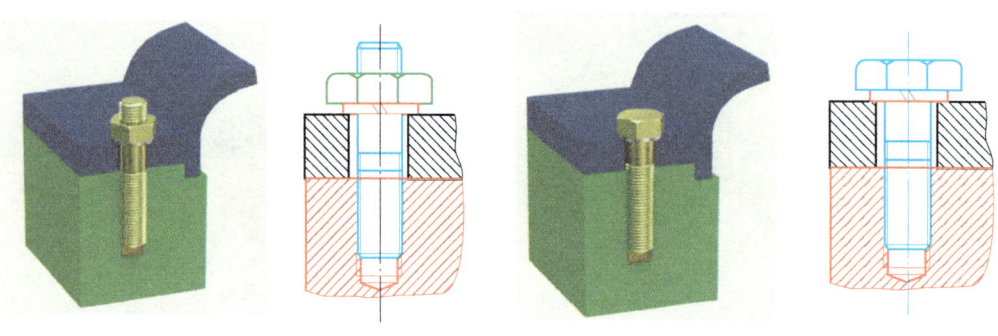

图 6-25　双头螺柱连接　　　　　　图 6-26　螺钉连接

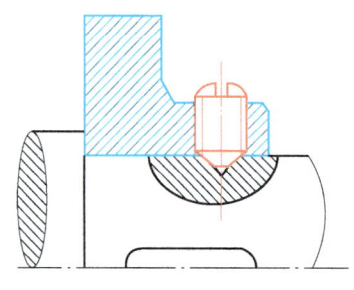

图 6-27　紧定螺钉连接

(6) 螺纹连接在汽车上的应用

1) 固定作用。螺纹连接件可以将2个零件或部件紧密地组成一个整体,例如把气缸盖固定在气缸体上、把车厢固定在车架上、把曲轴轴承盖固定在轴承座上等。这种情况下螺栓承受的是拉应力作用,只要它的抗拉强度足够大,且固定部位没有松动,这种固定就是可靠的。

2) 传力作用。两个转动的零件通过螺纹连接件连接起来后,一个零件的转矩便通过螺纹连接件传递给另一个零件。例如,汽车上用螺栓把前后两段传动轴、半轴凸缘与轮毂、轮辋与轮毂连接起来。这种情况下,螺栓除了承受拉应力的作用外,还要承受剪切应力的作用。

3) 连接作用。经常需要拆卸的零件之间往往采用螺纹连接件,以便拆装,如汽车发动机油底壳与曲轴箱的连接、各种导线与电气零件的连接等。这种连接件一般承受的载荷不大,但是连接必须牢固、可靠,才能保证被连接件的正常工作。

4) 定位作用。汽车上有些零件之间保持着严格的相对位置关系,且这种关系经常需要变化或调整,调整之后依靠螺栓或螺钉固定它们的相对位置,例如,某缸气门间隙调整完毕,用相应气门摇臂上的螺母锁紧,以防气门间隙发生变化;离合器分离杠杆调整螺栓的固定、制动踏板拉杆调整之后的固定等。

5) 密封作用。汽车上有许多经常需要更换介质的零件,如油底壳、变速器壳体、后桥壳转向机壳、燃油箱等,其底部都安装放油螺塞。它与相应的壳体紧密结合,有的还被预先磁化而具有吸附微小金属磨屑的功能。这种螺塞虽然不承受大的载荷,但因为需要经常拆装,其尺寸一般较大,使之具有足够的强度。在螺塞与基体零件之间放置铜垫圈起密封作用。

6) 调整作用。汽车发动机润滑系统和底盘制动系统中使用的许多止回阀,都可以通过调整螺钉来调节弹簧的预紧力;离合器拉杆、驻车制动器拉杆、离合器分离杠杆和气门摇臂等均利用螺钉进行调整。以螺纹连接件作为调整载体,既方便又实用。

(7) 螺纹连接失效形式

螺纹连接失效形式主要有断裂、螺纹滑扣、锈蚀等,如图6-28所示。

a) 断裂　　　　　　　　　b) 螺纹滑扣　　　　　　　　c) 锈蚀

图 6-28　螺纹连接失效形式

【知识拓展】

高精度螺纹连接技术在车身制造中的应用

1. 红旗高端车型高精度螺纹连接

在红旗高端车型的车身制造过程中,对于车身框架的连接精度要求极高。传统的螺纹连接方式可能会出现松动、精度不够等问题。一汽采用了一种高精度的螺纹连接技术,优化了螺纹的牙型设计。例如,采用了特殊的梯形螺纹,这种螺纹相比普通的三角形螺纹,具有更高的承载能力和更好的自锁性能。在实际应用中,车身框架的连接牢固程度得到了显著提升,能够有效减少在车辆行驶过程中因振动而产生的松动现象。

这种高精度螺纹连接还配合了先进的拧紧力矩控制技术。在装配线上,采用智能扭力扳手,能够精确地控制螺纹连接的拧紧力矩。以红旗 H9 车型为例,其车身关键部位的螺纹连接拧紧力矩误差控制在±3%以内,这大大提高了车身的整体刚度和安全性。而且,这种精确的拧紧力矩控制可以有效避免因拧紧力矩过大导致的螺纹损坏或者过小导致的连接不牢。

2. 比亚迪纯电动汽车的蓄电池模组高精度螺纹连接

在比亚迪纯电动汽车的蓄电池模组组装中,安全性和连接的可靠性至关重要。传统的螺纹连接方式在长期使用过程中,可能会因为蓄电池模组的热胀冷缩而出现松动或者接触不良的情况。比亚迪采用了一种具有弹性补偿功能的螺纹连接设计,在螺纹连接件中内置了弹性元件,如特殊的橡胶垫圈。

当蓄电池模组在工作过程中温度发生变化而产生体积变化时,这种弹性元件能够自动补偿,保持螺纹连接的紧密性。以比亚迪汉 EV 车型的蓄电池模组为例,经过长时间的测试,这种创新的螺纹连接方式能够有效减少因连接松动而导致的动力蓄电池内阻增大等问题,蓄电池模组的使用寿命提高了约 15%,并且能够保证动力蓄电池在复杂的工况下(如高温、急加速等)的稳定供电。

【实践训练】

仪器设备及工具准备

1) 设备:汽车发电机带轮。
2) 工具:发电机拆装工具套、清洁卫生工具等。

操作注意事项

1) 各零部件应彻底清洗,用压缩空气吹干,油道孔保持畅通。
2) 实训前检查发电机带轮情况。
3) 实训结束后组装好零部件,并清理场地。

实训内容

根据教师指导和所学知识，完成发电机带轮的拆卸任务。仔细观察发电机轴与轴上零件是怎样连接的，又是如何传递转矩的，分析传动零件的连接有何特点，然后记录下来。

学院		专业		班级	
姓名		学号		日期	
指导教师					
作业前准备记录					
步骤	操作方法及过程记录		操作示意图		
旋松螺母	拆卸发电机带轮固定螺母				
取出带轮	拆卸发电机带轮				
取出冷却风扇	从轴上取出冷却风扇				
取出半圆键，观察键与键槽	从轴上取出半圆键，仔细观察键与键槽的形状和结构				

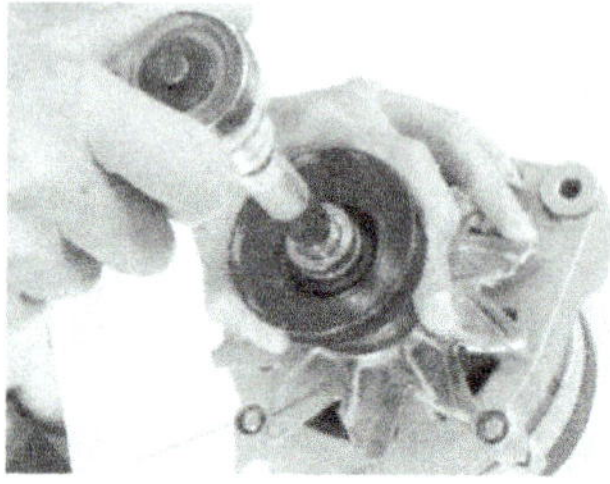

【评价反馈】

评价项目	评价标准	分值	得分
知识准备	熟知汽车螺纹的连接及选用	10	
	熟知汽车螺纹的连接拆卸方法	10	
知识拓展	养成自主学习的习惯,养成良好职业习惯	10	
实践训练	不穿工作服、不穿工作鞋、不戴工作帽,每项扣5分	15	
	实训前不检查实训车辆情况,实训结束后未清理场地,各扣5分	10	
	工量具(设备)每少准备一件扣1分	5	
	工量具(设备)选择不当,每次扣1分	5	
	发电机拆卸每操作失误1次扣5分	20	
	工单填写,填写记录字迹潦草扣5分	5	
综合表现	能与同学密切合作,积极实践,安全地完成学习活动,具备严谨规范的工作作风	10	
	合计	100	

教师评语:

日期:　　年　　月　　日

【课后测评】

一、填空题

1. 连接一般分为可拆连接、_____和_____三大类。
2. 汽车上常用的键连接主要有平键、_____和_____三类。
3. 平键的上、下表面相互_____,键的_____是工作面。
4. 平键连接按用途可分为_____、_____和_____3种类型。
5. 花键连接工作时,靠键齿侧面的挤压传递_____。

二、判断题

1. 楔键分为普通楔键和钩头楔键两种。(　　)
2. 与矩形花键相比,渐开线花键齿根较厚、强度高、应力集中小。(　　)
3. 导向平键和滑键的主要失效形式为连接工作面的过量磨损。(　　)
4. 在圆柱体外表面上形成的螺纹称为外螺纹。(　　)
5. 相邻两牙在中径上对应两点间的轴向距离是导程。(　　)
6. 双头螺柱在装配时,要把螺纹较长的一端,旋紧在被连接件的螺孔内。(　　)
7. 双头螺柱用于被连接件是光孔的结构。(　　)
8. 两个相互旋合的螺纹,旋向相反。(　　)

三、选择题

1. 普通平键连接传递动力是靠(　　)。
   A. 两侧面的摩擦力　　　　　　　　B. 上下面的挤压力

C. 两侧面的挤压力   D. 上下面的摩擦力

2. 紧键连接包括（　　）连接。

  A. 楔键和切向键   B. 楔键和半圆键

  C. 平键和半圆键   D. 平键和切向键

3. 工作面是上、下表面的键连接是（　　）。

  A. 花键   B. 导向平键   C. 楔键   D. 半圆键

4. 连接螺纹要求自锁性好，传动螺纹要求（　　）。

  A. 平稳性好   B. 刚性好   C. 效率高   D. 螺距大

四、简答题

1. 连接的作用是什么？有哪几种分类法？
2. 键连接的主要作用是什么？
3. 销有哪些类型？各适用于哪些场合？

单元 2　联轴器、离合器和制动器

单元描述：

联轴器、离合器都是用来连接两轴，使其一同回转并传递转矩的部件。联轴器连接的两轴，只有在机器停止运转后用拆卸方法才能使两轴分离。而离合器连接的两轴，在机器运转时就能使两轴连接或分离。制动器的主要功用是降低机械的运转速度或使其停止转动。在汽车构造中，联轴器、离合器和制动器是保障汽车正常工作必不可少的装置。通过本单元的学习，学生应能熟悉联轴器、离合器、制动器的功用及特点，为继续学习汽车构造与维修等知识打下坚实的基础。

素养目标：

1）培养学生自主探究能力。
2）培养学生创新意识、创新思维和创新能力。
3）培养学生的责任担当意识，树立产品质量意识。

知识目标：

1）掌握联轴器、离合器和制动器的功用和类型。
2）掌握联轴器、离合器和制动器在汽车上的应用。

技能目标：

1）能讲述联轴器、离合器和制动器在汽车上的应用。
2）能在实车上识别联轴器、离合器和制动器。
3）能正确进行制动器的拆卸。

【知识准备】

一、联轴器

1. 联轴器的功用

联轴器是指将轴连接起来并使两轴能够正常运转的部件。联轴器属于机械通用零部件范畴，用来连接不同机构或部件上的两根轴，如图 6-29 所示。它把原动机和工作机械的轴连接起来并传递转矩，可以适当补偿两根轴因制造、安装等因素造成的径向、轴向和角向误差，同时当安全联轴器发生过载时，联轴器打滑或使连接销断开以保护工作机械。弹性联轴器还有缓冲、减振和提高轴系动态性能的作用。

图 6-29　联轴器　　　　　　　　　　　　　　　联轴器

2. 联轴器的类型

联轴器的类型很多，根据各种位移有无补偿能力，联轴器可分为刚性联轴器和弹性联轴器两大类。刚性联轴器由刚性传力件组成，可分为固定式和可移式两大类。其中，固定式刚性联轴器不能补偿两轴的相对偏移；可移式刚性联轴器能补偿两轴的相对偏移。弹性联轴器含有弹性元件，能补偿两轴间的偏移，并具有吸收振动和缓和冲击的能力。

（1）固定式刚性联轴器　其结构简单、价格便宜、传递转矩大，但不具有补偿被连接两轴轴线相对偏移的能力，也不具有缓冲、减振的性能；只能用于被连接体两轴线准确对中的场合。

1）凸缘联轴器。凸缘联轴器由 2 个带凸缘的半联轴器和连接螺栓组成，如图 6-30 所示。这种联轴器有两种对中方式：一种是通过分别具有凸肩和凹槽的两个半联轴器的相互嵌合来对中，半联轴器之间采用普通螺栓连接，如图 6-30a 所示，靠结合面间的摩擦力来传递转矩；另一种是通过铰制孔用螺栓与孔的紧配合对中，如图 6-30b 所示，靠铰制孔用螺栓来传递转矩。

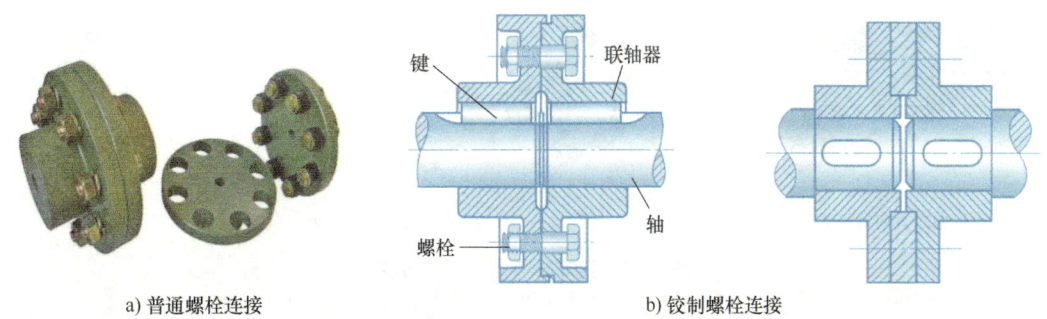

a) 普通螺栓连接　　　　　　　　b) 铰制螺栓连接

图 6-30　凸缘联轴器

凸缘联轴器的结构简单，传递的转矩较大，装拆方便，但不能补偿轴线的偏移，对两轴的同轴度要求较高，所以安装较复杂。它适用于两轴刚性大、低速大转矩、载荷平稳的场合，是一种应用最广泛的刚性联轴器。

2）套筒联轴器。套筒联轴器由套筒和连接零件组成，这种联轴器构造简单、径向尺寸小、容易制造，但是在装卸时需要两轴做轴向移动，因此装卸不太方便。由于对两轴的轴线偏移无补偿作用，它多用于两轴能严格对中、低速轻载、并要求联轴器径向尺寸小的场合，如图 6-31 所示。

（2）可移式刚性联轴器　常用的可移式刚性联轴器有滑块联轴器、万向联轴器和齿式联轴器等。

1）滑块联轴器。滑块联轴器是无弹性元件挠性联轴器的一种，由两个在端面上开有凹槽的半联轴器和一个两面带有凸牙的中间盘组成，凸牙可在凹槽中滑动，故可补偿安装

图 6-31　套筒联轴器

及运转时两轴间的相对位移，靠凸牙和凹槽的结合面来传递转矩，两轴线偏移较大时，离心力较大，且磨损较大。这种轴器结构简单，径向尺寸小，主要用于两轴有径向位移、角度位移、冲击小及转速不高的场合，如图 6-32 所示。

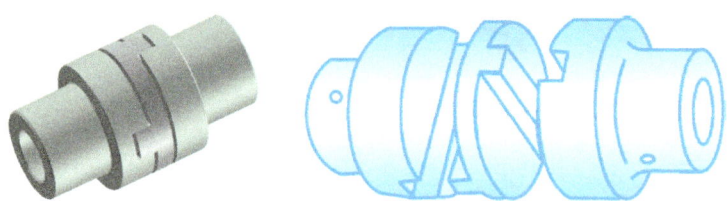

图 6-32　滑块联轴器

2）万向联轴器。万向联轴器又称十字铰链联轴器，习惯上称为万向节。该联轴器是由两端的叉形万向接头和一个十字连接件组成，如图 6-33 所示，可用于两轴线交角较大的场合。当主动轴做匀速转动时，从动轴则做周期性变角速度转动，这在传动中会引起附加动载荷，为了避免这一缺点，常将两个万向联轴器成对使用，安装时要保证中间件连接轴上的两个叉形接头位于同一平面上，且保证两连接轴与中间轴的夹角相等，这样才能使两轴转速相同。

万向联轴器能补偿较大的角位移，结构紧凑，使用维护方便，广泛应用于汽车、拖拉机、船舶、工程机械和切削机床等传动系统中。

a) 十字轴式万向联轴器　　　　　　　　　b) 成对的十字轴式万向联轴器

图 6-33　汽车十字轴万向联轴器

3）齿式联轴器。齿式联轴器是允许具有综合位移的刚性联轴器的一种。它由 2 个带有内齿及凸缘外套筒和 2 个带有外齿的内套筒组成。2 个外套筒用螺栓连接，2 个内套筒用键与两轴连接，内、外齿相互啮合传递转矩，如图 6-34 所示。

由于内、外齿啮合时具有较大的顶隙和侧隙，齿的形状有直齿和鼓形齿两种，因此这种联轴器具有径向、轴向和角度位移补偿的功能。由于内、外齿廓均为渐开线，故制造和安装精度要求

较高,成本高。由于其传递载荷能力与位移补偿能力强,所以在汽车、重型机械中被广泛应用。

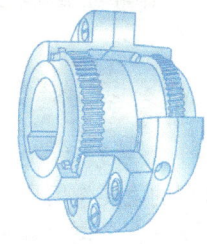

图 6-34 齿式联轴器

(3) 弹性联轴器　弹性联轴器是利用弹性接触件的弹性变形来补偿两轴的相对位移,从而缓和冲击和吸收振动。常用的类型有弹性套柱销联轴器、弹性柱销联轴器等。

1) 弹性套柱销联轴器。弹性套柱销联轴器的构造与凸缘联轴器相似,只是用套有弹性套的柱销代替了连接螺栓。因为通过弹性套传递转矩,利用弹性套的变形来补偿两轴的相对位移,故可缓冲吸振,如图 6-35 所示。

这种轴器结构简单,但弹性套易损坏,一般用于冲击载荷小、起动频繁的中、小功率传动系统中。

2) 弹性柱销联轴器。弹性柱销联轴器的结构与弹性套柱销联轴器很相似,不同的是用弹性柱销(通常用尼龙制成)将两半联轴器连接起来,为了防止柱销脱落,在半联轴器的外侧,用螺钉固定挡板,如图 6-36 所示。

图 6-35 弹性套柱销联轴器

这种联轴器的制造、装配及维护简单方便,使用寿命长,能传递较大的转矩,用于轴向窜动较大,正、反转或起动频繁的场合。

图 6-36 弹性柱销联轴器

3. 联轴器的选择

联轴器大多已标准化、规格化和系列化,选择联轴器的类型,应考虑被连接的两轴有无对中性要求、载荷大小及特性、工作转速、工作转矩等。一般选择方法有以下几种。

1) 对于低速、刚度大、能严格对中的轴,可选用固定式刚性联轴器。

2) 对低速、刚度小、对中性差的轴,可选用对轴的偏移具有补偿能力的可移式刚性联轴器或弹性联轴器。

3) 对传递转矩较大的轴,可选用齿式联轴器。

4) 对高速有振动的轴,应选用弹性联轴器。

5）对轴线相交的轴，应选用万向联轴器。

6）当工作环境温度较高（大于60℃）或有腐蚀性介质时，一般不宜选用具有橡胶或尼龙弹性元件的联轴器。

二、离合器

1. 离合器的功用和类型

离合器的主要作用是在机器运转过程中实现两轴的分离与接合。对离合器的基本要求是：工作可靠，接合、分离迅速而平稳；操纵灵活、省力，调节和维修方便；结构简单，外形尺寸小，质量小。对摩擦式离合器，还要求耐磨性好，寿命长并有良好的散热能力。

离合器可分为摩擦式离合器、液力耦合器及电磁离合器等。

（1）摩擦式离合器　摩擦式离合器可分为湿式和干式两种。按其从动盘的数目，又可分为单盘式、双盘式和多盘式等。

目前在汽车上广泛应用的是用弹簧压紧的摩擦离合器，有膜片式弹簧离合器和周布式弹簧离合器。采用膜片弹簧作为压紧弹簧的摩擦式离合器称为膜片式弹簧离合器，采用周布式弹簧作为压紧弹簧的摩擦离合器称为周布式弹簧离合器。

1）膜片式弹簧离合器。膜片式弹簧离合器的主动部分、从动部分和压紧机构都安装在发动机飞轮壳内，如图6-37所示。

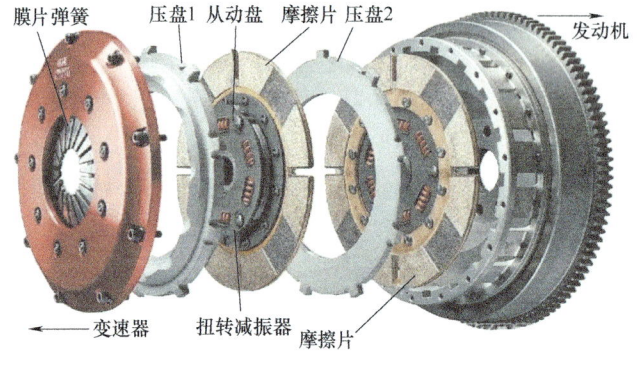

图6-37　膜片式弹簧离合器

2）周布式弹簧离合器。周布式弹簧离合器在压盘的轴向均匀分布螺旋弹簧，目前重型车上用得比较多，主要是增加了从动盘和中间压盘，如图6-38所示。

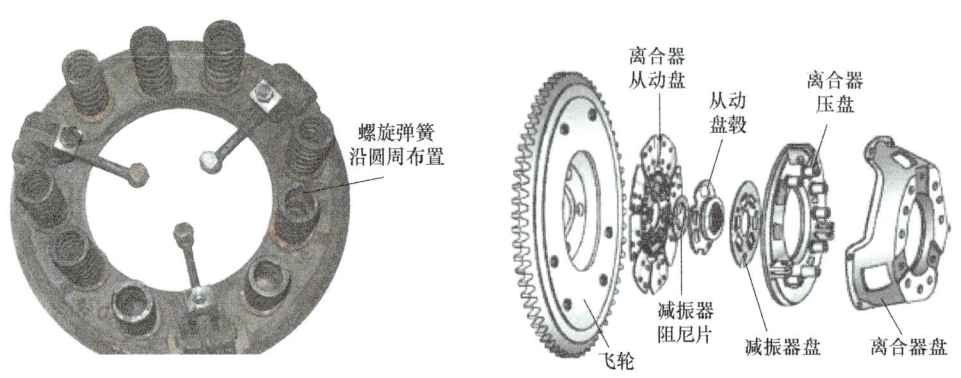

图6-38　周布式弹簧离合器

（2）液力耦合器　液力耦合器是靠工作液来传递转矩的，多用于自动变速器。其外壳与泵轮连为一体，是主动件，涡轮与泵轮相对，是从动件，作为自动变速器的输入部分，如图6-39所示。

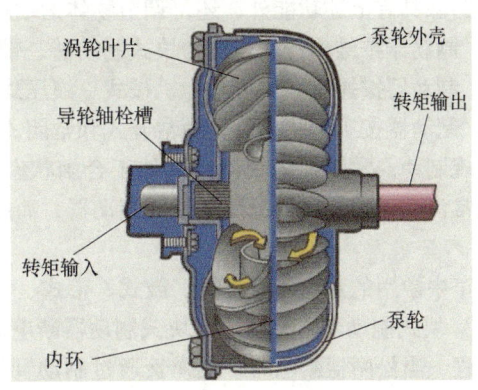

图6-39　液力耦合器

（3）电磁离合器　它指利用磁力传动的离合器，即靠线圈的通断电来控制离合器的接合与分离，在汽车中用于电磁风扇等部件，如图6-40所示。

图6-40　电磁离合器

三、制动器

1. 制动器的功用、特点及分类

制动器是利用摩擦力来降低机械的运转速度或迫使其停止运转的装置，有时也用于调节或限制机器的运动速度。它是保护机械安全、正常地工作，控制机械速度的重要部件，具有结构简单、工作可靠等优点，广泛应用于各种机械设备中，是汽车中必不可少的部件。制动可靠、操纵灵活、散热好及体积小是对制动器的基本要求。制动器及安装位置如图6-41所示。

图6-41　制动器及安装位置

制动器可以按其用途、结构特征、操纵方式和工作状态来分类。

1) 制动器按用途可分为停止式和调速式两种。停止式制动器只有停止运动物体的作用；调速式制动器除具有上述功能外，还可调节物体运动速度。

2) 制动器按结构特征可分为块式制动器、带式制动器、鼓式制动器和盘式制动器。

3) 制动器按操纵方式可分为机械式、液压式、气动式和电磁式等。

4) 制动器按工作状态可分为常开式和常闭式两种。常开式制动器处于松闸状态，需施加外力才能实现制动；常闭式制动器经常处于合闸状态（即制动状态），只有施加外力才能解除制动状态。通常汽车上的制动器采用常开式制动器，而起重机械中的提升机构则采用常闭式制动器。

2. 汽车中常用的制动器

汽车中常用的制动器有块式、鼓式、带式、盘式等形式。

(1) 块式制动器　常闭式抱块式制动器断电时制动，通电时解除制动，处于松闸状态。具体工作过程，当松闸器断电时，主弹簧通过制动臂使闸瓦块压紧在制动轮上，达到制动目的。当松闸器通电时，电磁力顶起立柱，通过推杆和制动臂操纵闸瓦块与制动轮松开。可以通过调整推杆的长度来补偿闸瓦块的磨损。块式制动器如图6-42所示。

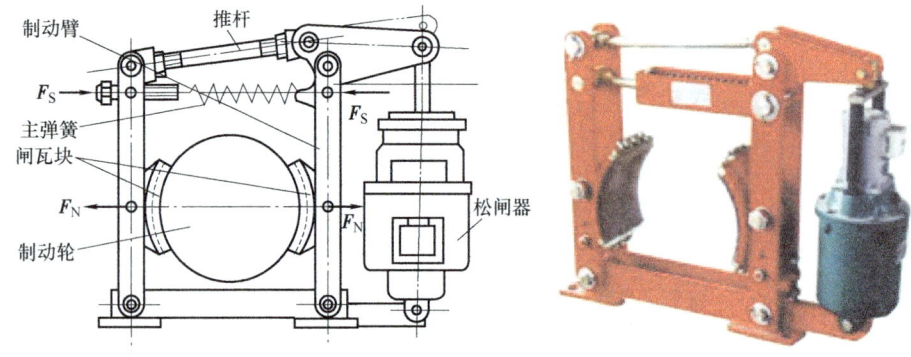

图 6-42　块式制动器

(2) 鼓式制动器　鼓式制动器是利用内置的制动蹄从径向向外挤压制动轮，通过产生制动转矩来制动。制动器工作时，泵（液压缸或气缸）克服弹簧的作用力使左右制动蹄分别与制动轮相互压紧，即产生制动作用。泵卸压后，弹簧使两制动蹄与制动轮分离。鼓式制动器如图6-43所示。

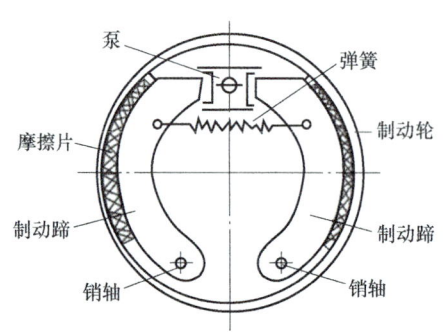

图 6-43　鼓式制动器

(3) 带式制动器　带式制动器是利用制动带与制动轮之间的摩擦力来实现制动的。当施加外力 F 作用于制动杠杆上时，利用杠杆作用使制动带抱住制动轮产生摩擦力达到制动的目的。带式制动器结构简单、紧凑、包角大、制动力矩大。但其制动轮轴受较大的弯曲作用力，制动带的压强和磨损不均匀,且受摩擦系数变化的影响大,散热差。带式制动器如图6-44所示。

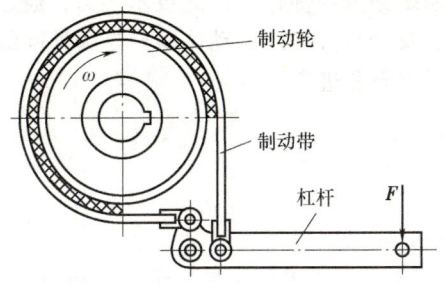

图6-44 带式制动器

(4) 盘式制动器 浮动钳盘式制动器由制动盘、制动分泵活塞、制动钳、制动块(活动制动块、固定制动块)等组成,如图6-45所示。制动钳相对制动盘可以轴向滑动,制动时,制动分泵活塞在液压力的作用下,将活动制动块推向制动盘,同时反力使制动钳右移,致使固定制动块压靠到制动盘上,从而达到制动目的。

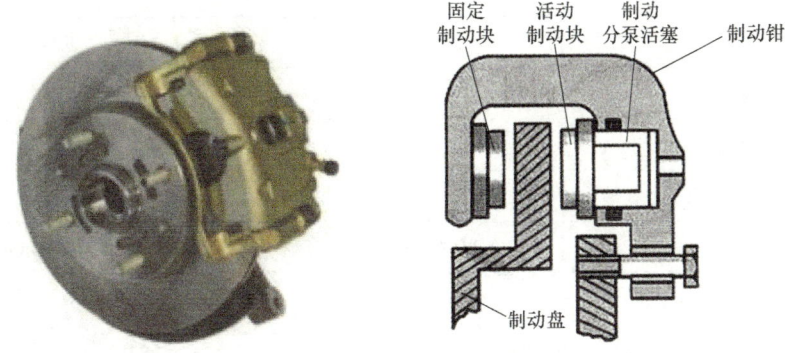

图6-45 浮动钳盘式制动器

【知识拓展】

比亚迪汉 EV 制动器

比亚迪汉 EV 作为国产新能源汽车的代表车型之一,其制动器展现了一定的技术亮点和特色。在制动系统的构成上,它采用了博世 iBooster 电子助力制动系统与传统的液压制动相结合的方式。电子助力制动系统能够根据车辆的不同工况和驾驶人的制动意图,精确地控制制动压力,实现更加线性和舒适的制动感受。

例如,在城市拥堵路况下,当驾驶人频繁轻点制动踏板时,系统可以精准地调节制动力度,避免车辆出现点头等突兀的制动动作,提升驾乘舒适性。同时,在高速行驶需要紧急制动时,电子系统又能迅速响应,使制动压力在短时间内达到最大值,配合大尺寸的通风制动盘,有效缩短制动距离,确保行车安全。

而且,比亚迪汉 EV 的制动能量回收系统也与制动器有着紧密的协同工作关系。在车辆减速过程中,驱动电机优先进行能量回收制动,回收的能量可以为动力蓄电池充电,增加车辆的续驶里程。当回收制动无法满足减速需求时,如紧急制动情况,液压制动系统会立即介入,两者无缝切换,保证制动效果不受影响。这种制动能量回收技术的应用,不仅符合新能源汽车节能的发展趋势,也体现了国产汽车在制动系统集成与优化方面的技术实力,通过先进的电子控制和机械制动的融合,为消费者提供了高效、安全且舒适的制动体验,与国外同级别车型相比也毫不逊色,体现了国产汽车在关键技术领域的突破和进步。

【实践训练】

仪器设备及工具准备

1) 设备:汽车整车、举升机。
2) 工具:套筒、呆扳手、螺钉旋具、专用工具(SST)、扭力扳手、抹布、润滑脂等。

操作注意事项

1) 各零部件应彻底清洗,用压缩空气吹干,油道孔保持畅通。
2) 实训前检查车辆情况。
3) 实训结束后组装好零部件,并清理场地。

实训内容

根据教师指导和所学知识,正确拆卸制动器。然后记录下来操作过程。

学院		专业		班级	
姓名		学号		日期	
指导教师					
作业前准备记录					
步骤		操作方法及过程记录		操作示意图	
拆卸盘式制动器		拆卸盘式制动钳导向销螺栓			
取下制动钳		用挂钩将制动钳挂在减振弹簧上			
取出制动摩擦片		拆下制动块并清洁到位			

(续)

步骤	操作方法及过程记录	操作示意图
检查制动摩擦片	目视制动片表面,不能有裂纹、油渍、异常磨损等	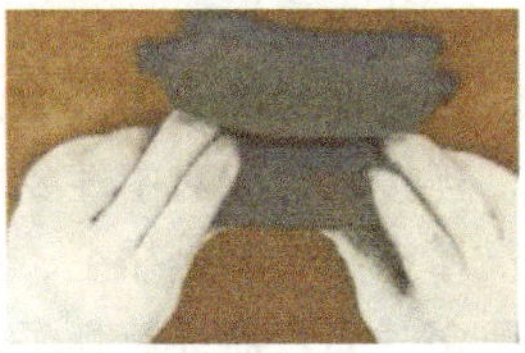
测量并记录制动片厚度	至少测量3个位置点的厚度。若制动片表面有异常损伤,或厚度达到磨损极限,则必须要进行更换	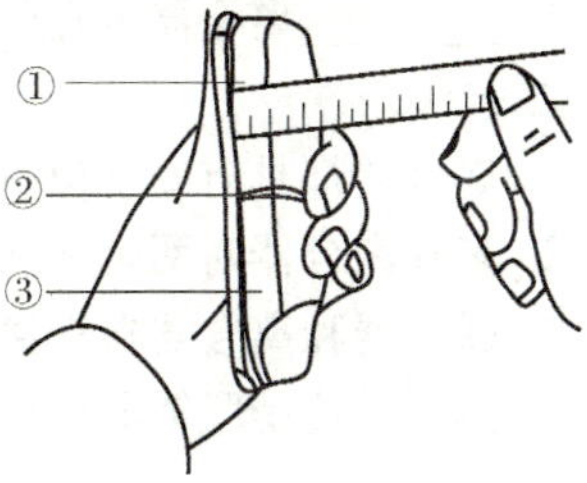
制动器的安装	清洁零件并以倒序进行安装	

【评价反馈】

评价项目	评价标准	分值	得分
知识准备	熟知汽车盘式制动器结构	10	
	熟知拆卸工具的使用方法	10	
知识拓展	养成自主学习的习惯,养成良好职业习惯	10	
实践训练	不穿工作服、不穿工作鞋、不戴工作帽,每项扣5分	15	
	实训前不检查实训车辆情况,实训结束后未清理场地,各扣5分	10	
	工量具(设备)每少准备一件扣1分	5	
	工量具(设备)选择不当,每次扣1分	5	
	汽车制动器拆卸每操作失误1次扣5分	20	
	工单填写,填写记录字迹潦草扣5分	5	
综合表现	能与同学密切合作,积极实践,安全地完成学习活动,具备严谨规范的工作作风	10	
	合计	100	

教师评语:

日期: 年 月 日

【课后测评】

一、填空题

1. 联轴器和离合器是用来连接两轴,并在其间传递运动和_____的装置。
2. 连接两轴时对中性要求较高的联轴器是_____。
3. 摩擦离合器是靠主、从动部分的元件采用_____来传递转矩的。
4. 多片离合器片数越多,传递_____越大。
5. _____离合器可在任意转速下平稳、方便地接合与分离两轴运动。

二、判断题

1. 离合器都具有安全保护作用。(   )
2. 多片离合器对两轴之间的分离或接合,都是在停止转动的条件下进行的。(   )
3. 联轴器和离合器在连接和传动上所起的作用是相同的。(   )
4. 弹性套柱销联轴器可以缓冲、吸振,故常用于高速、有振动、经常正反转、起动频繁的场合。(   )
5. 弹性柱销联轴器允许两轴有较大的角度位移。(   )
6. 万向联轴器常成对使用,以保证等速传动。(   )

三、选择题

1. 连接两轴时对中性要求较高的联轴器是(   )
  A. 弹性柱销联轴器   B. 滑块联轴器
  C. 齿式联轴器   D. 凸缘联轴器
2. 大多数制动器采用的是(   )的制动方式。
  A. 摩擦式   B. 非摩擦式
3. (   )联轴器利用元件间的相对运动,补偿两轴间的位移。
  A. 万向   B. 十字滑块   C. 凸缘   D. 弹性柱销

四、简答题

1. 制动器的主要功用是什么?
2. 常用的汽车制动器有哪几种类型?
3. 联轴器和离合器的作用是什么?如何选用?
4. 固定式联轴器能否代替可移式联轴器?

单元3 弹性连接

单元描述:

汽车上许多部位都使用弹性连接,汽车上使用的弹簧包括钢板弹簧、螺旋弹簧、杆弹簧、气体弹簧、汽车座椅弹簧、发动机气门弹簧、离合器分离轴承弹簧、离合器从动盘的弹簧(周布螺旋弹簧或膜片弹簧)、制动系统真空助力泵回位弹簧、制动系制动蹄回位弹簧,气压制动气室圆锥回位弹簧等。通过本单元的学习,学生应能熟悉汽车上的弹性连接,为继续学习汽车构造与维修等知识打下坚实的基础。

> 素养目标：
>
> 1) 培养团队合作精神。
> 2) 树立正确的职业观念和职业道德。

> 知识目标：
>
> 1) 理解汽车上的弹性连接及作用。
> 2) 熟知弹簧的类型。

> 技能目标：
>
> 1) 能正确进行弹簧连接的分类。
> 2) 能正确识别汽车底盘部件中的弹性连接。

【知识准备】

一、弹性连接及作用

1. 弹性连接

受载后产生变形，卸载后立即恢复原有形状和尺寸的零件，称为弹性零件。汽车上各种类型的弹簧都是弹性零件，如钢板弹簧、螺旋弹簧等。在汽车底盘车架和车轮之间，主要是依靠装在它们之间的弹性零件实现连接的。这种依靠弹性零件实现被连接件在有限相对运动时仍保持固定联系的动连接，称为弹性连接。

2. 弹性连接的作用

弹性连接主要具有以下作用。

1) 缓冲吸振，用于改善被连接件的工作平稳性，如汽车减振弹簧和各种缓冲器用的弹簧锁等，如图 6-46a 所示。

2) 控制运动，用于适应被连接件的工作位置变化，如离合器从动盘的周布螺旋弹簧和膜片弹簧，以及发动机气门弹簧等，如图 6-46b 所示。

a) 缓冲吸振　　　　　　　　b) 发动机气门控制弹簧

图 6-46　弹性连接的作用

3) 储能输能，用于提供被连接件运动所需动力，如机械式钟表中的发条弹簧和制动器回位弹簧等。

4）测量载荷，用于标志被连接件所受外力的大小，如测力器和弹簧秤中的弹簧等。

二、弹簧的类型

弹簧结构

弹簧是最常用的弹性零件，其类型很多，下面仅介绍汽车上一些常用的弹簧。从弹簧的外形看，有钢板弹簧、螺旋弹簧、扭杆弹簧及气体弹簧等。由于弹簧一般在各种变载荷下应用，因此要求弹簧具有足够的韧性和塑性。

1. 钢板弹簧

钢板弹簧是汽车悬架中应用最广泛的一种弹性元件。它是由若干片等宽但不等长（厚度可以相等，也可以不相等）的合金弹簧片组合而成的一根近似等强度的弹性梁。

钢板弹簧的第一片（最长的一片）称为主片，其两端弯成卷耳，内装由青铜或塑料、橡胶、粉末冶金等制成的衬套，以便于用弹簧销固定在车架的支架或吊耳座上，形成铰链连接。钢板弹簧的中部一般用U形螺栓固定在车桥上。

主片卷耳受力严重，是薄弱处。为改善主片卷耳的受力情况，常将第二片末端也弯成卷耳，包在主片卷耳的外面，称为包耳。由于弹簧变形时各片有相对滑动的可能，所以在主片卷耳和第二片包耳之间留有较大的空隙。有些悬架中的钢板弹簧两端不做成卷耳，而采用其他的支撑连接方式。钢板弹簧如图6-47所示。

图6-47 钢板弹簧

2. 螺旋弹簧

螺旋弹簧广泛应用于独立悬架，特别是前轮独立悬架中。然而，在有些轿车的后轮非独立悬架中，其弹性元件也采用螺旋弹簧。螺旋弹簧和钢板弹簧相比较具有以下优点：无须润滑，对污泥不敏感，它所需的纵向安装空间不大，弹簧本身的质量小。

螺旋弹簧本身没有减振作用，因此在螺旋弹簧悬架中必须另装减振器。

螺旋弹簧是用金属弹簧丝按螺旋线卷绕而成，结构简单，制造方便，可以有较大的变形位移。螺旋弹簧有拉伸弹簧、压缩弹簧及扭转弹簧等几种，如图6-48所示。

a) 拉伸弹簧   b) 压缩弹簧   c) 扭转弹簧

图6-48 螺旋弹簧

由于螺旋弹簧只能承受垂直载荷，且变形时不产生摩擦力，所以悬架中必须装有减振器和导向机构，如图 6-49 所示。

3. 扭杆弹簧

扭杆弹簧本身是一根由弹簧钢制成的扭杆。扭杆端面通常为圆形，少数为矩形和管型，其两端形状可以做成花键、方形、六角形或带有平面的圆柱形等，以便一端固定在车架上，另一端固定在悬架的摆臂上，摆臂则与车轮相连，如图 6-50 所示。

当车轮跳动时，摆臂便绕着扭杆轴线摆动，使扭杆产生弹性变形，以保证车轮与车架的弹性连接。有的扭杆由一些矩形断面的薄条（扭片）组合而成，这样的弹簧更为柔软。扭杆弹簧由铬钒合金弹簧钢制成，其表面经过加工后很光滑。使用时必须很好地保护扭杆表面，通常在扭杆弹簧表面涂一层环氧树脂，包一层玻璃纤维布，再涂一层环氧树脂，最后涂以沥青和防锈油漆，以防碰撞、刮伤和腐蚀，从而提高扭杆弹簧的使用寿命。

图 6-49　悬架系统螺旋弹簧

4. 气体弹簧

气体弹簧是在一个密封的容器中充入压缩气体，利用气体的可压缩性实现其弹簧作用的。这种弹簧的刚度是可变的，因为作用在弹簧上的载荷增加时，容器内的定量气体受压缩，气压升高，则弹簧的刚度增大；反之，当载荷减小时，弹簧内的气压下降，刚度减小，故它具有比较理想的变刚度特性。气体弹簧如图 6-51 所示。

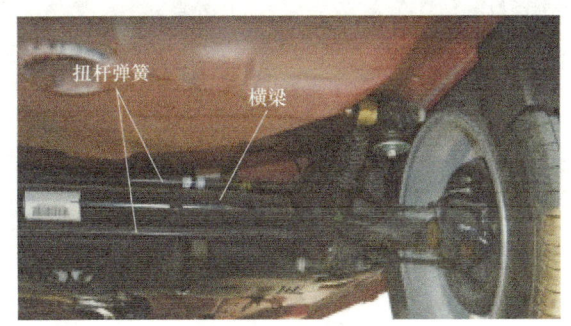

图 6-50　扭杆弹簧

图 6-51　气体弹簧

【知识拓展】

自主创新，为我国的钢板弹簧"弹"出新高度

钢板弹簧悬架系统占汽车质量的 8%～9%，而变截面少片板簧由于在设计上具有簧片的片数少、质量小、平顺性好等优点，对实现整车轻量化和提高整车平顺性及乘坐舒适性具有十分重要的意义。近年来，汽车钢板弹簧的轻量化成为商用车钢板弹簧发展的趋势。

因此，各大汽车整车厂纷纷提出高强度、高性价比的弹簧扁钢需求。如方大特钢瞄准汽车整车厂对这种材料的迫切需求，早在 2014 年就开始着手研究开发新型高强度弹簧钢，近年更是加快研究、开发的步伐。在此期间，该新型高强度弹簧钢研究团队从炼钢、轧钢、检测分析等多专业角度进行多次试验验证；从新钢种冶炼方面组织进行成分优化设计调整，进行了纯净度、钢坯表面质量和内部质量的控制研究实验；进行扁钢热轧硬度、脱碳层深度和扁钢表面质量的控制研究实验，终于研究开发出了一种十分理想的新型高强度弹簧钢。济南帅潮实业通过自主创新，攻克多项工艺和加工技术难关，终于开发出高应力、变截面、轻量化的两片板簧，在多项核心技术指标上达到世界领先水平，再次展现强大的自主创新实力，为我国的钢板弹簧"弹"出新高度。

【实践训练】

仪器设备及工具准备
汽车整车、举升机、发动机台架、悬架系统台架。

操作注意事项
1）实训前检查车辆、举升机情况。
2）实训结束后组装好零部件，并清理场地。

实训内容
根据教师指导和所学知识，在实车或悬架系统台架中找出弹性连接部件。然后记录下来。

学院		专业		班级	
姓名		学号		日期	
指导教师					
作业前准备记录					

弹性连接元件	弹性连接类型	特点

194

（续）

弹性连接元件	弹性连接类型	特点

【评价反馈】

评价项目	评价标准	分值	得分
知识准备	熟知汽车结构	10	
	熟知弹性连接的特点和分类	10	
	熟知弹性连接在汽车上的应用	10	
知识拓展	养成自主学习的习惯，养成良好职业习惯	10	
实践训练	不穿工作服、不穿工作鞋，每项扣5分	10	
	实训前不检查实训车辆情况，实训结束后未清理场地，各扣5分	10	
	弹性连接类型判断或特点判断错误一项扣5分	20	
	工单填写，填写记录字迹潦草或不完整，每项扣5分	10	
综合表现	能与同学密切合作，积极实践，安全地完成学习活动，具备严谨规范的工作作风	10	
	合计	100	

教师评语：

日期： 年 月 日

【课后测评】

一、选择题

1. 弹性连接是依靠（　　）实现被连接件在有限相对运动时仍保持固定连接。
A. 弹性零件　　　　B. 固定零件　　　　C. 固定
2. 钢板弹簧由若干片（　　）的条状合金弹簧钢片叠加而成。
A. 长度不等　　　　B. 长度相等　　　　C. 厚度不等

二、判断题

1. 螺旋弹簧是用金属弹簧丝按螺旋线卷绕而成。（　　）
2. 弹簧的材料应具有较高的弹性极限、疲劳极限和冲击韧性。（　　）

三、简答题

简述弹性连接的作用。

参考文献

［1］王毅，程强. 机械设计基础［M］. 北京：电子工业出版社，2015.
［2］卢晓春，谢少芳. 汽车机械基础技术应用［M］. 北京：清华大学出版社，2011.
［3］孙杰. 汽车机械基础［M］. 北京：机械工业出版社，2020.
［4］郁志纯. 汽车机械基础［M］. 北京：机械工业出版社，2021.
［5］张鄂. 汽车机械基础［M］. 北京：机械工业出版社，2017.